**VATER
MUTTER
STAAT**

RAINER STADLER

VATER MUTTER STAAT

Das Märchen vom Segen
der Ganztagsbetreuung –

Wie Politik und Wirtschaft
die Familie zerstören

LUDWiG

MIX
Papier aus verantwor-
tungsvollen Quellen
FSC® C014889
FSC
www.fsc.org

Verlagsgruppe Random House FSC® N001967
Das für dieses Buch verwendete
FSC®-zertifizierte Papier *EOS*
liefert Salzer Papier, St. Pölten, Austria.

Copyright © 2014 by Wilhelm Heyne Verlag, München,
in der Verlagsgruppe Random House GmbH
Printed in Germany 2014
Umschlaggestaltung: Eisele Grafik·Design, München
Redaktion: Anja Freckmann
Satz: Leingärtner, Nabburg
Druck und Bindung: Pustet, Regensburg
ISBN 978-3-453-28061-8

www.Ludwig-Verlag.de

INHALT

VORWORT –
KINDER HABEN EIN RECHT AUF FREIHEIT

Zürich im Jahr 1954: Astrid Lindgren, die geistige Mutter von *Pippi Langstrumpf* und *Michel aus Lönneberga*, Erich Kästner, der Schöpfer von *Pünktchen und Anton* und *Emil und die Detektive* und die Engländerin Pamela Travers, die *Mary Poppins* geschrieben hat, unterhalten sich über das Geheimnis gelungener Kinderbücher. Kästner schreibt später, die Frauen hätten sich erkundigt, »wie denn ich dazu käme, Bücher zu schreiben, die den Kindern in aller Welt gefielen. Und als ich sagte, bei mir läge das wohl daran, dass ich von dem Talent zehrte, mich meiner eigenen Kindheit anschaulich erinnern zu können, da stimmten beide Frauen lebhaft zu und sagten, genauso sei es bei ihnen auch.«[1] Aus ihrer Sicht entstünden gute Kinderbücher nicht, weil man Kinder habe und kenne, sondern weil man, aus vergangener Zeit, ein ganz besonderes Kind kenne: sich selber.

So geht es nicht nur Kinderbuchautoren. Jeder erinnert sich an seine Kindheit, auch wenn sie lange zurückliegt. Mal sind die Erinnerungen diffuser, mal deutlicher. In meinem Fall waren sie jedenfalls so lebendig, dass ich misstrauisch wurde, als ich die öffentliche Debatte über die Betreuung von Kindern außerhalb des Elternhauses verfolgte. Wobei von Debatte kaum die Rede sein kann: Egal, ob die Familienministerin

---

1 Felizitas von Schönborn: Astrid Lindgren – Das Paradies der Kinder, Freiburg 1997, S. 156.

Renate Schmidt, Ursula von der Leyen oder Manuela Schwesig heißt – in der Politik herrscht seit Jahren nahezu einhellig die Meinung vor, dass Kindern nichts Besseres passieren kann, als den ganzen Tag in der Krippe, dann im Kindergarten und später in der Schule zu verbringen. Für einige Kinder stimmt das vielleicht tatsächlich, aber für alle? Ich glaube das nicht. Vieles in meiner Kindheit, woran ich mich heute gern erinnere, spielte sich jenseits von Kindergarten und Schule ab. Nicht, dass ich ungern in den Kindergarten oder die Grundschule gegangen wäre. Aber den ganzen Tag? Auf keinen Fall. Wenn es im Sommer hitzefrei gab – was heute übrigens weitgehend abgeschafft ist, weil es nur noch schwer in den eng getakteten Familienalltag passt, wenn das Kind eine Stunde eher vor der Haustür steht –, rannte ich, und alle anderen Kinder mit mir, jubelnd aus dem Schulhaus. Es gab zwar keinen speziellen Grund, denn zu Hause warteten keine Highlights, nur das Übliche: Fußballspielen, Versteckspielen, Schnitzen. Die Mädchen vertrieben sich den Tag mit Schaukeln, Gummitwist, Seilhüpfen und hundert anderen Dingen. Wir wurden nicht betreut oder gefördert, sondern waren einfach glücklich, wenn wir am Nachmittag tun und lassen konnten, was *wir* wollten. Manchmal war uns auch langweilig, und nicht alles, was wir dagegen unternommen haben, deckte sich mit dem, was Lehrer, Pädagogen oder Politiker unter sinnvoller Freizeitgestaltung verstehen, aber es war *unsere* Gestaltung. Die Soziologen haben dafür den Begriff Straßenkindheit erfunden. Für uns bedeutete das Freiheit.

Vor wenigen Jahren habe ich diese Freiheit noch einmal bei meinen eigenen Kindern erlebt. Mein Sohn war damals fünf, meine Tochter zwei, wir zogen vom urbanen München-Schwabing in den Randbezirk Trudering, von der viel zu kleinen Altbauwohnung in ein Reihenmittelhaus. Unsere Siedlung war frisch aus dem Boden gestampft worden, wärmegedämmte Fertighäuser, aus architektonischer Sicht eher prekär, aber –

selten genug in München – für junge Familien mit mittlerem Einkommen gerade noch bezahlbar. In praktisch jedes der Häuser zog ein Paar mit ein, zwei kleinen Kindern. Zugegeben, die Siedlung ist ein Alptraum für Kinderlose, Individualisten und Hedonisten. Aber die Kinder waren glücklich, sie rannten in Scharen durch die handtuchgroßen Gärten und über den angrenzenden Acker, der sich im Sommer in ein riesiges Erdbeerfeld verwandelte – ein kleines Bullerbü. Ich erinnere mich noch gut an den Verantwortlichen der Baufirma, der das Treiben einmal von unserer Terrasse aus beobachtete und mit verstörendem Gleichmut meinte: »In zwanzig Jahren leben hier keine Jungen mehr, sondern nur noch Alte. Dann ist hier alles tot.« Wie unterschiedlich die Wahrnehmung sein kann, wunderte ich mich, weil ich beim selben Anblick dachte: Wie herrlich, endlich können sich die Kinder austoben, wie sie wollen, und haben immer jemanden zum Spielen – ganz anders als in Schwabing, wo es auf einem Straßenzug von 500 Metern Länge außer uns nur noch drei andere Familien mit Kindern gab.

Doch der Mann von der Baufirma und ich, wir hatten uns beide geirrt: Die »Jungen« in unserer neuen Heimat waren nämlich viel schneller von der Bildfläche verschwunden, als wir es für möglich gehalten hätten. Ein Kind nach dem nächsten aus unserer Reihenhaussiedlung wurde in einer Betreuungseinrichtung untergebracht. Und auch am Wochenende gab es nur noch selten Bullerbü, weil die Eltern der ganztagsbetreuten Kinder sich regelmäßig zu Ausflügen oder Aktivitäten aufmachten, um am Samstag und Sonntag das Familienleben nachzuholen.

Selten gaben allein finanzielle Gründe den Ausschlag, dass sich beide Elternteile entschlossen, ganztägig zu arbeiten. Es war vielmehr der angenommene Normalfall: Nach der Geburt wird für die Kleinen ein Krippenplatz gesucht, spätestens zum ersten Geburtstag kehren die Eltern an den Arbeitsplatz zurück und alle sind glücklich. Vor lauter Organisation – welche Krippe hat wie lange offen? Ist an die Einrichtung auch ein Kindergarten angeschlossen, mit Ganztagsbetreuung? Was lernen die Kinder dort? Vielleicht Fremdsprachen? – ging die entscheidende Frage oft unter oder wurde gar nicht erst gestellt: Was ist mit den Kindern? Was halten sie von ihrem neuen Leben?

Wir wollten Pippis, keine Annikas

Der nahe liegende Gedanke, dass Kindheit eben auch darin besteht, zu tun und zu lassen, was man will, ohne Gängelung, Vorschriften und ständige Kontrolle durch Erwachsene, scheint völlig verloren gegangen zu sein. Obwohl die Frage nach dem Erleben unserer Kinder im Mittelpunkt der gegenwärtigen Diskussion für und gegen Fremdbetreuung und Ganztagsschule stehen müsste, wird sie überhaupt nicht thematisiert. Kollektiver Gedächtnisschwund? Die Kindheit, wie ich sie erlebt habe, war schließlich die Kindheit von Millionen Kindern in Deutschland und anderswo. Die Generation der heute 30-, 40-, 50-Jährigen hat in hohem Maße davon profitiert, dass ihnen ihre Eltern – in der Praxis vor allem die Mütter – diese Freiheit ermöglichten. Als Jugendliche grölten sie »We don't need no education«, um ihren Widerstand gegen Kontrolle und Normierung durch die Schule auszudrücken. Und noch viel später lasen sie den eigenen Kindern aus *Pippi Langstrumpf* vor, von einem Kind also, das dem Jugendamt die lange Nase zeigt und es keine zwei Stunden in der Schule aushält, weil ihm das Korsett des Unterrichts zu eng ist. Hätte dieser Elterngeneration nicht auffallen müssen, dass sich ihre Kinder eher mit der schwer erziehbaren Pippi identifizierten als mit den streb- und gehorsamen Geschwistern Tommy und

Annika? Gerade deshalb finden doch viele Eltern das Buch seit Jahrzehnten so wertvoll, weil sie insgeheim wünschen, ein wenig von Pippis ungezügeltem Freiheitsdrang und Selbstbewusstsein möge auf ihre eigenen Kinder abfärben.

Warum überlassen dann Eltern heute ihre Kinder ohne Zögern der staatlichen Betreuung? Warum vertrauen sie darauf, dass ihre Kinder in mehr oder weniger gut ausgestatteten Einrichtungen mit mehr oder weniger motiviertem Personal besser aufgehoben sind als zu Hause? Warum sind die Eltern nicht skeptischer gegenüber einer von Erziehern, Lehrern oder sonstigen Pädagogen geprägten und eingeengten Welt, obwohl sie doch selbst einen großen Teil ihrer Kindheit mit eher gemischten Gefühlen in dieser Welt verbracht haben? Warum halten sie es für erstrebenswert, dass Kinder den ganzen Tag in dieser Welt unterrichtet, gefördert, betreut, beschult, geformt, getriezt oder gelangweilt werden?

Was heißt hier familienfreundlich?

Das sind die zentralen Fragen dieses Buchs, und ich bin überzeugt, dass die Antworten nur teilweise bei den Eltern zu finden sind. Eltern lieben heute ihre Kinder nicht weniger, im Gegenteil: Umfragen und Studien zeigen, dass sie ihrem Nachwuchs emotional näher stehen, als das in früheren Zeiten der Fall war. Das gilt besonders für die Väter. Umgekehrt haben Frauen heute selbstverständlich ebenso berufliche Möglichkeiten und Ambitionen wie Männer. Trotzdem behaupte ich, dass es eben nicht in erster Linie Wunsch der Eltern ist, die Kinder möglichst früh in fremde Hände zu geben. Vielmehr gründet die Entwicklung, Kinder früh und lange von ihren Eltern zu trennen vor allem auf gesellschaftlichen und wirtschaftlichen Zwängen. Das Familienministerium ist zu einer Unterabteilung des Wirtschaftsministeriums und des Finanzministeriums verkommen, Familienpolitik dient vor allem dazu, den Sozialhaushalt zu entlasten, ausreichend Nachschub für den Arbeitsmarkt zu produzieren und mehr Steuereinnahmen zu generieren. Die Interessen und Wünsche der Familien, der Mütter, der Väter und der Kinder? Höchstens Nebensache.

Schon vor zehn Jahren betonte Bert Rürup, seinerzeit Vorsitzender der Wirtschaftsweisen, die »Notwendigkeit einer Mobilisierung der sogenannten stillen Reserve, Frauen mit kleinen Kindern«[2]. Im Memorandum »Familien leben. Impulse für eine familienbewusste Zeitpolitik«, das 2009 vom Familienministerium herausgegeben wurde, ist von der »24-Stunden-/Sieben-Tage-Ökonomie« die Rede. In dieser neuen Welt bräuchten Eltern mehr Angebote zur ganztägigen Betreuung, um die »Phasen der Nichterwerbstätigkeit zu überwinden«. Im Jahr 2005 hatte die schwarz-rote Regierung in ihrem Koalitionsvertrag festgehalten: »Kinder dürfen nicht länger ein Hindernis für Beruf und Karriere sein.«

Kinder sind also nicht mehr unsere Zukunft, sondern ein Hindernis? Nachdem die Pflege und Betreuung der Alten bereits aus vielen Familien ausgelagert wurde, ist nun der Nachwuchs an der Reihe, die zweite große und unproduktive Gruppe der Gesellschaft. Es geht darum, die produktiven Kräfte der Gesellschaft – die Gesunden und Arbeitsfähigen – von ihren sonstigen Verpflichtungen zu befreien, damit sie sich voll und ganz dem Erwerbsleben widmen können. Das ist das erklärte Ziel heutiger Familienpolitik, nachzulesen zum Beispiel im Siebten und Achten Familienbericht der Bundesregierung. Es handelt sich um die Fortführung des Grundgedankens der von der Regierung Schröder geschaffenen Agenda 2010: Sozial ist,

---

2 Stellungnahme der Bundesregierung im Siebten Familienbericht: »Familie zwischen Flexibilität und Verlässlichkeit. Perspektiven für eine lebenslaufbezogene Familienpolitik«, Berlin, 26.4.2006, S. 7.

was Arbeit schafft. In diesem Sinn sind Kinder höchst unsozial, weil sie ihre Eltern von der Arbeit abhalten.

Damit nicht genug: Der Staat maßt sich an, der bessere Erzieher unserer Kinder zu sein. Das zeigt sich an Aussagen wie jener von Ursula von der Leyen, die forderte, Kinder so früh wie möglich in die Welt zu schicken, denn ein Kind brauche »mehr Anregungen und Impulse, als die Mutter allein ihm geben kann.«[3] Das sollte alle Eltern hellhörig machen, selbst wenn sie zu jener Gruppe gehören, die die mit mehr als zwanzig Milliarden Euro geschaffenen Krippen und Ganztagsschulen als Erleichterung empfinden. Eltern haben zwar kein umfassendes theoretisches Wissen wie Erzieher oder Lehrer. Aber sie kennen ihr Kind – besser als jeder andere Mensch. Wer zwei Kinder oder mehr hat, weiß meistens auch, wie grundverschieden Kinder sein können. Zu misstrauen ist deshalb jedem noch so renommierten Experten, der behauptet, Kinder seien in staatlicher Einheitsbetreuung besser aufgehoben als bei ihren Eltern zu Hause und würden dort auch besser gefördert.

Der amerikanische Wissenschaftler und Psychologe Howard Gardner, der sich intensiv mit der Frage beschäftigt hat, was Intelligenz ist, stellt beispielsweise fest, dass ein Kind in den ersten vier Lebensjahren beiläufig von seinen Eltern mehr lernt als in der gesamten Schulzeit.[4] Viele Psychologen, Psychiater und Kinderärzte warnen vor den eventuellen Folgen von zu früher und zu langer Fremdbetreuung. Sie beobachten mit Sorge, wie eine steigende Zahl von Kindern bereits im Alter von wenigen Monaten in Krippen abgegeben werden. Besonders problematisieren diese Experten, wenn die Kinder dort mehr als vier Stunden täglich verbringen. Trotzdem fügen sich

---

3 Claudia Kirsch: »Ein Kind braucht mehr, als die Mutter allein ihm geben kann«, *Brigitte* 16/2006.
4 Vgl. Gordon Neufeld: Unsere Kinder brauchen uns!, Bremen 2006, S. 95.

weite Teile der Bevölkerung dem Masterplan von der Leyens, ihrer Nachfolgerin Manuela Schwesig und anderer Politiker, auch weil uns wesentliche Informationen vorenthalten werden.

Kinderkrippen – eine neue, alte Idee

Den Befürwortern der frühen Fremdbetreuung von Kindern ist es durch eine jahrelange einseitige Informationspolitik gelungen, ihr Ansinnen, das aus schlichtem Kosten-Nutzen-Denken heraus entstanden ist, der Öffentlichkeit als modern, sozial und gerecht zu verkaufen. Als einen Ansatz, der überkommene Rollenmuster hinter sich lässt, als echte Emanzipation der Frauen, als Meilenstein auf dem Weg zur endgültigen Gleichberechtigung.

Dabei ist der Gedanke, Kinder außerhalb der Familie großzuziehen, alles andere als neu: »Mit dem Übergang der Produktionsmittel in Gemeineigentum hört die Einzelfamilie auf, wirtschaftliche Einheit der Gesellschaft zu sein«, schrieb Friedrich Engels 1884. »Die Pflege und Erziehung der Kinder wird öffentliche Angelegenheit; die Gesellschaft sorgt für alle Kinder gleichmäßig.«[5] In den beiden großen gesellschaftlichen Negativ-Utopien der Literatur des 20. Jahrhunderts, *Schöne neue Welt* von Aldous Huxley und *1984* von George Orwell, ist die Kindererziehung Aufgabe der herrschenden, totalitären Macht und wird nicht der Familie überlassen. Ein Zufall, dass es sich jeweils um unfreie, totalitäre Gesellschaften handelt? Entspricht es unserer Vorstellung von einer humanen Gesellschaft, wenn »unser Kind seine ersten Worte zu einer Kita-Betreuerin spricht und unsere Großmutter ihre letzten Worte zu

---

5 Friedrich Engels: Der Ursprung der Familie, des Privateigenthums und des Staats, Hottingen-Zürich 1884, S. 77.

einer Altenpflegerin?«, fragt die amerikanische Soziologin Arlie Hochschild.[6]

Die Antwort? Den Vorstellungen von einer humanen Gesellschaft entspricht es vielleicht nicht, aber für das Bruttosozialprodukt rechnet es sich allemal, wenn Erzieher die Kinder von Altenbetreuern betreuen, die wiederum die Eltern dieser Erzieher pflegen, die, wie gesagt, die Kinder dieser Altenbetreuer betreuen. Besser jedenfalls, als wenn die Erzieher ihre eigenen Eltern pflegen und die Altenbetreuer ihre eigenen Kinder erziehen, denn, das hat die Vergangenheit gelehrt, davon wächst die Wirtschaft nun mal nicht. Es zeigt sich die Kurzsichtigkeit unseres Wirtschaftssystems, das vor allem die Produktion belohnt und nicht die Reproduktion – obwohl Wirtschaft wie die gesamte Gesellschaft existenziell darauf angewiesen sind, dass genügend Nachwuchs geboren wird, der das System am Laufen hält.

Arbeitszwang statt Wahlfreiheit

Ein Kernargument für den Ausbau von Krippen und Ganztagsschulen ist die Wahlfreiheit. Eltern und besonders Frauen, die arbeiten wollen, sollen auch die Möglichkeit dazu erhalten, das zu tun. Dagegen wäre nichts einzuwenden – wenn das keine Lüge wäre: In vielen Familien verdienen Vater oder Mutter allein nicht genug, um die ganze Familie zu ernähren. So sind beide Elternteile gezwungen zu arbeiten und darauf angewiesen, dass ihnen der Staat die Kinderbetreuung abnimmt. Von Wahlfreiheit kann also keine Rede sein. Noch vor wenigen Jahrzehnten verdiente ein Fabrikarbeiter genug, um

---

6 Arlie Russell Hochschild: The Commercialization of Intimate Life, University of California Press 2003, S. 3. Übersetzt vom Autor.

die ganze Familie zu versorgen – das ist heute selbst in den meisten Akademikerhaushalten eine Utopie. Die Abwärtsentwicklung bei Löhnen und Gehältern erklären Politiker und Ökonomen gern mit der Globalisierung. Doch der Trend ließe sich ohne Weiteres umkehren, entspräche er nicht dem politischen Willen der herrschenden Klasse in Deutschland. Das gewerkschaftsnahe Wirtschafts- und Sozialwissenschaftliche Institut (WSI) gab im Februar 2014 an, dass die Reallöhne in Deutschland – trotz guter wirtschaftlicher Entwicklung in den vergangenen Jahren – seit der Jahrtausendwende um 0,7 Prozent gesunken seien.[7] In Großbritannien, Frankreich oder den Niederlanden sind die Löhne derweil im zweistelligen Prozentbereich gewachsen.

Wahlfreiheit existiert auch nicht für die 1,6 Millionen Alleinerziehenden, die laut Statistischem Bundesamt in Deutschland leben, was immerhin 20 Prozent aller Familien mit minderjährigen Kindern entspricht. Es gab auch schon früher alleinerziehende Eltern, aber kein Politiker kam auf die Idee, für deren Kinder flächendeckend Betreuungseinrichtungen zu schaffen. Lange Zeit konnten alleinerziehende Mütter halbwegs von Sozialhilfe leben. Die Unterstützung gewährte der Staat in der Überzeugung, dass die Erziehung von Kindern eine gesellschaftlich wertvolle Aufgabe ist, wenn die Sätze auch relativ niedrig ausfielen. Doch seit der Einführung der Hartz-Gesetze unter der Regierung Schröder sind Alleinerziehende verpflichtet, spätestens zum dritten Geburtstag ihres Kindes wieder dem Arbeitsmarkt zur Verfügung zu stehen.

Wahlfreiheit existiert nicht für die Mutter, die von ihrem Mann verlassen wurde und keinen Betreuungsunterhalt für sich und ihre zwei Kinder erhielt, worauf sie bis vor das Bundesverfassungsgericht zog. Doch die Richter entschieden 2008,

---

7 Pressemitteilung der Hans-Böckler-Stiftung: »Reallöhne 0,7 Prozent niedriger als im Jahr 2000«, 25.2.2014.

dass es dieser Frau sehr wohl zuzumuten sei, arbeiten zu gehen. In diesem Jahr wurde das Unterhaltsrecht in Deutschland geändert: Zuvor waren alleinerziehende Mütter nicht verpflichtet zu arbeiten, solange das jüngste Kind noch nicht das achte Lebensjahr erreicht hatte. Seit dem 1. Januar 2008 will es das Gesetz nun, dass sie schon mit vollendetem dritten Lebensjahr des Kindes arbeiten gehen. Das bedeutet: Es rächt sich, wenn eine Frau ihre eigene Karriere für die Kindererziehung zurückstellt und dann von ihrem Partner verlassen wird. Nach mehrjähriger Pause fällt der Wiedereinstieg in den Arbeitsmarkt schwer. Deshalb stehen auch Frauen, die in den ersten Jahren nach der Geburt eigentlich lieber zu Hause bei ihren Kindern bleiben würden, unter Druck, möglichst bald wieder berufstätig zu werden. Dasselbe gilt auch für Männer, die zu Hause bleiben, in der Praxis freilich eine verschwindend geringe Minderheit.

Die Politik hat für die vielfältigen Wünsche und Modelle heutiger Familien nur eine Antwort: Kinder in die Ganztagsbetreuung, Eltern in die Arbeit. Die Sozialingenieure behaupten, damit gleich mehrere Probleme der Gegenwart zu lösen: die niedrige Geburtenrate von gegenwärtig 1,4 Kinder pro Frau, den Mangel an gut ausgebildeten Arbeitskräften und die geringen Aufstiegschancen von sozial benachteiligten Kindern. Das Wohl der Familien wird auf rein ökonomische Belange reduziert. Am ehesten profitieren noch die Frauen, die bis vor wenigen Jahrzehnten auf die Mutterrolle reduziert wurden und nun endlich auf breiter Front den Zugang zur Arbeitswelt erhalten. Deshalb unterstützen viele Frauenrechtlerinnen den heutigen Kurs der Familienpolitik. Ein fauler Kompromiss: Früher, bemerkt die gewiss nicht frauenfeindliche Soziologin Arlie Hochschild, ging es den Feministinnen darum, »die arbeitenden Männer zu humanisieren«, sie also dazu zu bringen, dass sie zu Hause nicht nur die Füße hochlegen. Inzwischen gehe es eher darum, »die Frauen zu kapitalisieren«.[8] Und während sich die Männer in dieser neuen Welt überhaupt nicht ändern müssen, bleiben Bereiche wie Haushalt, die Pflege von Angehörigen und viele andere soziale Tätigkeiten wie gehabt doch wieder bei den Frauen deponiert, die nun obendrein – ganz im Sinne der Gesamtwirtschaft – auch im Erwerbsleben ihre Produktivkraft entfalten. Für viele einflussreiche Feministinnen sind Frauen nur emanzipiert, wenn sie ihr eigenes Geld verdienen. Dass sie damit der weiteren Ökonomisierung der Gesellschaft das Wort reden, scheint sie nicht groß zu stören. Sie übersehen, dass Millionen von Frauen – und natürlich auch Männer, immerhin in diesem Punkt herrscht Gleichberechtigung – in der Arbeit Tag für Tag den steigenden Druck erleben, noch mehr leisten zu müssen, als sie eigentlich ertragen. Ohne zu klagen, schließlich ist jede und jeder ersetzbar. Gerade für diesen Teil der Bevölkerung ist die Geburt und das Aufziehen des Nachwuchses eine wertvolle Erfahrung und willkommene Abwechslung vom Berufsalltag, nicht zuletzt weil die Eltern dabei spüren, dass sie für diese kleinen Menschen eben nicht ersetzbar sind.

Schließlich ignorieren viele Feministinnen, dass selbst die meisten Frauen, die dem Idealbild entsprechen und im Beruf ihren Mann stehen, dennoch ihre Kinder nur mit sehr gemischten Gefühlen in fremde Betreuung geben. Ein Kind, das morgens beim Abschied in der Krippe weint, wiegt für viele Mütter häufig schwerer als alle Karriereüberlegungen und abstrakten Vorstellungen von einem emanzipierten Frauenleben im 21. Jahrhundert.

Was bedeutet das für die Männer? Oberflächlich hat sich für sie mit der modernen Familienpolitik nicht viel geändert. Die Mehrheit lebt weiter das traditionelle Rollenbild des Haupternährers, der den ganzen Tag arbeitet. Aber gerade damit

---

8   Arlie Russell Hochschild: The Commercialization of Intimate Life, University of California Press 2003, S. 29. Übersetzt vom Autor.

dürfen sie sich nicht zufriedengeben. Die meisten Männer sind heute bei der Geburt ihres Kindes dabei, sie wissen besser als jede Vätergeneration zuvor, wie unflexibel kleine Kinder in ihren frühen Bedürfnissen sind. Nicht zu Unrecht heißt es in der »Erklärung der Rechte des Kindes« der Vereinten Nationen aus dem Jahr 1959: »Das Kind braucht zur vollen und harmonischen Entwicklung seiner Persönlichkeit Liebe und Verständnis. Es wächst, soweit irgend möglich, in der Obhut und unter der Verantwortung seiner Eltern, auf jeden Fall aber in einem Klima der Zuneigung und der moralischen und materiellen Sicherheit auf; Ein Kleinkind darf – außer in außergewöhnlichen Umständen – nicht von seiner Mutter getrennt werden.«[9] Daran hat sich im Grundsatz nichts geändert, aber in einem wesentlichen Punkt schon: Es kann nicht mehr allein die Aufgabe der Frauen sein, den Kindern diese Liebe und Geborgenheit zu bieten. Spätestens wenn die Stillzeit zu Ende ist, gibt es keinen Grund, warum sich ausschließlich Frauen um den Nachwuchs kümmern sollten.

Familien brauchen Zeit, aber die Wirtschaft begehrt heute Arbeitskräfte, die ständig verfügbar sind. »Kinder dürfen nicht länger ein Hindernis für Beruf und Karriere sein«, sagt die Bundesregierung. Sie sagt nicht: »Beruf und Karriere dürfen kein Hindernis für Kinder sein«. Das zeigt, dass sie die Bedürfnisse des Marktes höher bewertet als die der Familien. Wenn Politik und Wirtschaft nicht bereit sind, die nötigen Freiheiten einzuräumen, damit Familien noch gemeinsam leben können und nicht zu bloßen Zweckgemeinschaften verkümmern, müssen die Eltern darum kämpfen. Vor allem die Väter sind gefordert, es ist nicht länger nur Aufgabe der Mütter, die Familie zusammenzuhalten.

Obwohl der Staat mit seiner neuen Familienpolitik tiefer

---

9   UN-Generalversammlung: »Erklärung der Rechte des Kindes«, Art. 6, 29.11.1959.

denn je in die Familie eingreift, gibt es in der Öffentlichkeit kaum eine nennenswerte Debatte, lediglich eine Reihe von Denunziationen. Erst wurden Mütter, die arbeiten wollten oder mussten, als Rabenmütter verunglimpft. Dann mussten sich Mütter, die zugunsten ihrer Kinder auf Karriere verzichteten, als Heimchen am Herd und Glucken beschimpfen lassen. Beides hat die Situation der Familien um keinen Deut verbessert. Entscheidende Fragen, etwa ob der Staat wirklich halten kann, was er verspricht, oder wie sich die Gesellschaft verändert, wenn das Familienleben einzig ökonomischen Kriterien unterworfen wird, wurden nicht gestellt, geschweige denn beantwortet. Dabei sind Kinder in Deutschland schon jetzt weniger sichtbar als je zuvor. Und sie werden noch mehr aus dem Blickfeld der Öffentlichkeit verschwinden, hinter den Zäunen und Mauern der Krippen, Kindergärten, Horte und Ganztagsschulen. Das kollektive Wissen und Bewusstsein, welche Bedürfnisse, Wünsche, Sehnsüchte Kinder haben, wann sie Grenzen brauchen, wann Freiheit, wird weiter schrumpfen wie auch die Toleranz der Erwachsenen, besonders der kinderlosen, dass Kinder spielen, lärmen, toben und sich nicht so einfach den Zwängen einer auf Effizienz getrimmten Gesellschaft beugen wollen und können.

Nun drohen auch noch die Eltern den Kontakt zu ihren Kindern zu verlieren, weil diese spätestens ab dem zweiten bis zum 18. Lebensjahr durchgängig in diversen Einrichtungen outgesourct werden sollen. Ein gesellschaftlicher Fortschritt? Viele Politiker sehen das so, allen voran Grüne und Sozialdemokraten.

Es irritiert mich zutiefst, dass ausgerechnet das Lager, das ich als meine politische Heimat verstanden habe, seit ich wählen darf, sich bedingungslos den Interessen der Wirtschaft verschrieben hat und damit die Freiheit der Familien unterminiert. Zumindest bin ich damit nicht allein, der Schriftsteller Hans Magnus Enzensberger rätselte schon vor dreißig Jahren:

»Ich glaube mich zu erinnern, dass es, in grauer Vorzeit, eine Wunschvorstellung der Linken war, die Menschen aus ihrer Unmündigkeit zu befreien.« Er habe nie verstanden, warum dann »die Anbetung des Staates« in vielen Ländern »zum Credo der Linken, der Hang zur Selbstbestimmung aber zum Inbegriff bürgerlicher Verstocktheit geworden ist«.[10]

Eltern sind und bleiben unersetzlich für ihre Kinder. Sie sind die einzigen Menschen, die von der Natur mit der Fähigkeit ausgestattet wurden, ihr Kind ohne Wenn und Aber zu lieben. Das ist der fundamentale Unterschied zu jeder noch so qualitativ hochwertigen Betreuung oder Förderung. Diese einmalige Beziehung lässt sich nicht auslagern. Sie muss immer wieder erneuert werden und das braucht Zeit. Eltern sollten sich diese Aufgabe nicht leichtfertig abnehmen lassen. Und wenn sie sich dennoch dazu entschließen, sollten sie zumindest die Risiken kennen.

---

10 Hans Magnus Enzensberger: Ach Europa!, Frankfurt am Main 1987, S. 26.

I

UNGENUTZTE RESSOURCEN
IN DER FAMILIE

Mehr als 20 Milliarden Euro hat die Regierung in jüngster Vergangenheit in den Ausbau von Kinderkrippen und Ganztagsschulen investiert. Dieses Geld ist nicht vom Himmel gefallen. Die offiziellen Berichte und Statements zeigen mehr als deutlich, dass Politik und Wirtschaft für die vermeintlichen Geschenke eine Gegenleistung von den Familien erwarten und zwar auch von den Familien, die von den Geschenken in keiner Weise profitieren und sie auch gar nicht wollen.

Seit 1968 gibt die Bundesregierung alle fünf bis zehn Jahre einen Familienbericht heraus, in dem das Leitbild der Familie definiert wird und die federführende Kommission, vorwiegend Sozialwissenschaftler, ihre Empfehlungen für die künftige Familienpolitik abgibt. Allen Berichten liegt die Übereinkunft zugrunde, dass die Familie eine schützenswerte Institution darstellt, letztlich das Fundament allen öffentlichen und wirtschaftlichen Lebens und Schaffens in Deutschland. In dieser Tradition steht auch der 607 Seiten starke Siebte Familienbericht der Bundesregierung, den eine siebenköpfige Expertenkommission Ende April 2006 in Berlin der Öffentlichkeit präsentierte. Der Bericht sei ein klares Bekenntnis zur Familie, bemerkte die zuständige Ministerin Ursula von der Leyen in ihrer Stellungnahme: »Familie ist und bleibt das Zukunftsmodell unserer Gesellschaft.« Damit verschwieg sie allerdings die zentrale Botschaft des Berichts: Familie hat nur dann eine Zukunft, wenn sie sich nach den Vorstellungen der Wirtschaft ändert.

Die wesentlichen Motive für den Bericht sind der demografische Wandel, der Bedarf an zusätzlichen Arbeitskräften, das schlechte Abschneiden Deutschlands bei der PISA-Studie und die ökonomische Gleichstellung von Mann und Frau. Letztlich basieren alle Empfehlungen auf einer Grundannahme: Das in den deutschen Familien vorhandene Humankapital wird nicht hinreichend ausgeschöpft. Es geht um die Optimierung von Ressourcen, die in den Augen der Experten brach liegen. Und Brache bedeutet, auch wenn das so natürlich keiner der beteiligten Professoren formuliert: Frauen, die nichts Sinnvolleres zu tun haben, als zu Hause ihre Kinder zu erziehen. Kinder, die nichts Besseres zu tun haben, als zu Hause zu spielen. Die Familienpolitik der Achtzigerjahre habe noch darauf abgezielt, »Familienarbeit, insbesondere die Erziehung von Kindern und die Betreuung kranker und pflegebedürftiger Angehöriger, als eine im Hinblick auf ihre gesellschaftliche Bedeutung der Erwerbsarbeit vergleichbare Leistung anzuerkennen«, konstatiert die Göttinger Rechtshistorikerin Eva Schumann.[11] Die heutige Familienpolitik diene vor allem dazu, die Müttererwerbsquote zu steigern.

Wiederholt berufen sich die Experten auf ein Gutachten des damaligen Wirtschaftsweisen Bert Rürup[12], der Frauen mit kleinen Kindern zurück in den Job bringen will. Durch eine »bessere Koordination von familiären und beruflichen Anforderungen« sei zudem »ein Anstieg der Geburtenrate wahrscheinlich«, so heißt es im Rürup-Bericht. Die Optimierung der Kleinkinder ist den Experten zufolge nur durch eine Fremd-

---

11 Eva Schumann: »Die Ökonomisierung der Familie«, Vortrag an der Akademie der Wissenschaften zu Göttingen im Oberlandesgericht Celle, 23.2.2011.

12 Bert Rürup, Sandra Gruescu: »Familienorientierte Arbeitszeitmuster«, Gutachten im Auftrag des Bundesministeriums für Familie, Senioren, Frauen und Jugend, 6.7.2005.

betreuung der Kinder erreichbar. In einer Gesellschaft »mit schrumpfendem Erwerbspotential« gelte es, die künftigen Arbeitskräfte besser auszubilden. »Es kann nicht mehr nur die Quantität, sondern es muss auch die Qualität des Humankapitals zählen«, stellt Rürup ohne Umschweife fest. Bereits bei Kleinkindern sei es lohnend, »in Humankapital, kognitive und soziale Schlüsselqualifikationen, zu investieren«. Qualitative Frühbetreuung sei nicht nur notwendig, »um Müttern die Erwerbstätigkeit zu ermöglichen, sondern auch, um Fähigkeiten und Möglichkeiten des Kindes zu steigern«.

Der Bezug des Elterngeldes, so heißt es in dem Gutachten, soll auf ein Jahr begrenzt werden. Für die Zeit danach sehen die Experten vor, dass das Kind die Krippe besucht und die erziehende Mutter oder der erziehende Vater an seinen Arbeitsplatz zurückkehrt. Der Wirtschaftsweise Rürup fordert eine noch kürzere Babypause für die Mütter, denn: »Einer Entwertung von Humankapital aufgrund der Unterbrechung der Erwerbstätigkeit kann entgegengewirkt werden, wenn diese Unterbrechung möglichst kurz gehalten wird. Das Humankapital einer Mutter, die nach wenigen Monaten wieder in ihren Beruf zurückkehrt, bleibt eher erhalten.«

Dies erfordert natürlich eine Anfangsinvestition in die Infrastruktur, aber das Familienministerium argumentiert, »die positiven Effekte auf die Entwicklung der kindlichen Fähigkeiten«[13], die durch die Erziehung in den Krippen erzielt würden, könnten später viel Geld sparen: Etwa derart, »dass geringere öffentlich finanzierte Mittel während der Schullaufbahn oder im Jugendhilfebereich« nötig würden. Und später würden die Frühgeförderten höhere Einkommen erzielen, seltener Sozialhilfe beziehen oder kriminell werden. Nicht zu vergessen

---

13 Bundesministerium für Familie, Senioren, Frauen und Jugend (Hg.): »Einnahmeeffekte beim Ausbau von Kindertagesbetreuung«, Berlin 2005, S. 15.

die zusätzlichen Steuereinnahmen von den Müttern, die dann arbeiten und nicht mehr mit Sozialleistungen unterstützt werden müssen.

Wer hat, dem wird gegeben

Doch damit ist die Auslese durch die Familienpolitik noch nicht beendet: So dringend der Wunsch nach mehr Kindern sein mag, es zählt, um mit den Worten Rürups zu sprechen, nicht nur die Quantität, sondern vor allem die Qualität. Gewünscht ist in erster Linie der Nachwuchs der gut verdienenden, gebildeten Bevölkerung. Das zeigt sich am bereits erwähnten Elterngeld, das 2007 anstelle des Erziehungsgeldes eingeführt wurde: Es beträgt 67 Prozent des zuletzt erzielten Monatseinkommens, mindestens 300 Euro und höchstens 1 800 Euro. Der Bezug ist auf vierzehn Monate begrenzt. Das alte Erziehungsgeld dagegen lief über einen Zeitraum von zwei Jahren und lag bei 300 Euro monatlich. Unterm Strich bedeute das: »Wer hat, dem wird gegeben«, resümieren die Sozialwissenschaftlerinnen Christine Wimbauer, Annette Henninger und Rosine Dombrowski in ihrem gleichnamigen Aufsatz.[14] Sie kritisieren, dass vom Elterngeld vor allem die Besserverdienenden profitieren. Das Erziehungsgeld habe noch das Ziel gehabt, soziale Ungleichheiten auszugleichen: Es stand nur Familien zu, die ein Einkommen unterhalb von 30 000 Euro erzielten. Die Reform führt dazu, dass genau diese bedürftigen Familien nur noch den halben Betrag erhalten, weil die Laufzeit halbiert wurde. Ein Paar mit 100 000 Euro Verdienst dagegen darf über die vierzehn Monate Bezugszeit mit insgesamt

---

14 Christine Wimbauer, Annette Henninger, Rosine Dombrowski: »Wer hat, dem wird gegeben«, *WZB-Mitteilungen*, Nr. 120, Juni 2008.

bis zu 25 000 Euro rechnen, wenn Mann und Frau den vorgesehenen Rahmen voll ausschöpfen.

Das entspreche einer Art »sozialer Selektion zugunsten der höher Qualifizierten, deren Kinder nun als besonders förderungswürdig gelten«, kritisieren die Sozialwissenschaftlerinnen. Zuweilen wird diese Praxis auch mit dem Schlagwort »exklusive Emanzipation« bezeichnet. Das Elterngeld ermutige nämlich vor allem hochqualifizierte Frauen, sowohl erwerbstätig zu sein als auch Kinder zu kriegen. Auch weniger qualifizierte Frauen würden aktiviert zu arbeiten, um dem Staat Sozialkosten zu ersparen. »Bei der Geburt eines Kindes werden sie dann aber finanziell schlechter gestellt. Neben die Differenzierung zwischen würdigen (erwerbstätigen) und unwürdigen Armen tritt also möglicherweise künftig die Unterscheidung zwischen gebärwürdigen und nicht gebärwürdigen Müttern.« Die neue Politik stellt in den Augen der Wissenschaftlerinnen eine »Abkehr vom Prinzip der Bedürfnisgerechtigkeit« dar, also dem Bestreben, die Kinder der Ärmeren mehr zu unterstützen als die der Reichen. Der Kölner Politikwissenschaftler Christoph Butterwegge bemerkt: »Mithin bekommen relativ Gutbetuchte auf Kosten schlechter Gestellter mehr (Eltern-)Geld, das vornehmlich hoch qualifizierte, gut verdienende Frauen motivieren soll, mehr Kinder zu bekommen und anschließend möglichst schnell wieder in den Beruf zurückzukehren.«[15] Es gilt von nun an das Prinzip der Leistungsgerechtigkeit, das der damalige NRW-Ministerpräsident Peer Steinbrück 2003 in einem Beitrag in der Wochenzeitung *Die Zeit* so definierte: »Soziale Gerechtigkeit muss künftig heißen, eine Politik für jene zu machen, die etwas für die Zukunft unseres Landes tun: die lernen und sich qualifizieren, die

---

15 Christoph Butterwegge: »(Kinder-)Armut und Sozialstaatsentwicklung«, Referat vom 17.12.2008 in der 49. Sitzung der Kinderkommission des Deutschen Bundestags in Berlin.

arbeiten, die Kinder bekommen und erziehen, die etwas unternehmen und Arbeitsplätze schaffen, kurzum: die Leistung für sich und unsere Gesellschaft erbringen. Um die – und nur um sie – muss sich Politik kümmern.«[16] Solidarität mit den Schwächsten spielt bei dieser Politik keine Rolle mehr.

Die neue Definition von Gerechtigkeit ist nicht nur fragwürdig, sie kostet auch mehr Geld: Statt drei Milliarden an vorwiegend sozial schwache Familien überweist der Staat nun etwa fünf Milliarden Euro Elterngeld jährlich, wobei das Gros nun Besserverdienenden mit einem jährlichen Haushaltseinkommen bis zu 500 000 Euro zugutekommt.[17] Und gemessen am Ziel sind die zusätzlichen Maßnahmen weitgehend verpufft: Im Jahr 2006, vor Einführung des Elterngeldes, wurden in Deutschland laut Statistischem Bundesamt 673 000 Kinder geboren. Im Jahr 2012 waren es 673 500.

Darüber hinaus, so moniert die Rechtshistorikerin Eva Schumann, benachteilige das neue Elterngeld Familien, »die sich für das traditionelle Versorgermodell entscheiden und Familien, die auf einen die Familienarbeit übernehmenden Elternteil nicht verzichten können (etwa kinderreiche Familien oder Familien, in denen zusätzlich die Pflege von Angehörigen geleistet wird).« Das stellt eine Abkehr vom traditionellen Sozialstaat dar, hin zum sogenannten »aktivierenden Sozialstaat«, ein Begriff, der vor allem unter der rotgrünen Bundesregierung zwischen 1998 und 2005 an Konturen gewann. Er bedeutet nichts anderes, als dass Markt- und Leistungskriterien auch in der Familienpolitik zur wichtigsten Messlatte geworden sind. Es ist eine Politik gegen die Menschen, die einst von der Familienministerin Angela Merkel kritisiert wurde: »Die, die gesagt haben, dass Gleichberechtigung Erwerbstätigkeit bedeutet,

---

16   Peer Steinbrück: »Etwas mehr Dynamik, bitte«, *Die Zeit* 47/2003.
17   Eva Schumann: »Die Ökonomisierung der Familie«, Vortrag an der Akademie der Wissenschaften zu Göttingen im Oberlandesgericht Celle, 23.2.2011.

haben kaum oder gar nicht darüber nachgedacht, was aus all den Tätigkeiten werden soll, denen die Frauen früher nachgegangen sind.« Aber auch Frau Merkel ermuntert die Männer nicht, doch im Gegenzug mehr zu Hause anzupacken.

Die Ausbeutung der Familie – und alle machen mit

Heute ist von solchen Bedenken ohnehin nichts mehr zu hören, die neue Familienpolitik wird nahezu von der gesamten Machtelite in Deutschland mitgetragen: von den Parteien, den Wirtschaftsverbänden, den Gewerkschaften. Auch von den meisten Feministinnen kommt kein Protest dagegen, dass die Arbeit der Frauen zu Hause und für ihre Familie nicht ansatzweise honoriert wird. »Statt die immensen Leistungen vor allem von Frauen im Bereich der Familie endlich finanziell anzuerkennen, wird diesen vermittelt, dass sie ihre ökonomische Unabhängigkeit durch eine Erwerbstätigkeit außer Haus sicherzustellen hätten«, bemängelt die Juristin und Rechtshistorikerin Eva Schumann. »Die Logik dieser Gleichstellungspolitik liegt – überspitzt formuliert – darin, dass eine ökonomische Selbstständigkeit der Ehefrau und Mutter nur zu erreichen sei, wenn sie sich tagsüber nicht mehr um die eigenen Kinder oder Angehörigen im Haus kümmert, sondern (schlecht bezahlt und staatlich hoch subventioniert) fremde Kinder betreut oder fremde alte Menschen pflegt.«

So überspitzt ist diese Formulierung nicht: Zum Betreuungskonzept der Bundesregierung zählen nicht nur die bis August 2013 von Flensburg bis Garmisch-Partenkirchen aus dem Boden gestampften Kinderkrippen. Ein Drittel der 750 000 neu geschaffenen Betreuungsplätze für Kinder bis zu drei Jahren werden von Tagesmüttern bereitgestellt. Der Gesetzgeber sieht vor, dass Tagesmütter – oder auch Tagesväter – maximal fünf Kinder »in familiärer Atmosphäre« betreuen. Der Staat unterstützt diese Art der Betreuung mit durchschnittlich etwa 460 Euro pro Kind monatlich,[18] die Zugangshürden zu dieser Tätigkeit sind denkbar niedrig: Wer ein polizeiliches Führungszeugnis vorlegen kann und einen 160-stündigen Qualifizierungskurs belegt, erhält die notwendige Pflegeerlaubnis. Die Kosten für den Kurs wiederum subventioniert das Jugendamt. Dem Staat ist die Betreuung seines Nachwuchses also durchaus Geld wert – solange sie nicht durch die Eltern selbst erfolgt.

»Die letzte Entscheidung darüber, welcher Pflichtenkreis höher steht, der der Pflege des Heimes und der Erziehung der Kinder oder der des Gelderwerbs für den Haushalt, muss jeder Einzelne treffen. Wir können uns da nicht einmischen. Ich will auch nicht Vormund der Familie sein, sondern der Anwalt.« So drückte es, etwas hölzern, 1953 der erste bundesdeutsche Familienminister Franz-Josef Wuermeling im *Spiegel*-Artikel »Der Wille zum Kind« aus. Hehre Worte. Natürlich hat sich die Politik schon damals in die Familien eingemischt, indem sie einseitig ein Familienmodell förderte, das faktisch viele Frauen zwang, beruflich zurückzustecken. Aber heutige Politiker, die gern von sich behaupten, familienfreundliche Politik zu betreiben, sind keinen Deut besser. Die heutige Familienpolitik geht zwar nicht mehr in erster Linie auf Kosten der Frauen. Dafür ignoriert und marginalisiert sie nun die Bedürfnisse und Rechte der Schwächsten in dieser Diskussion: der Kinder.

---

18 »Die einkommenssteuerliche Behandlung der Geldleistungen für Kinder in Kindertages- und Vollzeitpflege«, Antwort der Bundesregierung auf die Kleine Anfrage der Abgeordneten Ina Lenke, Sibylle Laurischk, Miriam Gruß, weiterer Abgeordneter und der Fraktion der FDP, BT-Drucksache 16/5509, Berlin 2007.

2

RISIKEN UND NEBENWIRKUNGEN
DER KRIPPENOFFENSIVE

Frieda brauche Sozialkontakte, sagte die Mutter, als sie ihre elf Monate alte Tochter kürzlich zum ersten Mal in die Krippe brachte. Die Erzieherinnen wunderten sich nicht schlecht über das Kind, das seiner Mutter nicht einmal nachschaute, als sie ging, sondern munter wie die anderen Kinder zu spielen begann. Ein paar Tage später scheint das Mädchen die Situation realistischer einzuschätzen: Kaum steht ihre Mutter auf, um zu gehen, fängt sie an zu weinen. Die Erzieherin ist erleichtert: »Wir dachten schon, sie hätte eine total gestörte Bindung zu ihrer Mutter.« Für die Erzieherin bedeutet Friedas Erkenntnis zusätzliche Arbeit, denn das kleine Mädchen wird den ganzen Vormittag an ihrer Schulter hängen und, sobald der Körperkontakt abreißt, wieder schreien. Damit bleibt aber weniger Zeit für sie und ihre Kollegin, sich um die restlichen fünfzehn Kinder in der Gruppe zu kümmern.

Zu Besuch in einer Kindertagesstätte in Nordrhein-Westfalen, Großraum Bonn, eine von mehr als 50 000 Einrichtungen dieser Art in Deutschland. Die Leiterin hat zugestimmt, die Türen zu öffnen und einen Einblick in den Alltag ihrer Erzieherinnen zu geben, der über die üblich gewordene Selbstdarstellung solcher Einrichtungen in Werbebroschüren und auf Webseiten hinausgeht – allerdings nur, wenn die Anonymität gewahrt bleibe. Andernfalls drohe Ärger mit dem Träger und der Aufsichtsbehörde der Kita, und natürlich auch mit den Eltern, die ihre Kinder jeden Morgen hierher bringen und letztlich die

Existenz der Erzieherinnen sichern. Momentan besuchen achtzig Kinder die Einrichtung, von null bis sechs Jahren. Ihre Eltern? Arbeiten meist in gut bezahlten Berufe, Ärzte, Manager, gehobener Mittelstand, viele Akademiker – also die Klientel, der Politik und Wirtschaft bevorzugt den Rücken freihält, damit sie sich voll auf das Berufsleben konzentrieren und vielleicht auch noch ein paar Kinder mehr zeugen kann.

Es handelt sich um eine Vorzeigeeinrichtung, eine Kombination aus Krippe und Kindergarten, mit großem Außengelände, Klettergerüsten, einer kleinen Turnhalle. Im umfangreichen Prospekt werden die Bildungs- und Förderkonzepte erläutert, deren Ziel die Schulfähigkeit der Kinder ist. Umwelt, Verkehrs- und Musikerziehung zählen ebenso zu den Angeboten wie Englisch und künstlerisches Gestalten. Den Kindern stehen großzügige Räumlichkeiten zur Verfügung, sie sind in mehrere altersgemischte Gruppen aufgeteilt – die jüngsten Kinder haben das erste Lebensjahr noch nicht erreicht, die ältesten stehen kurz vor der Einschulung. In Friedas Gruppe gibt es einen runden Esstisch und eine kleine Küche, wo die Kinder frühstücken und mittagessen. An einem weiteren Tisch wird gebastelt und gemalt. Truhen mit Spielzeug, Plüschtieren, ein abgetrennter Raum zum Wickeln und ein weiterer zum Schlafen, in dem sechs Gitterbetten stehen. An den Wänden hängen viele Fotos von meist lachenden Kindern. Wiederholt hat die Kita-Leiterin Eltern durch die Räume geführt, die anfangs sagten, sie wollten ihr Kind erst in die Krippe geben, wenn es drei Jahre alt ist. Nach dem Rundgang waren einige so angetan, dass sie ihr Kind doch schon für die Zeit nach dem ersten Geburtstag anmelden wollten. Sie können zwischen 25, 35 und 45 Stunden Betreuung wählen. Die jüngste Gesetzgebung, die Eltern von Einjährigen einen Krippenplatz garantiert, führt dazu, dass die Kita mehr Kinder aus dieser Altersgruppe aufnehmen muss, während Dreijährige vermehrt Absagen erhalten. Die Eltern dieser Kinder seien natürlich empört, sagt die Leiterin. »Sie sagen: Wir behalten unsere Kinder zu Hause, bis sie drei sind, und werden dann dafür bestraft. Ich kann ihre Wut gut nachvollziehen.«

Die Kita erhält für kleinere Kinder zwar höhere Zuschüsse vom Staat, aber die Erzieherinnen sind sich einig, dass Frieda und andere Einjährige bei Weitem nicht so von dem Aufenthalt profitieren wie die älteren Kinder. Die Leiterin rät jungen Eltern, die sich zum ersten Mal in der Kita vorstellen, ihr Kind wenn möglich lieber während der ersten drei Jahre zu Hause zu behalten. Die wenigsten Eltern beherzigen den Rat, auch wenn das bedeutet, dass die Kinder wesentliche Entwicklungsschritte ohne sie machen werden: Viele lernen in der Krippe sprechen und laufen. Auch die Sauberkeitserziehung überlassen manche Eltern heute dem Fachpersonal, ein Teil der Kinder kommt erst mit vier Jahren oder noch später ohne Windeln aus, weil die Erzieherinnen keine Zeit haben für ein Toilettentraining mit jedem einzelnen Kind. Zudem wurde an der Kita ein Frühstück eingeführt, weil viele Kinder noch nichts gegessen haben, wenn sie die Eltern ab sieben Uhr morgens bringen. Solche Versäumnisse lasten die Erzieherinnen in erster Linie den Eltern an, was verständlich, aber nicht ganz gerecht ist: Schließlich stehen auch die Eltern oftmals unter Leistungsdruck, selbst wenn ihre Existenz nicht unmittelbar gefährdet erscheint. Ein kindgerechter Frühstücksrhythmus ist für Eltern schwer aufrechtzuerhalten, wenn sie es mit einem Chef zu tun haben, der seine Mitarbeiter regelmäßig morgens um acht zum ersten Meeting einbestellt. Oder wenn zwischen Zuhause und Büro jeden Tag eine nervenaufreibende Stunde Fahrzeit liegt.

Auf dem Tisch von Friedas Kita-Gruppe stehen ein Teller mit Salami, Käse und Schinkenwurst, einige Schnitten Vollkornbrot und Apfelschorle. Die größeren Kinder trinken aus Gläsern und Tassen, die kleineren aus Trinklernflaschen. Einiges von dem Essen und Trinken wird gleich wieder ausgespuckt, landet auf dem Tisch oder Boden, auf den Kleidern der Kinder – oder der Erzieherinnen, die das gelassen hinnehmen. Weil der Platz am Tisch nicht für alle Kinder reicht, wird in Schichten gefrühstückt, wobei die essenden Kindern den anderen zuschauen, wie sie durch den Raum toben und spielen. Der Lärmpegel in Friedas Gruppe hält sich in Grenzen, was nichts heißen muss: Eine Erzieherin aus einer anderen Gruppe erzählt, sie habe sich einmal den Spaß gemacht, den Lärm tagsüber zu messen. Spitzenwert: 80 Dezibel. Im Internet las sie, dass dies dem Pegel an einer Hauptverkehrskreuzung in Paris entspreche.

Der Staat will zunehmend wissen, ob das Geld in der Krippe auch sinnvoll angelegt ist: Das hat zu einer steigenden Zahl von Tests und Screenings geführt, die ermitteln sollen, ob ein Kind verhaltensauffällig ist oder in der Entwicklung hinterherhinkt, und wie es um seine zukünftige Lese- und Rechtschreibkompetenz bestellt ist. Die Tests werden meist von externen Experten durchgeführt. Auch die Erzieherinnen sollen verfolgen, wie es um die Sprachfähigkeit, soziale Kompetenz, Feinmotorik, Grobmotorik, Seh- und Hörfähigkeit, Motivation und Selbstständigkeit jedes einzelnen Kindes bestellt ist. Selbstverständlich wird erwartet, dass sie die zunehmend aufwändige Dokumentation während ihres ohnehin schon eng getakteten Arbeitstages erledigen.

Trotz aller Bürokratie versichern die Erzieherinnen, dass sie ihren Beruf gern ausüben und sich in der Einrichtung äußerst wohl fühlen. Zu vielen Kindern, die sie schon im Alter von wenigen Monaten kennenlernen, entwickeln sie über die knapp sechs Jahre, die sie in der Kita verbringen, eine enge Beziehung, »fast wie zu den eigenen Kindern«, wie eine Erzieherin meint. Gegenüber manchen Eltern sind die Gefühle eher gemischt, jede Erzieherin weiß von irritierenden Vorfällen zu berichten. Ein Junge aus Friedas Gruppe etwa, kaum älter als ein Jahr, hat tags zuvor ununterbrochen geweint. Die Erzieherin erzählte das seiner Mutter, die ziemlich kühl entgegnete: »Naja, dann ist es ja gut, dass er bei Ihnen so gut angedockt ist.«

Zuweilen werden Kinder krank oder gar mit hohem Fieber zur Kita gebracht, zusammen mit dem Hinweis, das Kleine doch ins Bett zu legen, wenn es schlapp ist. Ein Junge hatte vor einigen Wochen Brechdurchfall, also riefen die Erzieherinnen die Mutter an und baten ihn abzuholen. Am nächsten Tag brachte die Mutter den Jungen wieder in die Kita und meinte: Alles wieder in Ordnung. Kaum war sie zur Tür hinaus, übergab er sich erneut. »Für manche unserer Eltern steht die Arbeit im Vordergrund«, meint eine Erzieherin, »die haben die Arbeitsteilung voll verinnerlicht und sind der Meinung, dass es allein unser Job ist, für die Kinder zu sorgen.«

Abschiedstrauer und Trennungsschmerz

Die Frage bleibt, ob diese Eltern wirklich die Arbeitsteilung verinnerlicht haben oder nicht eher zerrissen sind von den vielfältigen Anforderungen, die in Beruf und Familie an sie gestellt werden. In den vielen Elternforen, die im Internet kursieren, tauchen jedenfalls häufig Fragen auf wie »Hilfe, mein Kind weint jeden Tag, wenn ich es zur Krippe bringe. Was soll ich tun?«. Schon in den Siebzigerjahren beobachtete die amerikanische Psychologin Ellen Hock Trennungsängste bei Müttern, die bald nach ihrer Geburt an die Arbeit zurückkehrten und ihre Kinder fremdbetreuen ließen.[19] Bei ihren Interviews befragte Hock die Frauen zu diesem Thema und stellte fest, »dass die Mehrzahl der Frauen von einem Gefühl der Trauer sprach«. Viele Mütter verzweifeln offensichtlich an dieser Situation,

---

19 Lieselotte Ahnert: Wieviel Mutter braucht ein Kind?, Heidelberg 2010, S. 196.

besonders wenn sie gezwungen sind zu arbeiten. Nicht minder frustrierend mag es für Frauen sein, wenn sich abzeichnet, dass sie ihren Beruf wieder aufgeben müssen, weil es mit dem Kind in der Krippe nicht klappt und der Partner oder Ehemann sich weigert, das eigene Pensum zurückzufahren. Wenn sie dann noch beobachten, wie andere quietschfidel in die Krippe spazieren, können sich solche Mütter sehr schnell sehr allein fühlen. Auch daran ist die Politik mitschuldig, zumindest wenn sie Eltern suggeriert, die Einheitslösung Krippe sei für jedes Kind das Beste.

Der Spagat, den viele Eltern vollziehen müssen, zeigt sich schon in den ersten Tagen der Betreuung. In der Theorie, erklärt die Leiterin der Kita, sollten die Kinder in den ersten sechs Wochen behutsam an ihre neue Umgebung herangeführt werden und sich dort langsam stabilisieren. Das setzt die Mitarbeit der Eltern voraus, die ihr Kind anfangs nur für ein oder zwei Stunden abgeben und auch in dieser Zeit verfügbar sein sollen. Spätestens nach drei Wochen berichteten die meisten Eltern, der Arbeitgeber mache Druck. Dabei sei es das Kind, das vorgebe, wie lange die Eingewöhnung dauert, meint eine Erzieherin. »Wir hatten auch schon Fälle, bei denen sich dieser Prozess über vier Monate hinzog.« Eine Kollegin merkt an, dass individuelle Eingewöhnung streng genommen bedeuten müsse, das Kind aus der Einrichtung herauszunehmen, »wenn ich sehe, das klappt nicht«. Aber genau dieser Schritt ist bei vielen Eltern nicht vorgesehen, sie und erst recht ihr Arbeitgeber haben die Babypause abgehakt.

Für die Erzieherinnen ist die Art, wie manche Eltern Prioritäten setzen, schwer nachvollziehbar. »Die reden sich die Sache schön«, sagt eine Erzieherin. »Die wollen gar nicht so genau wissen, wie es ihrem Kind wirklich bei uns geht.« Eine Kollegin erzählt, sie habe schon ein schlechtes Gewissen gehabt, ihren eigenen Sohn im Kindergarten abzugeben, als er drei Jahre alt war. Nun sei sie aufgrund ihres Berufes gezwungen, ihn in einer Ganztagsschule unterzubringen. Umso mehr bemühe sie sich, wenigstens in den Ferien so viel Zeit wie möglich gemeinsam mit ihm zu verbringen. »Wenn ich das den Eltern meiner Krippenkinder erzähle, schütteln die oft nur den Kopf und fragen, warum ich mir das antue.« Nicht wenige empfänden es schon als ärgerlich, dass die Kita drei Wochen im Jahr schließt. Die Kommune hat deshalb einen Kita-Notdienst eingerichtet, sodass die Eltern beziehungsweise ihre Kinder diese Zeit überbrücken können. »Wenn ich mir ansehe, wie lange die Kinder bei uns gebraucht haben, um sich einzugewöhnen, dann frage ich mich schon, ob das wirklich im Interesse der Kinder ist.«

Was diese Erzieherin bei ihrer Kritik übersieht, ist die Tatsache, dass Eltern in den vergangenen zehn Jahren von Politikern und Experten eingeflüstert wurde, dass ihre Kinder in der Kita besser aufgehoben seien als zu Hause. Andererseits spiegeln ihre Äußerungen auch einen gewissen Frust darüber wider, dass manche Eltern ihr implizit und explizit zu verstehen geben, sie hätten Wichtigeres zu tun, als sich um ihr Kind zu kümmern. Genau das ist ja die politische Vorgabe: Die Eltern sind für den Arbeitsmarkt zu wertvoll, als dass ihre Ressourcen für die Betreuung ihrer Kinder verschwendet werden könnten. Diese Geringschätzung ihrer erzieherischen Leistung verspüren die Kita-Mitarbeiter nicht nur im Kontakt mit den Eltern, dasselbe Signal erhalten sie von der Gesellschaft, die ihnen für ihre Dienste ein vergleichsweise mickriges Gehalt zugesteht. Die allgemeine Euphorie, die zum Endspurt der Krippenoffensive im Sommer 2013 aufkam, als die Kommunen keine Kosten und Mühen scheuten, um den Rechtsanspruch von Eltern kleiner Kinder auf einen Krippenplatz sicherzustellen – sie ist längst verpufft. Und schon damals bezogen sich die öffentlichen Jubelmeldungen vor allem auf die neu errichtete Infrastruktur – ganz so, als würden die Häuser die Kinder betreuen und nicht die Erzieher. Die angebliche

Erziehungspartnerschaft von Eltern und Krippenpersonal ist also wesentlich brüchiger, als manche Politiker und Experten das darstellen. Sie beschreibt die Realität der Fremdbetreuung bei uns ebenso wenig wie das von Krippenbefürwortern so gern zitierte afrikanische Sprichwort: »Es braucht ein ganzes Dorf, um ein Kind großzuziehen.« Unsere durch und durch optimierte und ökonomisch getriebene Gesellschaft hat kaum Gemeinsamkeiten mit einem afrikanischen Dorf. In unserem Dorf – um in dem schiefen Bild zu bleiben – haben sich die meisten Bewohner von den Kindern abgewandt, und die wenigen Bewohner, die sich um den Nachwuchs kümmern, stehen in der Dorfhierarchie ziemlich weit unten.

Die Entwicklung, schon ganz kleine Kinder fremdbetreuen zu lassen, habe in ihrer Kita vor etwa zehn Jahren begonnen, erzählt die Leiterin. Sie erinnert sich an ein Mädchen, Elena, das damals zu ihr kam. Die Erzieherinnen waren mit ihr überfordert, deswegen habe sie sich tagsüber oft um das Kind gekümmert. Sie geht mittlerweile in eine Schule ganz in der Nähe und besucht die Kita bis heute regelmäßig, um ihre ehemalige Betreuerin zu sehen. Manchmal erzählt das Mädchen, es habe von ihr geträumt, manchmal will es einfach nur gedrückt werden. »Elena hat sich an mich gebunden«, sagt die Leiterin der Kita, »aber was ist das für eine Bindung?«

Auch bei diesem Beispiel offenbart sich ein Widerspruch zwischen Theorie und Praxis: In den Lehrbüchern heißt es immer wieder, das Betreuungspersonal sei durchaus in der Lage, zu den Kindern Bindung und emotionale Nähe herzustellen. Aber wie tragfähig ist die Bindung, wenn sie nach relativ kurzer Zeit wieder abgebrochen wird, weil das Kind in die nächste Betreuungseinrichtung wechselt, von der Krippe in den Kindergarten, vom Kindergarten in die Schule?

Wer wirklich »mit dem Herzen« dabei sei, könne »die sozialen, emotionalen Defizite der Kinder, die zu früh zu uns kommen«, nicht übersehen, sagt die Leiterin. Aus der Entwicklungspsychologie sei bekannt, dass sich diese Defizite kaum aufholen ließen. Viele gut ausgebildete Mütter seien heute der Meinung, ihr Kind gehöre spätestens mit zwölf Monaten in die Krippe, weil es dort die nötige Bildung bekomme. Dabei könne Bildung aber nur funktionieren, wenn eine intakte Bindung vorhanden sei. »Gerade in unserer Leistungsgesellschaft brauchen die Kinder ein sicheres Fundament, das ihnen nur die Eltern bieten können. Das können wir mit unserer Betreuung nicht ersetzen.«

Ein seltsamer Kompromiss

Bis vor Kurzem saßen kleine Kinder auf dem Gepäckträger, ohne Helm und sonstige Sicherheitsvorrichtungen, wenn sie von der Mutter mit dem Fahrrad zum Kindergarten gebracht wurden. Im Auto turnten sie auf den Rücksitzen, ohne Gurte, und nicht selten saßen die Eltern rauchend auf den Vordersitzen. Das ist heute unvorstellbar, Eltern sind extrem darauf bedacht, jedes Risiko zu meiden, wenn es um den Nachwuchs geht. Beim Rollschuhfahren sind die Kinder mit Arm- und Knieschonern ausgestattet, beim Radfahren tragen sie einen Helm, im Auto sitzen sie auf teuren Kindersitzen. Die Vorsicht hat sich ausgezahlt, wie sich in den Statistiken zum Straßenverkehr zeigt: Während 1978 noch 1 449 Kinder und Jugendliche tödlich verunglückten, waren es 2012 nur noch 78. Mehr als frühere Generationen machen sich Eltern heute kundig, was ihre Kinder am besten trinken, essen und mit welchen Produkten sie in Berührung kommen sollten. Das spürt auch Jürgen Stellpflug, der Chefredakteur der Zeitschrift *Ökotest*. Viele seiner Leser sind junge Eltern. »Egal, wie ungesund sie selbst bis dahin gelebt haben, für ihre Kinder wollen sie nur das Beste.« *Ökotest* trägt diesem Verlangen Rechnung: Die

Zeitschrift veröffentlicht, ähnlich wie die *Stiftung Warentest,* regelmäßig Tests von Kinderprodukten, seien es Gummistiefel oder Gute-Nacht-Breis, Holzpuzzles oder Hochstühle. Sie wacht genau darüber, ob die strikten Grenzwerte für krebserregende Chemikalien in Plüschtieren und Spielzeug, die Experten der Europäischen Union festgelegt haben, in der Praxis auch eingehalten werden.

Den Medien ist es immer eine Schlagzeile wert, wenn zehn von vierzehn Kinderwagen im Test mangelhaft abschneiden, wenn sich herausstellt, dass die bei Kindern so beliebte Giraffe Sophie womöglich Schadstoffe enthält oder die Schokolade im Adventskalender Spuren von Erdöl. Journalisten und Verlagsleute wissen nur zu gut, dass sich mit der Sorge heutiger Eltern um ihren Nachwuchs Auflage und Quote machen lässt. Die Sicherheit von Kindern ist ein hochemotionales Thema, weshalb auch die betroffenen Firmen in der Regel prompt reagieren, erklärt Stellpflug. »Es reicht schon, wenn sie beim Test nur mit dem Urteil ›befriedigend‹ abgeschnitten haben.« Lediglich die Spielzeugbranche sei resistent, laut Stellpflug nicht böser Wille, sondern häufig die Folge einer Lieferkette, die viele Hersteller nicht vollständig im Griff hätten. Das heißt, sie können vielleicht noch ihre Subunternehmer kontrollieren, die meist in China sitzen, aber spätestens bei den Subunternehmern dieser Firmen versagt die Aufsicht. Stellpflug sagt, *Ökotest* habe auch einmal getestet, ob bei der Herstellung bestimmter Produkte Kinder beschäftigt wurden und diese Befunde veröffentlicht. Das habe die Leser allerdings kaum interessiert. »Aber was die eigenen Kinder betrifft«, sagt der *Ökotest*-Chef, »nehmen die Eltern sehr genau wahr.«

Sicherheit geht über alles, die Risiken des Alltags sollen für Kinder möglichst minimiert werden. Zumindest was die Welt der Produkte angeht, dulden Eltern keine Kompromisse. Umso erstaunlicher ist, dass dieses Sicherheitsdenken nicht genauso einsetzt, wenn es um die geistige Umgebung und das psychische Erleben ihrer kleinen Kinder geht, die den ganzen Tag lang getrennt von ihnen verbringen. Natürlich gibt es viele Politiker und Experten, die Eltern darin bestärken. Aber auch genügend, die eindringlich davor warnen.

Man stelle sich vor, die Leiterin einer Kinderkrippe – Männer sind in dieser Branche nun einmal die absolute Ausnahme – nimmt die jungen Eltern, die sich bei ihr um einen Platz für ihr Kind bewerben, beiseite und sagt: »Freut uns sehr, dass Sie zu uns gekommen sind. Ihr Kind wird sich bei uns sicher wohlfühlen. Trotzdem möchte ich Sie darauf hinweisen, dass viele Kinder den Aufenthalt hier als stressig empfinden. Bei manchen Kindern wird dieser Stress auch chronisch, was natürlich nicht der optimale Start ins Leben ist. Außerdem sind unsere Kinder ein bisschen aggressiver und widerspenstiger als andere. Natürlich wird sich Ihr Kind bei uns auch öfter mit Krankheiten anstecken als zu Hause, das ist leider unvermeidlich beim täglichen Kontakt mit anderen Kindern, eine Krippe ist nun mal eine Bakterienschleuder. Dafür wird Ihr Kind hier viele neue Kinder kennenlernen und, wenn alles glatt läuft, eine gute Beziehung zu unseren Erziehern aufbauen. Gut, das heißt eventuell, dass die Bindung zwischen Ihnen und Ihrem Kind darunter leidet, aber keine Angst, so schlimm wird es schon nicht kommen.«

Solche Worte werden junge Eltern kaum zu hören bekommen, wenn sie sich bei einer Krippe vorstellen. Wenn doch, würden sie die Einrichtung ziemlich schnell wieder verlassen und ihr Kind an einem anderen Ort unterbringen, der mehr Vertrauen erweckt. Und nicht wenige würden auf die Barrikaden gehen, dass sie gezwungen sind, ihre Kinder dort abzugeben, um arbeiten und die Existenz der Familie sichern zu können. Sie würden fragen, wie die Politik überhaupt zulassen und fördern könne, dass der Staat und private Träger Betreuungseinrichtungen betreiben, die möglicherweise das Kindeswohl

gefährden. Und warum diese Risiken stillschweigend hinge-
nommen werden. Deshalb werden Eltern kaum je einen solchen Vortrag hören – obwohl er durchaus im Einklang mit
dem wäre, was die Wissenschaft über Kinderkrippen herausgefunden hat.

Warnungen aus der Forschung

Der amerikanische Psychologe Jay Belsky hatte keinerlei Vor-
behalte gegen Krippen, im Gegenteil. Als er 1986 seine Forschungen aufnahm, wollte er vor allem studieren, wie Kleinkinder von der Gruppenbetreuung profitierten. Anders als erwartet
fand er eindeutige Hinweise, dass der Aufenthalt den jüngsten
Kindern offenbar doch nicht so guttat. Jedenfalls zeigten sie später ein erhöhtes Maß an Aggression und weniger Bereitschaft,
sich Regeln und Anweisungen von Eltern oder Lehrern zu fügen. Belsky veröffentlichte seine Erkenntnisse in einem Aufsatz,
überschrieben mit der vorsichtigen Frage, ob die Betreuung von
Kleinkindern in Krippen Anlass zur Sorge gebe.[20]

Inzwischen gibt es zahlreiche Untersuchungen, die die Gefahren einer Betreuung von Kleinkindern in Krippen sehr kon-
kret benannt und nachgewiesen haben. Das Problem praktisch
aller Studien besteht darin, dass sich die Hauptbetroffenen,
die Kleinkinder, selbst noch nicht äußern können. Deshalb suchen die Forscher nach objektiv messbaren Daten. Ein solcher
Wert ist der Pegel des Stresshormons Cortisol.

Experten nehmen Stress bei Kleinkindern sehr ernst. So
warnt die Hamburger Kinderpsychiaterin Carola Bindt: »Ho-

---

20 Jay Belsky: »Infant Day Care – A Cause for Concern?«, Family Research
Council of America, 1986.

her Stress in der frühen Kindheit prägt langfristig.«[21] Wenn Stress chronisch wird, beeinträchtigt das die Gesundheit und das Sozialverhalten der Betroffenen, macht sie anfälliger für Sucht und Depression, und zwar ein Leben lang. Es hat sich herausgestellt, dass der Pegel des Stresshormons Cortisol bei Kindern, die tagsüber in Krippen betreut werden, stark erhöht ist.[22] Auch bei Kindern, die tagsüber zu Hause sind, steigt der Wert morgens an, sinkt aber im Laufe des Tages wieder. Bei Krippenkindern bleibt er konstant hoch oder steigt sogar immer weiter. Laut dem Bielefelder Kinder- und Jugendarzt Rainer Böhm, Leiter des Sozialpädiatrischen Zentrums in Bielefeld, sei diese Diskrepanz »ein untrügliches Anzeichen einer erheblichen und chronischen Stressbelastung«[23]. Die Belastung der Kinder in den Krippen ließe sich sogar »mit den Stressreaktionen von Managern vergleichen, die im Beruf extremen Anforderungen ausgesetzt sind«.

Der menschliche Körper hat als Reaktion auf diese Daueranspannung einen »Notfall-Mechanismus« entwickelt, um sein Gehirn wenigstens ein bisschen zu schützen. Der Mechanismus lasse sich auch bei Kleinkindern in Krippen beobachten, erklärt der Kinderarzt Böhm: Der morgendliche Cortisolwert werde »zunehmend heruntergefahren, um die Gesamtmenge an Cortisol, die auf das Hirngewebe einwirken kann, zu reduzieren«.[24] Diesen Effekt konnten Wissenschaftler bei Kleinkindern feststellen, die unter völlig verschiedenen Bedingungen aufwuchsen: in rumänischen und russischen Waisen-

21 Birgitta vom Lehn: »Kinderärzte warnen vor schlechten Krippen«, *Stuttgarter Zeitung*, 27.9.2011.

22 Harriet Vermeer, Marius van Ijzendoorn: »Children's elevated cortisol levels at daycare – A review and meta-analysis«, *Early Childhood Research Quarterly* 21/2006.

23 Rainer Böhm: »Die dunkle Seite der Kindheit«, *FAZ* 81/2012.

24 Rainer Böhm: »Stress – das unterschätzte Problem frühkindlicher Betreuung«, www.fachportal-bildung-und-seelische-gesundheit.de, 24.8.14.

häusern ebenso wie in Kinderkrippen von westlichen Industrieländern.

Eine Untersuchung der Universität Cambridge im Jahr 2005 ergab, dass sich der Hormonspiegel bei Kleinkindern, die neu in die Krippen kamen, in den ersten neun Tagen der Kinderbetreuung verdoppelte.[25] Auch nach fünf Monaten wich der Wert noch deutlich von der Norm ab. Eine wichtige Erkenntnis dieser Studie, schreibt der australische Familienpsychologe Steve Biddulph, bestehe darin, »dass man nach fünf Monaten das Gefühl hatte, die Kinder hätten sich gut eingelebt, weil sie äußerlich keine Anzeichen von Stress erkennen ließen. Aber die Cortisolwerte zeigten, dass sie innerlich verängstigt waren und sich nicht wohl fühlten. Es ist eine einhellige Beobachtung, die alle Cortisol-Studien teilen, dass Kinder nach einiger Zeit den Eindruck machen, sie kämen mit dem Stress zurecht, einfach weil sie gelernt haben, ihre innere Aufgeregtheit zu verbergen.«[26]

Es gibt auch Forschungsergebnisse, die belegen, dass der Stress, den Kinder in frühen Jahren in Betreuungseinrichtungen erlebt haben, sie langfristig beeinträchtigen kann: 1991 begann in den Vereinigten Staaten eine groß angelegte Untersuchung, die vom National Institute of Child Health and Human Development (NICHD) mit 200 Millionen Dollar finanziert wurde. Die Forscher wählten Familien in zehn verschiedenen Städten der USA aus, die gerade Nachwuchs bekommen hatten. Sie verfolgten über Jahre, wie die Kinder aufwuchsen, befragten die Eltern wiederholt zu deren Verhalten und dem gemeinsamen Leben. Auch die Messung des Stresshormons Cortisol zählte in der Endphase der Großstudie zum Untersuchungsrepertoire. Ergebnis: Der morgendliche Cortisolpegel von 15-Jährigen, die schon früh und umfangreich in Krippen betreut worden waren, wich deutlich von den

---

25 Steve Biddulph: Das Geheimnis glücklicher Babys, München 2007, S. 137.
26 Ebda.

Werten anderer 15-Jähriger ohne Krippenerfahrung ab und war näher an den Werten von Kindern, »die in der Familie emotional vernachlässigt oder misshandelt worden waren«, so Kinderarzt Rainer Böhm. »Besonders fällt auf, dass die Effekte in diesen beiden Gruppen gleich stark waren, dass die Veränderungen unabhängig von der Qualität der Betreuung auftraten und dass sich die Stresseffekte von Tagesbetreuung und familiärer Vernachlässigung addierten.«[27] Das deute darauf hin, »dass Krippenbetreuung die Stressregulation auch langfristig negativ beeinflusst. Und: Das in der Öffentlichkeit verbreitete Mantra ist falsch, alle Probleme der Krippenbetreuung ließen sich allein mit Qualität lösen.«

Die Vermutung liegt nahe, dass die Stressbelastung die Widerstandskräfte des Körpers schwächt: Wiederholt haben Untersuchungen ergeben, dass Krippenkinder häufiger krank sind. Verglichen mit Familienkindern erkranken sie dreimal so häufig an Grippe, leiden sechsmal so häufig unter Mittelohrentzündungen und siebenmal so häufig unter Lungenerkrankungen. Das zeigten bereits Studien in der früheren DDR, die damals allerdings der Öffentlichkeit vorenthalten wurden.[28] Andere Untersuchungen belegten, dass Krippenkinder anfälliger für Kopfschmerzen und Immunkrankheiten wie Neurodermitis sind.[29]

Darüber hinaus hat sich der Verdacht, den der US-Psychologe Jay Belsky in den Achtzigerjahren noch mit einem Fragezeichen formulierte, mittlerweile erhärtet: Kinder, die schon in frühem Alter über viele Stunden täglich in Krippen betreut werden, sind später aggressiver und widerspenstiger als ihre Altersgenossen, die zu Hause aufwuchsen. Ein Viertel der Kinder aus der NICHD-Studie, die schon früh ganztags betreut

27 Rainer Böhm: »Die dunkle Seite der Kindheit«, *FAZ* 81/2012.
28 Hanne K. Götze: Kinder brauchen Mütter, Graz 2011, S. 91.
29 Rainer Böhm: »Die dunkle Seite der Kindheit«, *FAZ* 81/2012.

wurden, zeigte im Alter von vier Jahren »ein Problemverhalten, das dem klinischen Risikobereich zugeordnet werden muss«, erläutert Böhm. »Später konnten bei den inzwischen 15 Jahre alten Jugendlichen signifikante Verhaltensauffälligkeiten festgestellt werden.« Die Studie führt unter anderem Rauschgiftgebrauch, Diebstahl und Vandalismus an.

Belsky räumt ein, dass diese Effekte vergleichsweise gering seien. Eltern könnten deshalb zum Schluss kommen, dass kein Anlass zur Sorge bestehe. Aus der Sicht der Politik aber stelle sich die Sache in jedem Fall problematisch dar: Man müsse sich nur eine Klasse mit dreißig Schülern vorstellen, in der zwei Drittel etwas aggressiver und undisziplinierter seien – verglichen mit einer Klasse, in der das nur auf jeden zehnten Schüler zutreffe. Was, fragt Belsky, bedeutet das für die Lehrer, die in dieser Umgebung unterrichten? Was bedeutet es für die Gesellschaft? Belsky zieht einen drastischen Vergleich zum Straßenverkehr: »Es ist nicht das eine Auto, das die Luft in London oder Los Angeles verschmutzt. Es sind alle Autos zusammen.«

Bindungsängste

In der Psychologie wird die Auslagerung der ersten drei Lebensjahre in Betreuungseinrichtungen also schon länger problematisiert. »Viele Eltern, die ihr Kind einem fremden Menschen überlassen, haben keine Ahnung, wie viel in diesen frühen Monaten geschieht«, kritisiert der australische Familientherapeut Biddulph. »Sie nehmen an, es reicht aus, wenn jemand das Baby füttert und seine Windeln wechselt, und es tröstet, wenn es weint.«[30] Dabei sei längst bekannt, dass sich bei-

---

30 Steve Biddulph: Das Geheimnis glücklicher Babys, München 2007, S. 127.

spielsweise das Volumen des Gehirns im ersten Lebensjahr verdoppelt und damit so schnell wächst wie nie mehr danach im Leben eines Menschen.

Für die Entwicklung des Kindes ist die Qualität der frühen Beziehungen von existenzieller Bedeutung: Laut Hans-Joachim Maaz, dem langjährigen Chefarzt der Psychotherapeutischen und Psychosomatischen Klinik des Evangelischen Diakoniewerks in Halle, entscheiden diese frühen Beziehungen »über Selbstwert oder Minderwertigkeit, über die Fähigkeit zur Zufriedenheit oder die Not unstillbarer Bedürftigkeit« des Kindes.[31] Die erste Bindungserfahrung hat jedes Kind natürlicherweise mit der Mutter, sie beginnt mit der Schwangerschaft und verfestigt sich während der Geburt und Stillzeit. In den Entbindungskliniken hat sich diese Einsicht längst durchgesetzt: Säuglinge werden nach der Geburt so schnell wie möglich zu ihrer Mutter gebracht, weil sie die Nähe beruhigt – bis vor einigen Jahrzehnten wurden sie noch in separaten Zimmern abgelegt.

Bis zum dritten Lebensjahr, sagt Maaz, könne die Rolle der Mutter »nicht ohne wesentliche Wirkungen auf das Kind delegiert werden«. Eine Trennung von der Mutter bedeute Stress für das Kind. Deshalb sei »eine Krippenbetreuung – je früher umso mehr – immer eine schwere Belastung«. Dies diagnostizierte bereits vor mehr als einem halben Jahrhundert der englische Psychoanalytiker John Bowlby, der Vater der sogenannten Bindungstheorie.

Bowlby beobachtete Kleinkinder, die vorübergehend in ein Heim kamen, weil es einen Notfall in der Familie gab und niemand sonst sich in dieser Zeit um sie kümmern konnte. Es waren zehn Kinder, die zwischen zwölf Tagen und 21 Wochen im Heim verbrachten. In den ersten Tagen waren diese Kinder sehr misstrauisch gegenüber der neuen Umgebung. Sie schauten

---

31 Hans-Joachim Maaz: Der Gefühlsstau, München 2010, S. 16.

sich ständig um, ob nicht doch ihre Mutter auftauchen würde. Allmählich aber schwand die Hoffnung und die Kinder begannen zu resignieren, nicht wenige erlitten sogar eine Depression. Schließlich arrangierten sich die Kinder mit ihrer neuen Situation, spielten mit dem vorhandenen Spielzeug, nahmen an den Mahlzeiten teil und wurden für die Betreuer empfänglich. Oberflächlich betrachtet hatten sie sich eingewöhnt. Aber als ihre Mütter zurückkehrten, zeigte sich für Bowlby, dass sie die Trennung doch nicht so gut verkraftet hatten, wie es zwischendurch schien: Zwei der zehn Kinder erkannten ihre Mütter nicht mehr, bei den restlichen acht waren deutliche Anzeichen der Entfremdung zu beobachten. Sie wandten sich von den Müttern ab oder liefen sogar weg. Sie weinten oder starrten einfach ins Leere. Bowlby deutete das Verhalten so, dass sich die Kinder ein Stück von ihrer Gefühlswelt abgeschottet hatten, weil sie die Abwesenheit der Mutter so sehr verletzte. Eine Art Selbstschutz, um weiteren Schmerz zu vermeiden.

> Viele Bindungsforscher betonen heute, dass Kinder sehr wohl fähig sind, auch zum Vater oder den Großeltern tragende Bindungen zu entwickeln, es muss also nicht die Mutter sein, die sich während der ersten Lebensjahre hauptsächlich um die Kleinkinder kümmert. Auch Tagesmütter oder Krippenerzieherinnen könnten vorübergehend das Bedürfnis der Kleinkinder nach emotionaler Nähe befriedigen, bemerkt der Münchner Kinderpsychiater Karl-Heinz Brisch.[32] Das erfordere jedoch die konstante Anwesenheit einer Erzieherin, die sich höchstens noch um ein oder zwei andere Kinder kümmert. Bei etwas älteren Kindern sei ein Verhältnis von eins zu drei tolerierbar. In der Praxis liege das Verhältnis von Erzieherinnen zu Kindern allerdings eher bei eins zu sechs, eins zu sieben oder eins zu acht. Oft teilten sich mehrere Teilzeitkräfte

32   Christine Brinck: »Das Krippenrisiko«, *Die Zeit* 4/2014.

die Planstellen und seien dann nur an bestimmten Tagen oder zu bestimmten Stunden bei den Kindern. »Damit sind sie wirklich auf hoher See, was emotionale Bindungen, Beziehungen und Sicherheit angeht.«

Viele Psychologen fürchten, dass bei Kleinkindern in den ersten Tagen, Wochen und Monaten in der Krippe ganz ähnliche Mechanismen wirken wie in dem Heim, das Bowlby vor mehr als einem halben Jahrhundert untersuchte. Forschungen haben ergeben, dass nicht so sehr jene Kinder in Gefahr sind, die sofort zu schreien beginnen, wenn ihre Eltern sie abgeliefert haben und die Krippe verlassen – sie sind zumindest in der Lage, ihren Schmerz auszudrücken.[33] Das Betreuungspersonal wird sich in der Regel alle Mühe geben, sie zu beruhigen. Aber viele »Kinder sind extrem gut darin, den äußeren Schein zu wahren«, bemerkt Steven Biddulph. »In einer Gruppe lernen sie schnell, dass sie keine Heulsusen sein dürfen, und auch, dass sie Dinge einfach ertragen müssen, wenn sie sich nicht ändern lassen. Sie sind Meister darin, uns zu erzählen, was wir hören wollen, wenn sie das Gefühl haben, dass die Äußerung ihrer Ansichten ohnehin keinen Unterschied machen würde.«[34] Gerade für solche Kinder, die keine Anzeichen von Protest zeigen und sich weitgehend willenlos in die vorgegebene Ordnung einfügen – aus Sicht zumindest unerfahrener Betreuer die idealen Krippenkinder –, könne die Fremdbetreuung äußerst problematisch sein und später zu depressivem oder aggressivem Verhalten führen.

Es gibt Hinweise, dass Zuwendung und Liebe sich messbar auf die Gehirnentwicklung des Säuglings auswirken. Amerikanische Psychologen der Universität von St. Louis haben herausgefunden, dass Schulkinder, die im Kleinkindalter starke Unterstützung von ihrer Mutter erhalten hatten, einen weiter

---

33 Verena Ahne: »Immer Stress mit der Krippe«, *Gehirn und Geist* 5/2013.
34 Steve Biddulph: Das Geheimnis glücklicher Babys, München 2007, S. 74.

entwickelten Hippocampus aufwiesen.[35] Den Lehrbüchern zufolge ist das eine Zentrale des limbischen Systems, wo unsere Emotionen verwaltet werden. Der Erlanger Hirnforscher Ralph Dawirs macht dieses Phänomen nicht allein an der Mutter fest, kommt aber zu einem ähnlichen Befund: »Die frühe emotionale Bindung an die Familie ist die Basis für alle sozialen Kompetenzen, die das Kind später entwickelt. Das Urvertrauen, das sich beim Säugling in den ersten Monaten herausbildet, darf nicht enttäuscht werden.«[36] Wie alle anderen Fähigkeiten auch entwickle unser Gehirn die Vertrauensfähigkeit »nicht autonom, sondern in einem durch Anpassung an äußere Bedingungen« geprägten Prozess. »Kommt es in dieser sensiblen Phase zu Störungen, hat das gravierende Folgen, etwa bei der Entwicklung von Empathie.«

All diese Befunde – es handelt sich nur um eine kleine Auswahl – stoßen in der Öffentlichkeit häufig auf Widerspruch, insbesondere bei Eltern, deren Kinder eine Krippe besucht haben oder besuchen und in ihren Augen auch davon profitieren. Es gibt auch Forscher, die Krippen weniger problematisieren und davon ausgehen, dass Kinder vom Aufwachsen in qualitativ hochwertigen Einrichtungen keinen Schaden davontragen. Das Problem ist, dass diese hochwertigen Einrichtungen mit einem Betreuer-Kind-Verhältnis von eins zu zwei, eins zu drei oder eins zu vier in Deutschland kaum existieren. Außerdem argumentieren die Forscher der zitierten Studien nicht, Krippen seien zwangsläufig und für jedes Kind schädlich. Sie bestreiten auch nicht, dass es Kinder gibt, die von Betreuungseinrichtungen profitieren. Es geht um Risiken, die sich messen lassen. Der frühe Stress, vermehrte Krankheiten, spätere Verhaltensauffälligkeiten – in der Wissenschaft wird

---

35 »Liebevolle Mutter, reifes Kind«, *Focus Online*, 30.1.2012.
36 Katja Irle: »Totale Irreführung der Eltern«, *Frankfurter Rundschau*, 19.12.2012.

längst nicht mehr darüber gestritten, ob diese Risiken existieren. Gestritten wird darüber, ob diese Risiken tragbar sind oder nicht. Ähnlich funktioniert die Bewertung von Produkten bei *Ökotest* oder *Stiftung Warentest*, die von der Öffentlichkeit auch nicht grundsätzlich in Frage gestellt werden, obwohl sie nur ausgewählte Aspekte untersuchen. Weder in den bereits erwähnten Familienberichten der Bundesregierung noch auf den Internetseiten des Familienministeriums zur Kinderbetreuung finden sich Hinweise auf mögliche Risiken. Andererseits werden die Eltern von der Politik angehalten, ihr Kind frühzeitig in die Betreuung zu geben und an den Arbeitsplatz zurückzukehren. <u>Sieht so staatliche Fürsorge aus?</u>

Viele Wissenschaftler und vor allem Ökonomen neigen dazu, die Risiken kleinzureden, und argumentieren, auch in vielen Familien sei die Entwicklung von Kindern gefährdet. Das mag zutreffen, dennoch zeigt sich an diesem Punkt, wie sehr sich die Perspektiven von Eltern auf der einen Seite und Wissenschaft sowie Politik auf der anderen Seite unterscheiden: Für Letztere sind die Kinder nur eine statistische Größe. Für die Eltern sind es leibhaftige, einzigartige Wesen, und in der Regel werden sie alles unternehmen, damit es ihnen gut geht. Ob Kinder glücklich aufwachsen oder nicht, interessiert die Wissenschaft oder Wirtschaft nur am Rande, auch weil es sich schlecht messen lässt. Sehr gut messen lassen sich aber mehr Punkte bei internationalen Vergleichstests wie PISA, IGLU-Lesestudie oder TIMSS-Mathematikstudie. Sehr gut messen lässt sich ein Plus bei den Steuereinnahmen oder im Sozialhaushalt, wenn mehr Frauen arbeiten gehen. Alles nachvollziehbare Ziele, von denen auch die Gesellschaft profitiert. Trotzdem müssen sich Eltern die Frage stellen, ob sie solchen abstrakten Zielen das konkrete Lebensglück ihrer Kinder unterordnen wollen.

Wie der dänische Erziehungsexperte Jesper Juul angemerkt hat, wurden Kinderkrippen geschaffen, »um die Bedürfnisse von Familien zu erfüllen, in denen beide Elternteile arbeiten wollen oder müssen, und sie dienen zugleich dem wachsenden Bedarf der Gesellschaft und der Wirtschaft an Erwerbstätigen. Sie wurden *nicht* eingerichtet, um die Bedürfnisse der Kinder zu erfüllen.«[37] Politiker haben deshalb kein Problem damit, ihre Maßnahmen zum Krippenausbau bei gleichzeitiger Verpflichtung der Eltern, an den Arbeitsplatz zurückzukehren, als familienfreundlich zu bezeichnen – obwohl die Familie durch diese Maßnahmen faktisch tagsüber voneinander getrennt wird. Und doch stelle sich die Frage, ergänzt die Darmstädter Sozialrechtlerin Anne Lenze, ob der Staat mit Milliardensummen »eine möglicherweise kindeswohlschädigende Betreuungsform fördern darf. Und ob er die Nachfrage nach dieser Betreuungsform durch den Ausbau überhaupt erst schafft«[38]. In der Tat hat die Erfahrung gezeigt, dass, sobald Kommunen neue Krippen eröffnen, dort auch Eltern ihre Kinder unterbringen, die das ursprünglich gar nicht vorhatten.

Nichts aus der Vergangenheit gelernt

Heute werden jede Sekunde Hunderte von Videos im Internet für ein Weltpublikum hochgeladen, aber trotzdem von niemandem zur Kenntnis genommen. Schwer vorstellbar, dass ein einziger Film, 20 Minuten lang, die Politik eines ganzen Landes verändern konnte. Aber genau das geschah im Jahr 1963 in der Tschechoslowakei: Der Film ist aus heutiger Sicht eine Zumutung, schwarzweiß sowohl im Bild als auch in der

37 Jesper Juul: Wem gehören unsere Kinder?, Weinheim und Basel 2012, S. 5.
38 Anne Lenze: »Schluss mit der Familienförderung!«, Vortrag auf dem Bundesverbandstag des Deutschen Familienverbands im Jahr 2008.

Argumentation. Er beginnt mit einem schreienden Baby, das die Mutter aus seiner Wiege nimmt und an die Brust legt. Das Kind beginnt zu saugen, beruhigt sich sofort. »Was ein kleines Kind am nötigsten braucht, ist die intensive und dauerhafte Gefühlsbindung zur Mutter«, kommentiert eine Sprecherin die Szene. »Wird dieser Kontakt unterbrochen und erhält das Kind keine Ersatzperson, zu der es ähnliche Bindungen aufnehmen kann, so stellen sich seelische Störungen ein.« Schnitt.

Eine Reihe von Babybetten in einem Säuglingsheim, eine Schwester, die ein Baby in einem Waschbecken säubert. »Säuglingsheime, auch die fortschrittlichsten, sind ein Notbehelf«, fährt die Sprecherin fort. »Das Kind wird dort von Schwestern versorgt. Sie achten auf Hygiene und sie sind in der Regel vorzüglich ausgebildet. Aber sie haben keine Zeit, das einzelne Kind zu umsorgen. Oft ist nur eine Schwester für zehn Kinder da.« Die Kamera schwenkt auf eine Reihe von Kinderbetten, in denen Babys liegen und schreien. »Bei allem guten Willen der Schwestern heißt das für die Kinder immer wieder Warten: Warten auf die Flasche, warten auf ein zärtliches Wort.«

Ursprünglich sollte der Psychologe Zdeněk Matějček, einer der Autoren, mit diesem Film dokumentieren, wie Kleinkinder von der kollektiven Betreuung in Heimen profitieren. Zu der Zeit war in der Tschechoslowakei bereits ein Drittel der Kinder unter drei Jahren in Krippen untergebracht, weil ihre Mütter arbeiteten. Es ging darum, dieses Konzept ideologisch zu untermauern, Auftraggeber des Films war die kommunistische Regierung. Es war die praktische Umsetzung dessen, was Marx und Lenin in ihren Schriften vorgegeben hatten: »Wir gründen Gemeinschaftsküchen und öffentliche Speisehäuser, Wasch- und Reparaturanstalten, Krippen, Kindergärten, Kinderheime, Erziehungsinstitute verschiedener Art. Dadurch wird die Frau von der alten Haussklaverei und jeder Abhängigkeit vom Mann erlöst. Die Kinder erhalten günstigere

Entwicklungsmöglichkeiten als daheim«, hieß es bei Lenin.[39] Karl Marx forderte 1848 in seinem *Kommunistischen Manifest:* »Wir heben die trautesten Verhältnisse auf, indem wir an die Stelle der häuslichen Erziehung die gesellschaftliche setzen.«

Anders als die meisten Mütter heute in Deutschland gaben die Frauen in der Tschechoslowakei ihre Kinder bereits wenige Wochen nach der Entbindung in Krippen. Es war das politisch erwünschte Verhalten, wer sich nicht an diese Norm hielt, stand bald unter Rechtfertigungsdruck. Der Staat hatte nicht nur Tages-, sondern auch Wochenkrippen geschaffen, wo Eltern ihre Kleinkinder zum Wochenanfang abgeben und am Freitagnachmittag wieder abholen konnten. So entstanden Einrichtungen, die aus heutiger Sicht gespenstisch wirken, erst recht als Schwarz-Weiß-Film. Dennoch gibt es Parallelen zwischen damals und heute: Auch die Kommunisten setzten alles daran, Frauen möglichst rasch nach der Entbindung wieder an ihren Arbeitsplatz zu bringen, darin unterschieden sie sich im Kern nicht von heutigen Wirtschaftsexperten und Familienpolitikern in Deutschland. Und auch damals wurde eine Arbeitsteilung idealisiert, die heute viele deutsche Politiker für erstrebenswert halten: Eltern ganztags in die Arbeit, Kinder in die Krippe. Wie aus dem Film hervorgeht, war auch die Argumentation für die Fremdbetreuung ähnlich wie heute bei uns: Das fachlich geschulte Personal in den Krippen könne viel besser für das Wohl des Nachwuchses sorgen als die Eltern.

Matějček, damals führender Krippenexperte seines Landes, sollte im staatlichen Auftrag die Überlegenheit dieses Erziehungsmodells beweisen. Seine Studien, die mehr als 15 Jahre in Anspruch nahmen, überzeugten ihn jedoch vom Gegenteil.

---

39 Vladimir I. Lenin, Clara Zetkin: Lenin ruft die werktätigen Frauen: Artikel Lenins zur Frauenfrage. Erinnerungen an Lenin von Clara Zetkin. Stimmen der Arbeiterinnen und Bäuerinnen über Lenin, Berlin 1926.

So entstand sein kritischer und düsterer Film, der viele Erkenntnisse vorwegnahm, die Jahrzehnte später von westlichen Forschern bestätigt werden sollten.

Das kommunistische Regime der Tschechoslowakei empfand den Film natürlich als unerhört. Er wurde in der Heimat nie öffentlich vorgeführt, gelangte aber über Umwege zum Filmfestival nach Venedig und wurde dort vom Publikum gefeiert. Diese Öffentlichkeit schützte nicht nur die Autoren, die sonst sicher mit einem Berufsverbot belegt worden wären, sondern das Regime sah sich sogar gezwungen, die Wochenkrippen zu schließen. Außerdem wurde keine weitere Tageskrippe eröffnet und der Staat räumte, wie es Matějčeks Mitarbeiter Jaroslav Šturma später ausdrückte, »der Familie bei der Erziehung der Kinder wieder die erste Rolle ein«.

Aus heutiger Sicht ist an dem Vorgang ein Aspekt besonders interessant: Die Ideologie war nicht das Problem. Das Ziel, Frauen von der Hausarbeit zu befreien und in den Arbeitsprozess zu integrieren, war schon damals konsensfähig und ließ sich auch bestens mit der Theorie vereinbaren. »Kommunistische Gesellschaft, das heißt – alles ist gemeinsam: der Grund und Boden, die Fabriken, und auch die Arbeit ist gemeinsam – das ist Kommunismus«, hatte Lenin vorgegeben. Natürlich waren deshalb auch Frauen im Recht und in der Pflicht zu arbeiten. Gegenüber dem Ausland ließ sich die Politik der Gleichberechtigung gut als Beleg für die Überlegenheit des kommunistischen Systems anführen. Trotzdem reichte ein zwanzig Minuten langer Film, um zu zeigen, wie sehr diese Ideologie auf dem Rücken der Kinder ausgetragen wurde. Der Film sandte einfache Botschaften aus, wie: Eltern liegt ihr Kind Tag und Nacht am Herzen, professionellen Betreuern in einer Kindereinrichtung nur während der Dienstzeit. Oder: Elternliebe ist mehr als eine erzieherische Technik, die ebenso gut von einer gut ausgebildeten Fachkraft angewendet werden kann. Offensichtlich dämmerte den Verantwortlichen des

Regimes, dass die Botschaften zusammen mit den Bildern weit überzeugender wirken könnten als die ideologische Begründung dieser Politik. Und so blieb nur eine radikale Wende.

Trotz der Wellen, die der Film aus der Tschechoslowakei im Westen schlug, verbreiteten sich seine Erkenntnisse nicht beim sozialistischen Brudervolk der DDR. Die Diskussion um die Bedeutung der frühen Kindheit und der Mutter-Vater-Kind-Beziehung wurde in der Öffentlichkeit tabuisiert oder falsch dargestellt, erinnert sich Hans-Joachim Maaz. Bis zum Fall der Mauer existierten in der DDR 7600 Kinderkrippen für Kinder von sechs Monaten bis drei Jahren. Vier von fünf Kindern in diesem Alter besuchten eine Tageskrippe, erläutert Maaz.[40] Der Betreuungsschlüssel lag offiziell bei sechs Kindern pro Krippenerzieherin, tatsächlich waren es meistens fünfzehn bis achtzehn Kinder.

Die Krippen waren ein zentraler Bestandteil der sozialistischen Idee. In seiner *Säuglingsfibel* schreibt Hans-Christoph Hempel, Kinderarzt in Karl-Marx-Stadt: »Für die volle Durchsetzung der Gleichberechtigung der Frau haben unsere Kindereinrichtungen einen wesentlichen Beitrag zu liefern, weil sie der Mutter weitgehend die Ausübung ihres Berufes, ihre berufliche und kulturelle Qualifizierung und ihre Teilnahme am gesellschaftlichen Leben ermöglichen. Die Tages- und Wochenkrippen für Kinder der ersten drei Lebensjahre dienen nicht allein der Entlastung unserer Mütter, sondern stellen eine wertvolle und wirksame Ergänzung der Familienerziehung dar.«[41] Schon diese Passage sollte Krippenbefürworter nachdenklich machen: Die Argumentation unterscheidet sich kaum von den Aussagen heutiger Familienpolitiker, die sich damit auf der Höhe der Zeit wähnen. Sie zeigt, wie schon damals die Institution Kinderkrippe ideologisch aufgeladen

40 Hans-Joachim Maaz: Der Gefühlsstau, München 2010, S. 39 f.
41 Hanne K. Götze: Kinder brauchen Mütter, Graz 2011, S. 25.

wurde, während das Wohl der Kinder stillschweigend übergangen wurde: Insbesondere die Wochenkrippen entsprachen nicht ansatzweise dem gezeichneten Idealbild. Und die Frauen wurden sicher nicht nur um ihrer selbst willen gefördert und gleichgestellt, sondern vor allem für die Zwecke des Systems instrumentalisiert.

Laut Hanne K. Götze, die in der DDR aufwuchs und heute Mütter und Familien berät, hatte eine junge Mutter bis in die Siebzigerjahre hinein bereits acht Wochen nach der Entbindung »wieder an ihrem Arbeitsplatz anzutreten, ganz gleich, wie die Nacht verlaufen war und egal wie Mama und Baby sich gerade fühlten. Das Kind musste etwa um 5 Uhr aus dem Schlaf gerissen werden, damit man selbst pünktlich um 7 Uhr am Arbeitsplatz stehen konnte.« Auch Frühförderung sei ein Thema gewesen, in den Krippen gab es »Entwicklungsbögen, auf denen die Fortschritte von Anderthalbjährigen festgehalten wurden: Kann allein auf- und zuknöpfen, Putzt die Nase richtig, Beherrscht gute Tischsitten, Fädelt Perlen auf einen Kunststofffaden, Kann beim Puppenspiel nach Vorzeigen Handlungskomplexe nachspielen.« Maaz berichtet, dass Eltern gerügt wurden, wenn ihre Kinder mit einem Jahr noch nicht »sauber« waren oder Zeichen für »Eigensinn« zeigten. »Manche Kinder weinten und schrien stundenlang nach ihren Müttern, wenn sie in der Krippe abgegeben worden waren.« Aber besondere Zuwendung und Zärtlichkeit waren in den Krippen untersagt, »um nicht den Neid der anderen Kinder hervorzurufen«. Die Diskussion um die Bedeutung der frühen Kindheit, der Mutter-Vater-Kind-Beziehung »war in der Öffentlichkeit tabuisiert oder regelrecht falsch dargestellt und psychoanalytische Erkenntnisse waren systematisch ferngehalten oder als ›bürgerlich-dekadente Irrlehre‹ verteufelt worden«, so Maaz weiter. Umso fassungsloser ist er heute, dass die Erfahrungen aus dem real existierenden Sozialismus verharmlost und marginalisiert werden: »In der DDR haben so viele

Mütter gelitten, wenn sie ihre Kinder morgens in der Krippe abgeben mussten, nur weil es der herrschenden Ideologie entsprach.« Aus den Geschichten seiner Patienten wisse er überdies, dass zu frühe Trennung ein Trauma sei. »In der DDR war das eine wesentliche Ursache für psychische und psychosomatische Erkrankungen. Krippenerziehung galt bei uns Psychotherapeuten fast schon als Diagnose.«

Aus Sicht des ehemaligen sowjetischen Staatschefs Michael Gorbatschow hatte diese Beziehungsarmut nicht nur für den Einzelnen Konsequenzen, sondern für die gesamte Gesellschaft. Nach dem Zusammenbruch der Sowjetunion äußerte er, sein Land habe »versäumt, den besonderen Rechten und Bedürfnissen der Frauen, die mit der Rolle als Hausfrau und Mutter und ihrer unerlässlichen erzieherischen Funktion zusammenhängen, genügend Beachtung zu schenken. Heute engagieren sich Frauen in der wissenschaftlichen Forschung, sie arbeiten auf Baustellen in der Industrie […] und haben daher nicht mehr genügend Zeit, um ihren täglichen Pflichten zu Hause nachzukommen – dem Haushalt, der Erziehung der Kinder und der Schaffung einer familiären Atmosphäre. Wir haben erkannt, dass viele unserer Probleme – im Verhalten vieler Kinder und Jugendlicher, in unserer Moral, der Kultur und der Produktion – zum Teil durch Lockerung der familiären Bindungen und die Vernachlässigung der familiären Verantwortung verursacht werden. Dies ist ein paradoxes Ergebnis unseres ernsthaften und politisch gerechtfertigten Wunsches, die Frau dem Manne in alle Bereichen gleichzustellen.«[42] Aus heutiger Sicht muss sich Gorbatschow fragen lassen, warum er familiäre Verantwortung und »unerlässliche erzieherische Funktion« allein an den Frauen festmacht. Aber davon abgesehen ist es bemerkenswert, dass ein ehemaliges Staatsober-

---

42 Johannes Pechstein: »Das »Ja zum Kind« durch Kinderbewahranstalten«, *Sozialpädiatrie* 11/1993/4.

haupt einer Supermacht den politischen und moralischen Zerfall seines Landes zumindest teilweise mit fehlenden familiären Bindungen und Defiziten bei der Kindererziehung erklärt. Gorbatschow drückte damit aus, dass der Staat, indem er die Familien zerstörte, auch sich selbst zerstörte.

Trotz der erdrückenden Macht des Systems gelang es manchen Menschen im Osten, sich den allgemeinen Zwängen zu entziehen. In einem Porträt über Angela Merkel, das der Filmemacher Volker Schlöndorff im Mai 2009 für das Magazin *Cicero* verfasste, ist von einem gemeinsamen Abend der Kanzlerin mit einigen Künstlern die Rede.[43] Die Schauspieler Veronika Ferres, Hannelore Elsner und Heiner Lauterbach, die Designerin Jette Joop, die Schriftsteller Uwe Tellkamp und Thomas Brussing hatten sich zu einem zwanglosen Austausch im Kanzleramt eingefunden. Es ging um Kunst und Kultur und irgendwer stellte die Frage, warum die Kanzlerin eigentlich immer so gut gelaunt sei. Das wisse sie selbst nicht, antwortete Merkel, ihr Frohsinn sei offenbar angeboren. Er sei ihr nicht einmal in ihrer Kindheit ausgetrieben worden – so schlimm könne es also in der DDR nicht gewesen sein. Der Autor registrierte ein »verschmitztes Lächeln«, dann wurde Merkel nachdenklich. »Vielleicht bin ich so geworden, wie ich bin, weil meine Eltern mich nicht in eine Krippe geschickt haben«, fügte sie hinzu. »Das hat mein Vater, der Pastor, nicht geduldet.« Es spricht Bände über den Machtwillen von Angela Merkel, dass sie den Ausbau einer Einrichtung, die sie selbst eher kritisch sieht, mit Milliarden befördert, weil es ihr aus politischen und wirtschaftlichen Gründen offenbar als opportun erscheint.

43   Volker Schlöndorff: »Inside Kanzleramt«, *Cicero* 5/2009.

3

WAS KLEINE KINDER BRAUCHEN –
ABER IMMER SELTENER BEKOMMEN

Bezeichnend an der Debatte über Krippen und Ganztagsbetreuung sind nicht nur die Argumente, die wieder- und wiedergekäut werden. Interessant ist auch, was alles unter den Tisch fällt: Untersuchungen bei indigenen, naturnah lebenden Völkern haben gezeigt, dass die Eltern dort ihrem Nachwuchs emotional und vor allem körperlich sehr viel näher sind als das in westlichen Zivilisationen der Fall ist.

Schon in den Siebzigerjahren machte die amerikanische Psychotherapeutin Jean Liedloff diese Beobachtung beim Indianerstamm der Yequana in Venezuela an der Grenze zu Brasilien.[44] Die Mütter, schildert Liedloff, trugen ihre Kinder fast immer am Körper, gingen aber ansonsten ihren Beschäftigungen nach, während die Kinder die Welt der Erwachsenen beobachteten. Liedloff schloss daraus, dass diese Art des Aufwachsens kindgerechter sei: »Jahrmillionen hindurch sind Neugeborene vom Augenblick der Geburt an eng an ihre Mutter gehalten worden. Als unsere Vorfahren auf allen Vieren herumliefen und ein Fell zum Festhalten hatten, waren es die Babys, die dafür sorgten, dass die Mutter-Kind-Bindung nicht beeinträchtigt wurde.« Aufschlussreich fand Liedloff auch, was passierte, wenn ein Säugling zu weinen begann, während ein Kreis von Erwachsenen gerade in ein Gespräch vertieft

---

44 Jean Liedloff: Auf der Suche nach dem verlorenen Glück, München 1980,
    S. 54.

war. Seine Mutter »zischt sanft in sein Ohr, um ihn abzulenken. Hilft das nicht, so trägt sie ihn weg, bis er ruhig ist«. Die amerikanische Besucherin stellte fest, dass die Indianerkinder durchweg gut erzogen waren: »Sie stritten nie, wurden nie bestraft, gehorchten immer willig und sofort.«

Der Schweizer Psychoanalytiker Arno Gruen konstatiert, dass in sogenannten primitiven Zivilisationen »Hinwendung und ein integriertes Vertrauen die wichtigsten Säulen«[45] seien, auf denen das Bewusstsein der Menschen aufbaue. Ein Kleinkind sei in ständigem Körperkontakt mit der Mutter oder ihren Freunden. Die Babys reagierten »auf diese empathisch-taktile Stimulation mit eigenen taktilen Antworten«. Sie müssten weder schreien noch wimmern, um ihre Umwelt auf sich aufmerksam zu machen. Vielmehr entstehe durch den ständigen Körperkontakt »eine hochentwickelte präverbale Kommunikation, eine Art der Bewusstheit, wie wir sie gar nicht kennen«. Mit Gluckenhaftigkeit und Überbemutterung habe das nichts zu tun. Babys werden in diesen Gesellschaften gerade nicht verwöhnt, bespielt oder bespaßt. Sie werden aber auch nicht abgeschoben, sondern sind voll integriert in das Leben der Erwachsenen, vor allem das ihrer Eltern, und lernen alles, was sie zum Leben benötigen, aus Beobachtungen im Alltag.

Der Blick auf andere Kulturen ist immer von begrenztem Wert, gerade wenn diese der unseren so fremd sind. Trotzdem führten die Beobachtungen von Liedloff und anderen Forschern dazu, dass insbesondere im linksalternativen Milieu ein Nachdenken über das Verhältnis von Eltern und Kind begann. Viele Mütter schoben ihre Säuglinge nicht mehr im Kinderwagen durch die Gegend, sondern wickelten sich Tragetücher um Bauch und Rücken. Die Kinder sollten ständig die Nähe und Wärme der Mutter spüren. Inzwischen haben das

---

45 Arno Gruen: Dem Leben entfremdet, Stuttgart 2013, S. 122.

auch viele Väter verstanden, die ihre Kinder in rucksackähnlichen Vorrichtungen stolz mit sich tragen.

Vielen Eltern leuchtete ein, dass sich die Bedürfnisse von Babys und Säuglingen allem technischen und wissenschaftlichen Fortschritt zum Trotz, den die Menschheit insbesondere in den vergangenen 200 Jahren vollzogen hat, wohl nicht groß verändert haben. Offenbar sind einfachere Zivilisationen eher in der Lage, diesen Bedürfnissen gerecht zu werden – durch eine außergewöhnliche Nähe von Eltern und Kind. In der modernen Welt gelingt das nicht so leicht, obwohl niemand bezweifelt, dass die Befriedigung frühkindlicher Bedürfnisse eine zentrale Voraussetzung dafür ist, dass ein Mensch später ein glückliches, erfülltes Leben führen wird. Umso verwunderlicher ist es, dass in den letzten Jahren gerade das linksalternative Milieu den Ausbau von Betreuungseinrichtungen gefordert und gefördert hat, obwohl dadurch die Nähe zwischen Eltern und Kind verloren geht.

Verdi-Chef Frank Bsirske erzählte Anfang 2014 in einem Gespräch mit dem *SZ-Magazin*, er habe zu seiner Mutter eine sehr starke Bindung gehabt, und zwar nicht nur in seiner frühen Kindheit. Als sie wieder zu arbeiten begann und den Jungen in den Kindergarten brachte, »habe ich zwei Monate damit verbracht, von der ersten bis zur letzten Minute durchzuweinen.«[46] Mit Erfolg: Die Mutter nahm ihn aus dem Kindergarten und hörte auf zu arbeiten – Bsirskes erster erfolgreicher Streik. »Oh, Mann«, entgegnete der Interviewer, als Bsirske das erzählte. »Ja, oh, Mann«, sagte Bsirske, dem es peinlich war, dass ausgerechnet er damals seine Mutter am Arbeiten gehindert hatte. Die Mutter zog damals die Konsequenz daraus, dass ihr Kind für die Einheitslösung Kindergarten noch nicht reif war. Alle Eltern kennen solche Situationen, in denen nichts anderes übrig bleibt, als die eigenen Bedürf-

---

46 Lorenz Wagner: Interview mit Frank Bsirske, *SZ-Magazin* 11/2014.

nisse und Wünsche zurückzustellen. Jedes Kind ist anders. Die Frage, was für unsere Kinder das Beste ist, lasse also gar keine Antwort zu, die für alle gelte, sagt Familientherapeut Jesper Juul. »Die Frage lautet vielmehr: Was ist das Beste für *mein* Kind?«[47] Das Bedürfnis nach Nähe zu seiner Familie, das Frank Bsirske in jungen Jahren verspürte, haben auch heute viele Kinder. Wenn sie glücklich werden sollen, müssen Eltern auch die Möglichkeit bekommen, ihnen diese Nähe zu bieten – was schwer möglich ist, wenn von Vater wie Mutter erwartet wird, dass sie Vollzeit arbeiten.

Die Entfremdung von Eltern und Kind

Was die Bedürfnisse von Kleinkindern angeht, kursierten in Deutschland bis vor gar nicht allzu langer Zeit äußerst finstere Vorstellungen. Vor hundert Jahren empfahl die gängige Ratgeberliteratur den Eltern, Babys einfach zu ignorieren, wenn sie zu schreien begannen, statt ihrem Instinkt zu folgen und sie zu trösten. Die österreichische Ärztin und NS-Ideologin Johanna Haarer forderte für diesen Fall: »Dann, liebe Mutter, werde hart! Fange nur nicht an, das Kind aus dem Bett herauszunehmen, es zu tragen, zu wiegen, zu fahren oder es auf dem Schoß zu halten, es gar zu stillen.«[48] Das Buch wurde auch nach dem Untergang des Nationalsozialismus weiter verkauft und erreichte bis in die Achtzigerjahre eine Auflage von weit über einer Million. So erklärt sich vielleicht die immer noch verbreitete Ansicht, Eltern könnten Säuglinge verweichlichen, wenn sie auf ihr Schreien reagieren.

---

47 Jesper Juul: Wem gehören unsere Kinder?, Weinheim und Basel 2012, S. 11.
48 Johanna Haarer: Die deutsche Mutter und ihr erstes Kind, München 1934.

Eine unsinnige Vorstellung: Die Wissenschaft fand schon bald heraus, die Erwartungen von Kindern seien kurz nach der Geburt so unflexibel wie zu keinem späteren Zeitpunkt. »Die Veränderung gegenüber der uneingeschränkten Gastlichkeit des Mutterleibs ist gewaltig«, bemerkte Liedloff.[49] Ein Kleinkind lebe »in einem Bewusstseinszustand, der nur aus Empfindung besteht; ihm fehlt die Fähigkeit vernunftmäßigen Denkens, der bewussten Erinnerung, des Nachdenkens oder Beurteilens.« Mit der Zeit entwickle es ein Gefühl von Hoffnung, »und das Weinen wird zu einer Handlung, mit der etwas erreicht werden soll – sei es negativ oder positiv. Aber die langen Stunden des Wartens werden durch das Aufdämmern des Zeitgefühls kaum erleichtert. Der Mangel an vorangegangener Erfahrung lässt die Zeit für ein Baby im Zustand unerfüllten Sehnens unerträglich lang erscheinen.« Das bedeute auch, dass ein Säugling, »wenn er sich jetzt nicht wohlfühlt, nicht hoffen kann, dass er sich später wohlfühlen wird«. Er könne nicht fühlen, dass seine Eltern gleich wieder zurückkommen, wenn sie ihn verlassen haben; die Welt sei plötzlich falsch geworden. Deshalb sei es fatal, ihn schreien zu lassen, denn das Gefühl, mit seinem Schreien vielleicht etwas bewirken, weiche dann »äußerster Trostlosigkeit, in der es weder Zeit noch Hoffnung gibt«.

Der Rat, Säuglinge schreien zu lassen, war nicht nur für die psychische Gesundheit der Kinder fatal, sondern auch für die der Eltern: Sie wurden dadurch in eine Gegnerschaft zu ihrem Kind gedrängt und gezwungen, den Instinkt zu unterdrücken, es zu beruhigen. In den späten Sechziger- und den Siebzigerjahren entstand vor allem im linksalternativen Milieu eine Gegenbewegung, die sich auf Erkenntnisse stützte, wie sie auch Liedloff in ihrem Report *Auf der Suche nach dem verlorenen Glück* beschrieb. Die Eltern suchten mehr Nähe zu ihren Kin-

---

49 Jean Liedloff: Auf der Suche nach dem verlorenen Glück, München 1980, S. 53.

dern, wickelten sie in Tragetücher ein, ließen sie nachts wieder bei sich im Bett schlafen. In der Wissenschaft bildete sich die Theorie heraus, das gemeinsame Schlafen stärke die Bindung der Eltern zu ihren Kindern und umgekehrt. Alles in allem setzten sich bei den meisten Eltern Vorstellungen durch, die wesentlich kinderfreundlicher waren als in den Jahrzehnten davor. Doch mit der zunehmenden Ökonomisierung der Familie scheint das Pendel wieder zurückzuschlagen.

Zum einen ist der Druck auf das Kind, möglichst bald durchzuschlafen, wesentlich größer, wenn beide Eltern schon wenige Monate nach der Geburt wieder arbeiten müssen. Zum zweiten hat die oft wiederholte Aussage der Politik, Kinder seien in Deutschland ein Karrierehindernis, zu einer »geschürten Gegnerschaft« insbesondere zwischen Mutter und Kind geführt, so die Hamburger Psychoanalytikerin Ann Kathrin Scheerer.[50] Schwangerschaft, Geburt, und Kindererziehung würden häufig als Unterbrechungen der Erwerbsbiografie problematisiert, die es so kurz wie möglich zu halten gelte. Christina Boll, die Forschungsdirektorin des Hamburger Weltwirtschaftsinstituts, kritisierte Anfang 2014, Mütter in Deutschland arbeiteten zu lange in Teilzeit.[51] »Gerade bei Akademikerinnen ist das bürgerliche Ideal von der Frau, die es nicht nötig hat zu arbeiten, erstaunlich weit verbreitet«, sagte Boll. Arbeitgeberpräsident Dieter Hundt forderte bereits 2012, die Elternzeit auf ein Jahr zu kürzen. In einem Positionspapier des Arbeitgeberverbandes heißt es: »Je länger Frauen aus dem Beruf aussteigen, desto schwieriger ist die Wiedereingliederung, desto größer sind die Qualifikationsverluste und desto geringer sind die Karrierechancen.«[52]

---

50 Ann Kathrin Scheerer: »Krippenbetreuung als ambivalentes Unternehmen«, *Psychoanalyse aktuell*, 1.5.2009.

51 »Mütter in Deutschland arbeiten zu lange Teilzeit«, *Wirtschaftswoche Online*, 15.1.2014.

52 »Arbeitgeber wollen Elternzeit kräftig kürzen«, *Spiegel Online*, 18.11.2012.

Statt familienfreundliche Arbeitsplätze zu schaffen – und zwar nicht nur für Frauen, sondern auch für Männer, damit auch sie länger bei ihren Kindern bleiben können – , übt die Wirtschaft einseitig Druck auf die Frauen aus. Frauen, die berufliche Ambitionen haben, sind damit explizit aufgefordert, das Hindernis Kind zu beseitigen und an den Arbeitsplatz zurückzukehren, wenn sie nicht ihren Lebenslauf beschädigen wollen. In der Praxis stellen sie fest, dass dies nicht immer so leicht ist, wie es Politik und Wirtschaft darstellen. Das bedeutet Frust, den natürlich auch die Kinder zu spüren bekommen. Dabei sei es kein empörender Zustand, wenn Mutter oder Vater beruflich wegen eines Kindes zurückstecken müssten, so Scheerer, sondern vielmehr ein Naturgesetz. Der Mensch sei nun einmal eine biopsychische Frühgeburt, und deshalb als Kind »besonders verletzbar, formbar und der Umgebung ausgeliefert«.

Deshalb sind Eltern gut beraten – vorausgesetzt, sie können es sich auch finanziell leisten – , sich von den Rufen und Forderungen aus der Wirtschaft nicht verrückt machen zu lassen. Gerade für Kleinkinder in den ersten Lebensjahren ist ihre Liebe und Nähe essentiell und durch Fremdbetreuung nicht zu ersetzen. Eine Studie des britischen Erziehungsministeriums ergab, dass ein Kind an einem durchschnittlichen Krippentag nur acht Minuten Zuwendung erwarten kann, also Zeit, in der sich die Erzieherin oder der Erzieher ausschließlich mit ihm beschäftigt. Ansonsten ist der Krippentag klar strukturiert: Stuhlkreis, Spielen, Mahlzeit, Mittagsschlaf. Selbst beim freien Spiel ist das Kind ständiger Gesellschaft und damit einer Vielzahl von Reizen ausgesetzt. Längst nicht alle Krippen bieten ausreichend Rückzugsorte. Und auch wenn sie vorhanden sind, setzt ihre Nutzung voraus, dass die Kinder bereits gelernt haben, sich selbst gegen zu viele Reize zu schützen.

Aus der Psychologie ist bekannt, dass sich der Mensch

→ vgl. Tragen nach vorne ½

schwertut zu lernen, wenn er ständig störenden Reizen ausgesetzt ist. Besonders kleine Kinder lassen sich allzu leicht ab-
lenken, manchmal fühlen sie sich dann überfordert und fan-
gen an zu weinen. Die meisten Mütter und Väter reagieren
intuitiv und schützen ihr Kind vor der Reizüberflutung. Erst
dann kann das Kind »aus seinem eigenen Selbst heraus lernen«, erläutert Gruen.[53] Das bedeutet auch: Der Bildungsan-
spruch der Krippen läuft ins Leere, wenn die Kinder noch
nicht in der Lage sind, sich auf einen bestimmten Reiz zu konzentrieren und störende Nebengeräusche auszublenden. Ein
weiteres Argument für die Eltern, die Nähe zu ihrem Kleinkind so lange wie möglich zu erhalten. Kinderärzte und -psy-
chologen betonen, dass die meisten Kinder erst mit drei Jahren
empfänglich für Bildung seien, vorher dominiere das Verlangen nach Bindung. vgl. Wachstum & Verbundenheit

Oft heißt es, die Krippen seien wertvoll, weil die Kinder sich
im Zusammensein und Spiel mit anderen Kindern weiterent-
wickeln würden. Diese Annahme steht allerdings im Widerspruch zu Beobachtungen und Erkenntnissen vieler Experten
und Praktiker. Sie entgegnen, dass zwischen Kindern einer
Krippengruppe kaum nennenswerte Beziehungen entstehen.
Die britische Psychoanalytikerin Sue Gerhardt sieht im Alltag
der Kinderkrippen eher Ähnlichkeiten mit einer Party: »Man
trifft jemanden, hält ein wenig Small Talk, findet das angenehm oder auch nicht. Irgendwann merkt man, dass man sein
Gegenüber nicht so richtig erreicht und geht zum nächsten.
Das sind keine Beziehungen, bei denen sich der andere Mensch
wirklich auf einen einlässt.«[54]

Übrigens brauchen nicht nur die Kinder die Nähe zu den
Eltern, das Bedürfnis besteht auch umgekehrt. »Nur ein winzi-
ger Teil unseres Elternverhaltens beruht auf Instinkten«, erklärt

---

53 Arno Gruen: Dem Leben entfremdet, Stuttgart 2013, S. 123.
54 Amelia Gentleman: »The great nursery debate«, *The Guardian*, 2.10.2010.

Familientherapeut Steve Biddulph.[55] Die meisten Fähigkeiten, so Biddulph, erwachsen zum einen aus der Fürsorge, die wir als Kind erfahren haben, zum zweiten daraus, dass wir als Heranwachsende in der Nähe von Eltern und Babys waren, und zum dritten aus dem Willen und der liebevollen Absicht herauszufinden, was dem Baby guttut. Die Trennung der Eltern von ihren Kindern führe folglich auch dazu, dass die Eltern ihre Kompetenz verlieren, die eigenen Kinder zu behüten und großzuziehen. Die bereits zitierte NICHD-Studie bestätigt das: Mütter sind weniger sensibel im Umgang mit ihrem Kind, die Harmonie der Mutter-Kind-Interaktion nimmt in dem Maß ab, wie das Kind außerhalb der Familie betreut wird.[56] Von der Nähe zum Kind hingegen profitierten auch die Väter, betont Biddulph: Wenn sie viel Zeit mit ihren Babys verbringen, sinke die Wahrscheinlichkeit, dass sie ihnen wehtun. Außerdem hätten Studien ergeben, dass solche Väter seltener eine Trennung oder Scheidung anstreben. Oder Karriereschritte, »die dem Wohl der Familie abträglich wären«.[57]

Die Rationalisierung des Stillens

Die Entfremdung des Menschen von der Natur, insbesondere von seiner eigenen, bedeutet nicht zwangsläufig, dass er alles Natürliche ablehnt. Trotz vieler Meinungsunterschiede zur frühkindlichen Erziehung herrscht zum Beispiel Einigkeit darüber, dass es für einen Säugling nichts Gesünderes gibt als Muttermilch. Neben vielen anderen positiven Auswirkungen senkt sie auch das Risiko, an Mittelohr- oder Atemwegsinfek-

---

55 Steve Biddulph: Das Geheimnis glücklicher Babys, München 2007, S. 104 f.
56 Hanne K. Götze: Kinder brauchen Mütter, Graz 2011, S. 205.
57 Steve Biddulph: Das Geheimnis glücklicher Babys, München 2007, S. 112.

tionen und später im Leben an Leukämie oder Asthma zu erkranken. Die moderne Wissenschaft hat den Menschen die Vorzüge der Muttermilch nähergebracht, und die Wirtschaft versucht, daraus Kapital zu schlagen. Am Beispiel des Stillens zeigt sich, wie tief die Wirtschaft in das Leben der Familie eingegriffen hat und nun sogar dabei ist, einen Vorgang zu rationalisieren, den die Natur ursprünglich auch dazu vorgesehen hat, die Beziehung zwischen Mutter und Kind zu festigen.

Im 17. und 18. Jahrhundert waren die Vorteile der Muttermilch noch nicht allgemein bekannt und das Stillen längst nicht so populär wie heute. Viele Kinder wurden von Ammen großgezogen und auch gestillt. Besonders in Frankreich war es in wohlhabenden Familien üblich, die Säuglinge aufs Land zu einer Kinderschwester zu geben. In Paris waren es bis zu 90 Prozent der Mütter, die ihre Kinder nicht selbst stillten; nichts sollte die Frau aus gutem Hause davon abhalten, schnell wieder schwanger zu werden. Im Laufe der Jahre ergaben Untersuchungen, dass ein vergleichsweise hoher Anteil dieser Kinder früh starb, sodass die Regierungen in Europa begannen, diese Praxis zu sanktionieren. Preußen schrieb seinen Müttern sogar per Gesetz vor, ihre Kinder zu stillen. Auch in den USA galt das Stillen Ende des 18. Jahrhunderts als Bürgerpflicht.

Anfang des 20. Jahrhunderts entstand in den USA die erste Muttermilchbank. Nach dem Vorbild der Melkmaschinen für Kühe wurden Brustpumpen entwickelt, mit denen Frauen, die zur Milchspende bereit waren, angezapft werden konnten. Die neue Technik hatte für die wohlhabende Bevölkerung den angenehmen Nebeneffekt, dass sie sich nicht länger mit Ammen – also Frauen aus meist einfachen Verhältnissen – umgeben mussten, sondern einfach die gefüllten Milchflaschen kaufen konnten.

Aus der Mode kam die Muttermilch mit der Entwicklung künstlicher Flaschenmilch. Nach dem Zweiten Weltkrieg rieten viele Ärzte und Wissenschaftler Müttern davon ab, die Kinder an die eigene Brust anzulegen. Muttermilch sei mit Schadstoffen verseucht und bei Weitem nicht so sättigend wie die hygienisch produzierte Alternative. Natürlich wurde diese Propaganda ordentlich von der Industrie befeuert. Doch insbesondere in den Entwicklungsländern zeigte sich, dass künstliche Nahrung die Babys nicht annähernd so gut vor Infektionen schützte und somit ein Risiko für deren Leib und Leben darstellte. So kam es bald zur Rückbesinnung, doch der Schritt zurück zur Natur war in der modernen Gesellschaft nur noch mit moderner Technik zu bewerkstelligen.

1961 gründete der gebürtige Schwede Olle Larsson im Kanton Zug in der Schweiz ein Unternehmen. Er nannte es Medela, beschäftigte zunächst zwei Mitarbeiter und belieferte Krankenhäuser und Privathaushalte mit Brustpumpen. Binnen weniger Jahrzehnte stieg Medela zum Weltmarktführer auf und schaffte es, seine Pumpen in neunzig Ländern rund um den Globus zu vertreiben. Insbesondere die Handmilch-Pumpe, mit einem Preis von umgerechnet knapp 20 Euro, verkaufte sich millionenfach in den USA, Europa und Asien. Inzwischen gibt es diesen Apparat auch mit einer elektrischen Pumpe, Einsteigermodelle sind ab 70 Euro zu haben, das technisch anspruchsvollere Modell »Medela Swing mit 2-Phase-Expression« kostet das Doppelte. Dafür lässt sich »mehr Milch in weniger Zeit« abpumpen, verspricht der Hersteller, außerdem sei die Pumpe sehr leise »und somit die perfekte Lösung für diskretes Abpumpen«. Mit der Doppel-Milchpumpe »Freestyle« für 300 Euro können Frauen sogar beide Brüste gleichzeitig abpumpen.

Der Kundenkreis – ein stark wachsender Markt: »Sind Sie tagsüber von Ihrem Baby getrennt? Können Sie tagsüber aufgrund beruflicher Tätigkeit nicht direkt an der Brust stillen? Die elektrische Doppel-Milchpumpe Freestyle hilft Ihnen, Ihre Muttermilch effizient und komfortabel abzupumpen – egal wo Sie sich gerade aufhalten. Außerdem sparen Sie sich durch beidseitiges Abpumpen wertvolle Zeit und Sie verbessern Ihre Milchproduktion.« So wirbt Medela auf seiner Homepage für sein Spitzenmodell, in das die Schweizer Firma jahrelange Entwicklungsarbeit gesteckt hat. Babys, das haben Wissenschaftler mithilfe von Ultraschallaufnahmen beobachtet, trinken beim Stillen in zwei Phasen: erst sanft, dann schnell. Das regt den Milchfluss in der Mutterbrust an. Nach etwa einer Minute wird das Saugen dann langsamer und intensiver. Vor gut zehn Jahren gelang es den Forschern von Medela, diesen Zwei-Phasen-Rhythmus mit einer Pumpe nachzuahmen. Die Produkte, die mittlerweile auf dem Markt erhältlich sind, können es in Sachen Leistungsfähigkeit mit jedem Baby aufnehmen. Für die Anregung des Milchflusses benötigen die besten Medela-Pumpen anderthalb Minuten, also eine halbe Minute länger als ein Baby, dafür gelingt es dann während einer fünfminütigen Abpump-Phase so viel Milch zu entleeren »wie bei einer 16-minütigen Stillmahlzeit«. Mit anderen Worten: Die Milchpumpe ist wesentlich effizienter als das Baby selbst. Um die erste Phase, also die Aktivierung des Milchflusses, zu beschleunigen, sind den Pumpen kleine Plastikhüllen beigelegt, in die Mütter Fotos von ihrem Nachwuchs stecken sollen. Wenn die Mütter ihre Babys dann anschauen, lässt die Milch nicht lange auf sich warten.

Auch andere Hersteller wie Philips oder NUK bieten Geräte mit Zwei-Phasen-Technologie an, weltweit liegt der Umsatz mit Pumpen derzeit bei einer halben Milliarde Euro und wächst stabil, laut Branchenschätzungen jedes Jahr um 7,5 Prozent.[58] Am meisten verbreitet sind die Geräte in Nordamerika, dort sei es mittlerweile üblich, dass nicht nur berufstätige Frauen damit abpumpen, sondern auch Mütter, die zu Hause

---

58 Research and Markets: »2013 Report on the International Breast Pumps Market«, *Reuters*, 10.1.2014.

mit ihren Babys leben, berichtet die Zeitschrift *The New Yorker*.[59] So erhalten auch diese Kinder Milch aus der Flasche, die ganze Nation habe sich »zu einer gigantischen Molkerei entwickelt«, hieß es in dem US-Magazin sarkastisch.

Der Siegeszug der Pumpen lässt sich in den USA vor allem mit einer Besonderheit erklären: Mutterschaftsschutz ist in den Vereinigten Staaten so gut wie nicht vorgesehen. Spätestens zwölf Wochen nach der Geburt ihrer Kinder haben sich Frauen wieder am Arbeitsplatz einzufinden, wenn sie ihn behalten wollen. Die Folge: Jede zweite Mutter mit einem Kind unter sechs Monaten geht arbeiten.

Andererseits ist den Amerikanern der Wert der Muttermilch durchaus bewusst, die Gesundheitsbehörden halten die Frauen mit Kampagnen dazu an, ihre Kinder zu stillen. Die Botschaft ist angekommen – Millionen berufstätige Frauen greifen heute auf die Pumpen zurück, daher haben viele Unternehmen mittlerweile Stillräume eingerichtet. Goldman Sachs, schreibt der *New Yorker,* stelle seinen Börsenhändlerinnen die besten Pumpen zur Verfügung, der Stillraum lasse sich online reservieren. Der Brustpumpen-Hersteller Medela steht der Wirtschaft mit Rat und Tat zur Seite, um die Ausfallzeiten der stillenden Mütter auf zehn bis fünfzehn Minuten pro Sitzung zu reduzieren. Im Bundesstaat Rhode Island wird jährlich ein Preis an das Unternehmen verliehen, das Frauen den »stillfreundlichsten Arbeitsplatz« bietet. Bezeichnenderweise sind in den Stillräumen für gewöhnlich keine Babys oder Säuglinge erlaubt.

In Frankreich räumt der Gesetzgeber Frauen täglich eine Stunde für das Stillen ein. Doch oft müssen sich Mütter von den Kollegen schief anschauen lassen, wenn sie dieses Recht tatsächlich wahrnehmen. Anders als in den USA wird Stillen in Frankreich eher als niedere Tätigkeit gesehen, was sich

---

59   Jill Lepore: »Baby Food«, *The New Yorker,* 19.1.2009.

auch in der Statistik ausdrückt: Weniger als zehn Prozent der Französinnen stillen ihr Kind, bis es sechs Monate alt ist, berichtete *Die Zeit*.[60] In Deutschland seien es mehr als 40 Prozent der Frauen. Noch weniger scheint in Frankreich der Gedanke verbreitet zu sein, dass es beim Stillen nicht nur darum geht, das Kind mit Milch abzufüllen, sondern auch sein Bedürfnis nach Nähe zu befriedigen. *Die Zeit* beschrieb die zunehmende Entfremdung von Müttern und Kleinkindern im Nachbarland anhand einer Mutter aus Straßburg, die beinahe ihren Krippenplatz verloren hätte. Der Grund: Sie war in ihrer Mittagspause wiederholt zum Stillen in die Krippe gekommen. Das Personal dort vertrat hingegen die Auffassung, die Tochter sollte nur aus dem Fläschchen trinken und sich lieber in den Alltag der Einrichtung integrieren, statt an der Mutter zu hängen.

In den USA sind ähnliche Tendenzen zu beobachten: »Man sollte meinen, die wahnsinnige Nachfrage nach den Brustpumpen würde Skepsis hervorrufen«, wunderte sich die bereits zitierte Autorin des *New Yorker*. Das Stillen an der mütterlichen Brust sei schließlich auch mit zärtlicher Zuwendung zum Kind verbunden. Abpumpen hingegen bedeute, dass die Mutter eine Plastikvorrichtung auf ihre Brust presse und dann beobachte, wie die Milch durch einen Schlauch in das Fläschchen tropft.

Die Entmenschlichung und Rationalisierung des Stillens zeugt also vor allem davon, dass in der ökonomisch getriebenen Gesellschaft jeglicher Sinn dafür verloren gegangen ist, was ein Vorgang wie Stillen für einen kleinen Menschen und dessen Mutter bedeutet. Natürlich ist Muttermilch für einen Säugling nicht überlebensnotwendig, manche Mütter können nicht stillen, trotzdem entwickeln sich ihre Kinder gut. Was das Stillen so wertvoll macht, ist vor allem der Haut-, Körper-

---

60 Margarete Moulin: »Liebe auf Distanz«, *Die Zeit* 37/2013.

und Blickkontakt, er stärkt die emotionale Bindung. Währenddessen hört das Baby den Herzschlag der Mutter, der es schon monatelang vor seiner Geburt beruhigt hat. Das Saugen an der Brust regt bei Mutter und Kind den Hormonhaushalt an und löst Glücksgefühle aus, was gerade für die Mütter wichtig ist, besonders nach dem Stress einer schlaflosen Nacht.

Ähnlich wie bei der Frage der kindlichen Frühbetreuung manifestiert sich in der modernen Stillpraxis ein kultureller Verlust: Liebe und Zuneigung werden durch einen optimierten Produktionsprozess ersetzt, der es Müttern ermöglicht, sich schnell wieder vermeintlich wichtigeren Dingen zuzuwenden. Aus ökonomischer Sicht ist die Entwicklung zweifellos ein Gewinn, nicht zuletzt für Brustpumpenhersteller wie Medela. Um das Geschäft weiter anzukurbeln, wirbt die Firma konsequenterweise auch in Deutschland dafür, dass noch mehr Frauen länger stillen und dabei Pumpen benutzen sollen. Und veranstaltet Symposien, auf denen es auch um die bessere Vereinbarkeit von Beruf und Familie geht.

4

IDEOLOGIE STATT WISSENSCHAFT

Jay Belsky studierte im zweiten Jahr Geschichte und Diplomatie an der Georgetown University in Washington, als er sein Erweckungserlebnis hatte.[61] Er saß gerade vor der Unibibliothek in der Sonne, als ihm ein Freund aus seiner Fußballmannschaft entgegenkam, begleitet von einer Horde etwa vierjähriger Kinder. Belsky fragte ihn, wie er zu diesem Job käme, und erfuhr, dass die Kinder aus der Tagesstätte der Uniklinik stammten, wo ständig Freiwillige für die Betreuung gesucht wurden. Neugierig geworden, meldete sich Belsky dort und entwickelte schnell ein gutes Verhältnis zu den ihm anvertrauten Kindern. So fand er, nachdem er bis dahin eher lustlos vor sich hin studiert hatte, endlich seine Berufung: die Arbeit mit Kindern. Er wechselte das Fach und studierte Vorschulpädagogik. Während des Studiums kam er erstmals mit Forschungen zur Betreuung von Kleinkindern in Berührung. Weil er am Lehrstuhl eines renommierten Entwicklungspsychologen studierte, war er auch an einer staatlichen Untersuchung beteiligt. Dabei ging es um die Überprüfung von Ende der Siebzigerjahre aufkommenden Bedenken gegen die Fremdbetreuung kleiner Kinder. Die Untersuchung mündete in einem Bericht, dessen Fazit lautete: Die vorhandenen Daten lassen nicht den Schluss zu, dass frühe Betreuung die Mutter-Kind-Beziehung gefährdet, und auch das Verhalten der Kinder gibt keinen Anlass zur Sorge. Die Wissen-

---

61 Jay Belsky: »The Politicized Science of Day Care – A Personal and Professional Odyssey«, *Family Policy Review* 1/2003.

schaftler betonten allerdings, dass mehr Daten nötig seien, um fundierte Aussagen treffen zu können.

In den folgenden Jahren wurde Belsky wiederholt eingeladen, um auf Symposien zu diesem Thema zu referieren. 1984 etwa präsentierte er Daten, wonach sich eine gute Betreuungsqualität positiv auf die kognitiven und sozialen Funktionen eines Kleinkindes auswirke. »Ich bekam Applaus, weil ich Dinge sagte, die politisch erwünscht waren«, bemerkt er heute sarkastisch.[62] Belsky wurde für seine Forschungen sogar ausgezeichnet.

Bis 1986 verdichteten sich allerdings die Hinweise, dass Kinder, die schon im ersten Lebensjahr eine Krippe besucht hatten, später doch aggressiver sein könnten als ihre Altersgenossen, die zu Hause aufwuchsen. Auch die Mutter-Kind-Bindung schien stärker gefährdet als bis dato angenommen. Belsky fasste den neuen Erkenntnisstand in einem Aufsatz zusammen. Der Titel: »Infant Day Care: A Cause for Concern?«

Obwohl der Bericht in einem unbedeutenden kleinen wissenschaftlichen Journal erschien und mit einem Fragezeichen versehen war, löste er eine landesweite Kontroverse aus. Alle großen Zeitungen, *New York Times, Washington Post, Wall Street Journal* sowie das Nachrichtenmagazin *Time* berichteten ausführlich über Belskys Studie. Auf einmal fand sich der aufstrebende Forscher inmitten eines Orkans wieder. Fachkollegen, die ihn zuvor noch zitiert und seine Arbeit gewürdigt hatten, bezichtigten ihn, er polemisiere gegen Krippen und arbeitende Mütter und hasse Frauen. Belsky war so ehrlich gewesen, in seinem Aufsatz sogar einen möglichen Interessenskonflikt zu vermerken: Er sei selbst Vater zweier Kinder, die zu Hause aufwachsen. Seine Kritiker beschuldigten ihn daraufhin, er sei voreingenommen, seine Arbeit könne nicht ernst genommen werden.

Immerhin führte die Kontroverse, von den amerikanischen

---

62 Gespräch mit dem Autor am 8.1.2014.

Medien als »daycare wars« tituliert, zu einem Fortschritt in der Wissenschaft: 1989 stellte die staatliche Gesundheitsbehörde NICHD Millionen an Forschungsgeldern für die gleichnamige weltweit größte Studie zur Kinderbetreuung zur Verfügung. Auch Belsky beteiligte sich an der Arbeit. Bei den meisten Forschern handelte es sich um Frauen, die ihren Nachwuchs selbst in Krippen untergebracht hatten. Dass dies ihre Ansichten möglicherweise beeinflusste, belegt zum Beispiel eine Aussage der Psychologin Alison Clarke-Stewart: Sie wollte herausfinden, sagte sie in einem Interview unverblümt, »dass Fremdbetreuung gut für Kinder ist. Auch, weil ich selbst eine berufstätige Mutter bin, aber nicht nur deswegen: es lag für mich einfach auf der Hand.«[63] Sie widmete ihren Beitrag zur NICHD-Studie ihrem Sohn, »der das erste Jahr seines Lebens in der Krippe verbracht hat, damit ich an diesem Buch arbeiten kann«. Doch auch diese umfangreiche Studie, die gut 15 Jahre dauern würde, bestätigte schon bald die Befürchtungen, externe Betreuung könnte für Kinder, insbesondere wenn sie jünger als 15 Monate sind, von Nachteil sein. Die Leiter der Studie und die meisten Beteiligten wollten dieses Ergebnis zunächst nicht anerkennen, auch weil die Effekte relativ gering waren, was auch Belsky einräumt. Trotzdem vertritt er die Ansicht, auch geringe Effekte könnten bedeuten, dass zumindest Risiken bestehen. Er verweist auf das plakative Beispiel, dass auch nicht alle Raucher an Lungenkrebs erkrankten, dennoch gelte Rauchen als Risikofaktor. Umgekehrt wurde der Befund, wonach qualitativ hochwertige Betreuung von Kleinkindern deren kognitive und sprachliche Fähigkeiten erhöht, von praktisch allen Beteiligten der NICHD-Studie umgehend anerkannt – obwohl diese positiven Effekte laut Belsky ebenso gering waren wie die negativen.

---

63 Alison Clarke-Stewart: Daycare – The Developing Child, Harvard University Press 1993.

Die einseitige Deutung von Studienergebnissen scheint nicht nur ein amerikanisches Phänomen zu sein. So schreibt beispielsweise Lieselotte Ahnert, Entwicklungspsychologin an der Universität Wien, dass sich die Betreuung in einer »exzellenten öffentlichen Betreuungseinrichtung« positiv auf »die intellektuelle Entwicklung der Kinder« auswirke.[64] Was aggressives Verhalten von früheren Krippenkindern angeht, lägen die Werte »noch im Normbereich«, deshalb habe sich ihre Interpretation »zu einer Glaubensfrage entwickelt«. Dabei ist es laut Belsky genauso eine Glaubensfrage, ob Krippen die intellektuelle Entwicklung von Kindern fördern oder nicht. Es sei eine Schande für die Wissenschaft, dass die positiven Auswirkungen gebetsmühlenartig wiederholt würden, trotz kaum messbarer Effekte. Doppelt ärgerlich werde es, wenn kleine Effekte mit viel Aufsehen verbreitet würden, weil sie in der Öffentlichkeit gern gehört werden, während andere Effekte marginalisiert würden, weil sie dem Zeitgeist widersprechen. Das zeigte sich etwa, als die NICHD die erste Pressemeldung zu den vorläufigen Ergebnissen der Studie veröffentlichte: Im Titel und auf Seite eins wurden ausschließlich die positiven Auswirkungen der Fremdbetreuung gewürdigt, während die negativen Effekte am Ende der Meldung auf der dritten Seite versteckt waren.[65] Belsky fand es erhellend, dass »kaum einer meiner Kollegen gegen diese Verdrehung der Tatsachen protestierte«.

Inzwischen ist die Ausgangsthese von Belsky wiederholt bestätigt worden, etwa durch die Quebec-Studie, die bei Krippenkindern in Kanada vermehrt Hyperaktivität, Unaufmerk-

---

64 Lieselotte Ahnert: Wieviel Mutter braucht ein Kind?, Heidelberg 2010, S. 171/181.

65 Jay Belsky: »The Politicized Science of Day Care – A Personal and Professional Odyssey«, *Family Policy Review* 1/2003.

samkeit und Aggressivität diagnostizierte.[66] Die früheren Krippenkinder der NICHD-Studie fielen selbst noch im Alter von fünfzehn Jahren durch impulsiveres und risikoreicheres Verhalten auf. Belsky wundert sich, dass niemand seiner Kritiker auf ihn zukam und einräumte, dass er vielleicht doch nicht so falsch lag. Stattdessen musste er sich wiederholt anhören, seine Studien verursachten bei berufstätigen Muttern doch nur Schuldgefühle. Ob er das mit seinem Gewissen vereinbaren könne. Der Vorwurf erstaune Belsky in zweierlei Hinsicht: Zum einen sei es nicht die Aufgabe von Wissenschaftlern, darüber nachzudenken, wen ihre Erkenntnisse verstören könnten. »Ob Eltern ihre Kinder zur Krippe schicken, wird am Ende immer ihre Entscheidung sein. Aber ich will, dass sie alle nötigen Informationen zur Hand haben, um verantwortlich entscheiden zu können«, sagt Belsky.[67] Zum anderen ist noch keiner seiner Kollegen auf die Idee gekommen, dass es auch Mütter, die ihre Kinder zu Hause erziehen, vielleicht verunsichern könnte, wieder und wieder zu hören, dass Kinder aus Betreuungseinrichtungen sprachlich und kognitiv im Vorteil seien.

Zumindest kann sich Belsky damit trösten, dass er seiner Zeit voraus war – was die meisten Wissenschaftler gern von sich behaupten würden. Allerdings zahlte er dafür einen hohen Preis: Trotz der Meriten, die er sich früh in seiner wissenschaftlichen Laufbahn erarbeitete, landete er in der akademischen Welt auf dem Abstellgleis. Wiederholt bewarb er sich in den vergangenen Jahren auf Stellen und erhielt immer wieder Absagen. Wenn er nach dem Grund fragte, bekam er die immer gleiche Antwort: seine Ansichten zur frühkindlichen Betreuung.

An den Universitäten Englands seien in den vergangenen

---

66 Michael Baker, Jonathan Gruber, Kevin Milligan: »Universal Childcare, Maternal Labor Supply and Family Well-Being«, *Journal of Political Economy*, Vol. 116, No. 4, pp. 709-745, The University of Chicago Press, August 2008.
67 Gespräch mit dem Autor am 8.1.2014.

Jahren immer mehr Abteilungen mit den Schwerpunkten »Frühe Kindheit« entstanden, von den Regierungen »linker wie rechter Couleur großzügig finanziert«, bemerkt Steve Biddulph.[68] »Man erkannte die steuerlichen Vorteile, wenn alle arbeiten würden, und sah zudem eine Chance, sich fortschrittlich und frauenfreundlich zu geben.« Das Problem dieser von der Politik so großzügig alimentierten Forschungseinrichtungen analysierte der Kindertherapeut Wolfgang Bergmann in einem Interview kurz vor seinem Tod: »Es gibt natürlich einen Karrierismus in der Wissenschaft.« Wer als Wissenschaftler Karriere machen wolle, müsse der bezahlenden Einrichtung, in der Regel die Politik oder politiknahe Institutionen, »nach dem Mund reden«. Wer als Chef einer Forschungseinrichtung äußere, seine Studien hätten ergeben, dass Kinder mit eineinhalb Jahren am besten überhaupt nicht in die Krippe sollten, verliere schnell seinen Auftrag. Es laste »ein ungeheurer, ein propagandistischer Druck« auf der Wissenschaft, »da verkriechen sich viele.«[69]

Grenzen der Forschung

Der Psychotherapeut Horst-Eberhard Richter wurde in einem Interview im Jahr 2005 gefragt, was er vom Humangenomprojekt halte und den enormen Fortschritten der Wissenschaft beim Verständnis des menschlichen Körpers. Er erkannte diesen Fortschritt durchaus an, bemängelte jedoch, dass diese Art der Forschung lediglich in der Lage sei, »objektivierbare Zu-

---

68 Steve Biddulph: Das Geheimnis glücklicher Babys, München 2007, S. 54.
69 Der Pädagoge und Kindertherapeut Wolfgang Bergmann im Interview: www.alturl.com/n7h8c, 26.8.2014.

stände und Prozesse« aufzuschlüsseln.[70] Andere Dimensionen, etwa Gefühle, gingen »bei der Objektivierung des vermeintlichen Maschinenwesens Mensch verloren«. Der deutsche Humangenetiker Benno Müller-Hill äußerte in einem anderen Zusammenhang: »Je teurer die Maschinen, mit denen der Forscher den anderen Menschen misst, desto weiter entfernt er sich vom untersuchten Menschen selbst.«[71]

Die Diagnose trifft auch auf die Erforschung der frühen Kindheit zu. Wissenschaftler sind ein Stück weit gezwungen, sich an objektivierbare Daten zu halten, weil sie von den Kindern selbst keine verwertbaren Informationen erhalten. Doch damit steht die Forschung immer unter dem Vorbehalt, dass sie wesentliche Dimensionen des Empfindens und Lebens von Säuglingen und kleinen Kindern nicht abbildet oder abbilden kann. Sie kann keine Aussage treffen, ob ein Kind glücklich und zufrieden ist oder sich in einer bestimmten Situation geborgen fühlt. »Man kann die Seele eines Zweijährigen nicht mit empirischen Methoden abfragen«, stellte der Kindertherapeut Wolfgang Bergmann nüchtern fest. »Das funktioniert ja nicht einmal bei einem Zwölfjährigen.«[72]

Das bedeutet für die Eltern, dass sie von der Forschung letztlich keine klare Antwort erwarten können, was das Beste für *ihr* Kind ist. Das ist auch nicht weiter tragisch, schließlich kennen sie ihr Kind selbst am besten. Und deshalb sollten auch sie es sein, die darüber entscheiden – nicht ihr Arbeitgeber, das Familienministerium, die Nachbarn, die Großeltern oder eine wie auch immer geartete öffentliche Meinung.

70 Uwe Gieler: »Wider eine Moral der Leidensfeindlichkeit«, Interview mit Horst-Eberhard Richter, *Psychotherapie, Psychosomatik, Medizinische Psychologie,* Ausgabe 03/04, Volume 55, S. 232-235.
71 Ebda.
72 Wolfgang Bergmann im Interview: www.alturl.com/n7h8c, 26.8.2014.

5

DIE GROSSE BETREUUNGS-KOALITION

Eine kleine Umfrage bei den derzeitigen familienpolitischen Sprechern der im Bundestag vertretenen Fraktionen und der FDP:[73]

Halten Sie den Ausbau des Krippenangebots bis August 2013 für richtig und ausreichend? Oder sehen Sie noch Verbesserungsbedarf?

Marcus Weinberg, CDU/CSU: »Die vom Bund gemeinsam mit Ländern und Kommunen getragenen Maßnahmen sind richtig und wichtig. Wir können allen Eltern, die das wünschen, für ihre Kinder, die ihr erstes Lebensjahr vollendet haben, einen Betreuungsplatz garantieren. Wir haben immer wieder gesagt – und das auch im Koalitionsvertrag festgeschrieben –, dass wir uns nach dem erfolgreichen Ausbau verstärkt auch der weiteren Verbesserung der Qualität der Betreuungseinrichtungen widmen werden.«

Sönke Rix, SPD: »Die SPD hat 2007 den Rechtsanspruch für alle Kinder ab dem ersten Geburtstag durchgesetzt. Seitdem ist beim Betreuungsausbau eine enorme gesellschaftliche Leistung erbracht worden. Die Nachfrage wird weiter steigen, vor allem in den Metropolregionen sowie nach ganztägiger Betreuung. Ein bedarfsgerechter Ausbau der Kindertagesbetreuung ist daher notwendig. Die SPD-Bundestagsfrak-

---

73 Die Fragen des Autors wurden von den Parteimitgliedern im Februar 2014 beantwortet.

tion will die Qualität der Kindertagesbetreuung weiter vorantreiben.«

Diana Golze, Die Linke: »Es fehlen an vielen Stellen immer noch Betreuungsplätze. Besonders wichtig ist aber, dass bei der Qualität der Kinderbetreuung nachgebessert wird. Dort gibt es regional große Unterschiede.«

Franziska Brantner, Die Grünen: »In Deutschland mangelt es häufig an der Qualität der Betreuung. Wenn man es wirklich ernst meint mit der Qualität, bräuchten wir circa 30–50 Milliarden mehr. Die geben wir lieber für die Rente aus.«

Katja Suding, FDP: »Ohne den Rechtsanspruch hätte es die Ausbaubemühungen in diesem Maße nicht gegeben. Der quantitative Ausbau der Betreuungsplätze darf aber nicht zulasten der Qualität gehen.«

Ab welchem Alter halten Sie den Aufenthalt eines Kleinkindes für vertretbar? Ab zwei Monaten, sechs Monaten, einem Jahr oder erst später?

SPD: »Die SPD-Bundestagsfraktion will, dass Eltern diese Entscheidung innerhalb ihrer Möglichkeiten frei treffen können.«

FDP: »Das ist eine grundsätzliche Entscheidung der Eltern, in die sich der Staat nicht einzumischen hat.«

Die Linke: »Hierfür gibt es keine allgemein gültige Regel. Die Eltern kennen ihr Kind am besten und können in Rücksprache mit dem Fachpersonal in den Betreuungseinrichtungen eine gute Entscheidung treffen.«

CDU/CSU: »Die Entscheidung darüber, ab wann Kinder in die Krippe gehen, sollte den Eltern überlassen bleiben, denn die kennen ihr Kind am besten.«

Welche Aufenthaltsdauer in der Krippe halten Sie für ein Kleinkind für vertretbar? Vier Stunden, fünf Stunden, sechs Stunden oder mehr?

Die Linke: »Die Eltern müssen in Zusammenarbeit mir der Kita die beste Lösung für das Kind erarbeiten.«

FDP: »Auch diese Entscheidung liegt bei den Eltern.«

CDU/CSU: »Generelle Empfehlungen sollte die Politik nicht aussprechen.«

SPD: »Das sollten die Eltern entscheiden.«

Erstes Zwischenfazit: Wenn sich Politik nur mit Familienthemen beschäftigen würde, gäbe es viele mögliche Koalitionen. Alle Parteien befürworten den Ausbau von Krippen und sehen lediglich Probleme bei der Qualität der Einrichtungen. Kein Politiker wagt auszusprechen, was für viele Experten und Praktiker Konsens ist: Dass insbesondere der Krippenaufenthalt für Kinder, die das erste Lebensjahr noch nicht erreicht haben, kontraproduktiv und schlimmstenfalls schädlich sein kann. Lediglich die Grünen-Abgeordnete Franziska Brantner sieht ein ernsthaftes Problem bei der Qualität der Betreuung und spricht unumwunden aus, ihr fehle der Glaube, dass dieses Problem von der Politik gelöst werden wird. Das hält sie jedoch nicht davon ab, für die flächendeckende Betreuung von Kleinkindern einzutreten. Auch bei der Dauer des Aufenthalts von sechs Stunden oder mehr am Tag sehen die Politiker kein Problem. Es gibt also bei dem Thema nahezu identische Ansichten der verschiedenen Parteien. Die Politik deckt damit nicht einmal annähernd das Meinungsbild der Bevölkerung ab: Umfragen haben gezeigt, dass ein großer Teil der Deutschen die zu frühe Fremdbetreuung kleiner Kinder für schädlich hält.[74] Überspitzt formuliert herrschen bei diesem Thema heute DDR-Verhältnisse; ganz so, als würde Deutschland von einer Einheitspartei regiert und in der Opposition sitzen die Blockflöten. Lediglich die Ökologisch-Demokratische Partei, kurz ÖDP, distanziert sich klar von der »von der Wirtschafts-

---

74 z. B. Statistisches Bundesamt: Datenreport 2013 – Ein Sozialbericht für die Bundesrepublik Deutschland, Bundeszentrale für Politische Bildung, Bonn 2013, S. 390.

lobby diktierten« Krippenpolitik in Deutschland[75] – eine Gruppierung, die bei der Bundestagswahl im Jahr 2013 gerade einmal 0,3 Prozent der Stimmen erzielte.

Sind Sie der Ansicht, dass Eltern ihre Entscheidungen, ab wann sie ihr Kind in die Krippe geben und wie lang es dort jeden Tag bleibt, aus freien Stücken treffen können oder dabei irgendwelchen Zwängen unterliegen?

FDP: »Bislang konnten sie die Entscheidung nicht aus freien Stücken treffen, weil es schlichtweg nicht genug Krippenplätze gab.«

Die Linke: »Bei der Entscheidung über die Art und Weise der Betreuung ihres Kindes müssen Eltern viele Faktoren beachten, sie können nie vollkommen frei eine Entscheidung treffen.«

CDU/CSU: »Die Politik sollte darauf vertrauen, dass Eltern verantwortungsvoll und unter Berücksichtigung des Kindeswohls entscheiden, ob ihr Kind schon reif genug ist, um in einer Krippe oder bei einer Tagesmutter betreut zu werden, oder ob es besser ist, das Kind persönlich oder familiennah zu betreuen.«

SPD: »Es ist unser Ziel, die dafür notwendigen Rahmenbedingungen in einem Dreiklang aus Geld, Zeit und Infrastruktur zu schaffen, damit Eltern die Entscheidung innerhalb ihrer Möglichkeiten frei treffen können.«

Bemerkenswert ist, dass die befragten Politiker diese Frage nicht verstehen oder verstehen wollen. Die Misere vieler Frauen – und leider bei Weitem nicht so vieler Männer –, besteht darin, dass sie gern länger bei ihrem Kind zu Hause bleiben würden, statt es in eine Einrichtung abzugeben. Aber sie können sich diese Option schlicht und einfach nicht leisten –

---

75 »ÖDP fordert Wahlfreiheit für Eltern«, Pressemitteilung der ÖDP vom 4.4.2012.

finanziell oder auch unter Karrieregesichtspunkten: Noch immer herrscht in vielen Unternehmen die Ansicht vor, eine Frau, die nicht spätestens nach einem Jahr zurück an den Arbeitsplatz kehrt, hegt keine beruflichen Ambitionen. Laut dem Soziologen und Familienforscher Hans Bertram sagen 60 Prozent der Frauen, Kinder seien ihnen das Wichtigste (und leider nur 30 Prozent der Männer, wie Bertram hinzufügt).[76] Das heißt aber nicht, dass ihnen der Beruf unwichtig wäre. Eine Politik, die sich als familienfreundlich bezeichnet, müsste daher alles tun, um Frauen den beruflichen Wiedereinstieg zu einem Zeitpunkt zu ermöglichen, den sie nach den Bedürfnissen der Familie wählt – und nicht, wenn ihn die Wirtschaft wünscht. Doch fast alle Politiker verstehen unter dem Begriff Wahlfreiheit heute allein die Möglichkeit, einen Krippenplatz in Anspruch zu nehmen. Dass daraus für viele Menschen in Deutschland längst der Zwang erwachsen ist, Kinder deshalb auch frühzeitig in die Krippe zu geben und zu arbeiten, wird von der Politik weder thematisiert noch kritisiert.

Wie lange sollten Kinderkrippen geöffnet sein? In einigen Städten gibt es bereits Krippen, die 24 Stunden am Tag Betreuung anbieten. Wie beurteilen Sie diese Entwicklung?

CDU/CSU: »Im Interesse derjenigen Eltern, die Beruf und Familie vereinbaren wollen und die unregelmäßige Arbeitszeiten haben (Schichtdienst), ist es ohne Frage wünschenswert, dass Betreuungseinrichtungen auch zu Randzeiten ein Angebot vorhalten. Wenn eine Einrichtung 24 Stunden am Tag eine Betreuung anbietet, bedeutet das ja nicht, dass sich die Kinder dort 24 Stunden ununterbrochen aufhalten.«

SPD: »Generell sollen Kinderbetreuungseinrichtungen die Vereinbarkeit von Beruf und Familie ermöglichen. Nicht alle

---

76 Freia Peters, Dorothea Siems: »Der Kampf der Familien um jede Minute Zeit«, *Die Welt*, 12.1.2014.

Berufe ermöglichen eine Arbeitszeit zwischen 9 und 16 Uhr, weswegen generell flexible Kinderbetreuungsmöglichkeiten zu begrüßen sind.«

Die Linke: »Generell haben sich die Arbeitszeiten der Eltern den familiären Bedürfnissen anzupassen und nicht umgekehrt. Eine Rund-um-die-Uhr-Betreuung sollte wenn überhaupt nur in Ausnahmefällen erforderlich sein. Dennoch braucht es entsprechende Angebote, und sei es nur für den Fall, dass eine alleinerziehende Mutter wegen Krankheit ausnahmsweise einmal nicht rund um die Uhr für ihr Kind da sein kann oder bei Schichtarbeit auf eine vertrauensvolle Betreuung für ihr Kind angewiesen ist.«

FDP: »Wir brauchen keine starren, sondern möglichst flexible Öffnungszeiten, die sich auch nach den Bedürfnissen der Eltern und deren Arbeitszeiten richten. Die Flexibilität einer 24-Stunden-Einrichtung ist sinnvoll, um auch Eltern im Schichtdienst Betreuungsangebote unterbreiten zu können.«

Die Parteien der Regierungskoalition sowie die FDP haben also kein Problem damit, dass Kleinkinder auch nachts fremdbetreut werden. Ihre Aussagen klingen fast so, als wäre es eine Errungenschaft, wenn sich Betreuungseinrichtungen auf die Vorgaben der Wirtschaft einstellen und jungen Eltern ermöglichen, nachts zu arbeiten. Die naheliegende Frage, ob diese Situation wirklich wünschenswert ist, wird lediglich von dem familienpolitischen Sprecher der Linken gestellt und auch verneint. Die Forderung, dass sich die Wirtschaft nach den Familien zu richten habe und nicht umgekehrt, wagt also nur noch ein Politiker einer Partei, die sich die Kapitalismuskritik groß auf die Fahnen geschrieben hat. Allen anderen geht das schon zu weit. Erstaunlicherweise hält es aber selbst die Linke für nötig, Alleinerziehenden die Kinder abzunehmen, damit sie spätabends oder nachts arbeiten können. Der nächste logische Schritt wäre es nun eigentlich, die Kinder während der

Arbeitswoche ganz von ihren Eltern zu trennen, schließlich stellt Abend- und Schichtarbeit eine besondere körperliche Anstrengung dar, die mit ausgedehnten Ruhephasen tagsüber kompensiert werden muss. Das ist kaum möglich mit einem Kleinkind, das natürlich in der Zeit, in der es nicht in der Krippe ist, die volle Aufmerksamkeit der Mutter oder des Vaters einfordert. Konsequenterweise müssten deshalb also Wochenkrippen eingeführt werden, wie es sie schon in den sozialistischen Ländern gab, wo die Eltern ihre Kinder am Montagmorgen abliefern und am Freitagabend wieder abholen können. Diesen Schritt scheuen – bisher – aber selbst die krippenfreundlichsten Politiker, weil sich dieses System wohl auch mit der besten Propaganda nicht mehr als familienfreundlich verkaufen ließe.

In den vergangenen Jahren haben zahlreiche wissenschaftliche Studien ergeben, dass der zu lange Aufenthalt von Kindern in Krippen – gemeint sind in der Regel mehr als vier Stunden täglich – langfristig negative Folgen für die psychosoziale Gesundheit eines Kindes haben könnte. Wiederholt wurde zum Beispiel nachgewiesen, dass der Pegel des Stresshormons Cortisol bei Krippenkindern tagsüber stark erhöht und mit Werten eines beruflich sehr beanspruchten Erwachsenen vergleichbar ist. Wie beurteilen Sie diese Ergebnisse aus der Wissenschaft?

FDP: »Wir nehmen zur Kenntnis, dass es zahlreiche wissenschaftliche Studien gibt, die zum Teil widersprüchliche Ergebnisse liefern. So wurde beispielsweise erforscht, dass der Cortisolspiegel zu Beginn der Eingewöhnung durchaus erhöht ist, sich aber nach der Eingewöhnung einpendelt. Uns ist deshalb wichtig, den Krippenausbau wissenschaftlich zu begleiten. Grundsätzlich gilt: Für die Kinder ist eine gute, behutsame Eingewöhnung, bei der Erzieherinnen und Eltern eng kooperieren, von großer Bedeutung. Bei weiteren Ausbaubemühungen des Krippenangebots muss der Fokus auf der Qualität liegen.«

Die Linke: »Bei diesen Untersuchungen wird gerne eine Tatsache unterschlagen, nämlich dass der Anstieg des Stresshormons Cortisol auch massiv von der Qualität der Betreuung abhängig ist. Kinder brauchen, insbesondere in jungen Jahren, kontinuierliche Bezugspersonen und kleine Gruppen. Vielerorts wurde ein Ausbau auf Sparflamme betrieben und nicht das Wohl des Kindes in den Mittelpunkt des Ausbaus gerückt.«

SPD: »Die angesprochenen Studien werden durchaus kontrovers diskutiert. Kitas sind aus Sicht der SPD-Bundestagsfraktion frühkindliche Bildungseinrichtungen mit einer Vielzahl von Angeboten für Kinder und deren Familien. Dazu gehört die individuelle Förderung aller Kinder, einschließlich der gezielten Sprachförderung zur besseren Integration von Kindern, die aufgrund ihrer sozialen Situation oder den geringen deutschen Sprachkenntnissen ihrer Eltern benachteiligt sind. Frühkindliche Bildung ist entscheidend für gleiche Startchancen.«

CDU/CSU: »Jedes Kind ist anders. Einige mögen den Kita-Besuch und die Betreuung in noch relativ großen Gruppen als Stress empfinden, andere vielleicht das Spielen in größeren Gruppen. Fest steht, dass die Betreuung durch hochqualifizierte Erzieherinnen und Erzieher in kleinen Gruppen für Kleinkinder eine gute und sinnvolle Ergänzung der Betreuung und Erziehung in der Familie sein kann. Es wäre anmaßend, den Eltern gegenüber mit irgendwelchen Studien winkend staatlicherseits die Bewertung vorzugeben, welche Betreuungsform die objektiv einzige richtige für ihr Kind ist.«

Der Hinweis praktisch aller Parteien, die Studien würden kontrovers diskutiert, ist sicher nicht von der Hand zu weisen. Das gilt allerdings auch für die Studien, die keine Risiken bei der frühen Fremdbetreuung von Kleinkindern sehen oder allein den Nutzen von Betreuungseinrichtungen betonen. Der kognitive Vorsprung von Krippenkindern ist laut NICHD äußerst gering. Zudem wurde in der Großstudie nachgewiesen, dass dieser Vorsprung nur für eine wöchentliche Betreuung bis zu 20 Stunden pro Woche gilt: Die US-Studie hat ergeben, dass sich »die intellektuellen und sprachlichen Kompetenzen der Kinder mit einer Ganztagsbetreuung nicht besser entwickeln als bei Halbtagsbetreuung«.[77] Ein längerer Aufenthalt bringe keinerlei zusätzlichen Nutzen.

Dass die Werte des Stresshormons Cortisol bei Krippenkindern deutlich erhöht sind, ist unter Wissenschaftlern Konsens. Strittig ist lediglich, ob die Qualität der Einrichtung daran viel ändert. Der Kinderarzt Rainer Böhm sagt, Qualität spiele eine Rolle, »allerdings hilft sie umso weniger, je kleiner die Kinder sind«.[78] Forscher haben festgestellt, dass die Cortisolwerte von Krippenkindern eben nicht nach einigen Wochen der Eingewöhnung sinken, sondern über Monate erhöht bleiben. Die bereits zitierte NICHD-Studie kam zu dem Schluss, dass es empfehlenswert sei, die Zahl der Stunden, die Kinder in Krippen verbringen, zu reduzieren. Die meisten Forscher halten lediglich einen Aufenthalt von maximal vier Stunden pro Tag in der Regel für unbedenklich.

Wenn die befragten Politiker schon zugeben, dass die Ergebnisse aus der Forschung keine eindeutigen Schlüsse zulassen, müssten sie dann nicht eher zur Vorsicht beim Krippenbesuch mahnen? Das Gegenteil ist der Fall, wie sich besonders an der Antwort der grünen Familienpolitikerin Franziska Brantner zeigt. Sie wollte die an sie und die anderen familienpolitischen Sprecher der Parteien gestellten Fragen nicht im Detail beantworten, sondern schickte nur einen pauschalen Kommentar: »Zum Glück haben andere Länder ja schon seit

---

77   Lieselotte Ahnert: Wieviel Mutter braucht ein Kind?, Heidelberg 2010, S. 177.
78   Rainer Böhm: »Die dunkle Seite der Kindheit«, *FAZ* 81/2012.

Generationen das flächendeckende Ganztagsprogramm ab jungem Alter gelebt – und wir können nicht feststellen, dass der Franzose, der Däne, der Belgier oder Schwede per se schlechter, dümmer, neurotischer oder was auch immer ist, die Scheidungsraten sind nicht höher, im Gegenteil, es gibt mehr Kinder.«

Die Antwort ist ein weiterer Beleg dafür, wie leichtfertig die medizinisch und psychologisch begründete Sorge um das Kindeswohl von der Politik ignoriert wird. Der Blick ins Ausland sagt zunächst gar nichts: Der Franzose, um in Brantners Jargon zu bleiben, bezieht seinen Strom bekanntermaßen zu 70 Prozent aus Atomkraftwerken. Das hat die Grünen bisher nicht dazu bewegt, den Ausbau der Atomkraft in Deutschland zu fordern. Der dänische Erziehungsexperte Jesper Juul bezeichnete die Krippenoffensive als großes »soziales Experiment«.[79] Experimente zeichnen sich dadurch aus, dass ihr Ausgang ungewiss ist und sie mit einem gewissen Risiko behaftet sind. In der Atomdebatte der Achtzigerjahre wurde dieses Risiko von der Atomlobby gern auch als Restrisiko verharmlost, worauf die Grünen mit massivem Protest reagierten. Auch bei der Gentechnik nimmt die Partei eine risikofeindliche Haltung ein. Wenn es um die Sicherheit von Kindern geht, gelten jedoch offenbar andere Kriterien.

Zumindest von der Basis gibt es Widerspruch gegen die Haltung der Parteispitze: Kurz nach dem enttäuschenden Abschneiden der Grünen bei der Bundestagswahl 2013 schrieb die niedersächsische Stadträtin Lena Kürschner einen offenen Brief, in dem sie in klaren Worten mit der Familienpolitik ihrer Partei abrechnete:[80] »80 Prozent aller Kinder wachsen bei ihren verheirateten Eltern auf und 65 Prozent aller Eltern wollen

---

79 Jeannette Otto: »Mischt euch ein! Der dänische Familientherapeut Jesper Juul kritisiert den Kita-Ausbau in Deutschland«, *Die Zeit* 47/2012.
80 Lena Kürschner: »Offener Brief zur grünen Familienpolitik«, *Bayerische Gemeindezeitung*, 23.10.2013.

keinen Krippenplatz in Anspruch nehmen und von den 35 Prozent, die ihn in Anspruch nehmen wollen, tun das viele aus einem wirtschaftlichen Zwang heraus. Von ›Wollen‹ kann also keine Rede sein. All diesen Eltern ist nun im Wahlkampf erzählt worden, ihre Kinder würden regelrecht verblöden und zu sozialen Pflegefällen werden, wenn man sie nicht in eine staatliche Einrichtung gibt. Und dann wundert man sich, wenn die nicht Grün wählen.« An anderer Stelle schreibt sie: »Eine Gesellschaft wie die unsrige könnte dem Bedürfnis von Kindern und Eltern nach Zeit und Nähe vor allem in den ersten Lebensjahren kreativer begegnen als nur dadurch, dieses Bedürfnis zu ignorieren oder – schlimmer noch – als hinterwäldlerisch zu diffamieren. Die Frauen meiner Generation sind in dem Wissen aufgewachsen, dass sie selber ihren Weg bestimmen sollen und dürfen. Und das machen sie jetzt auch. Sie wählen selber ihren Beruf und ihren Weg und der scheint sie nicht so auszufüllen, wie sich das die Frauenrechtlerinnen von damals gewünscht hätten. Sie entscheiden sich für den Weg ›Hausfrau und Mutter‹, solange die Kinder klein sind, und mit klein meine ich, ungefähr bis sie in die Schule kommen und nicht, bis sie sich am Stuhl hochziehen können. Ich habe nie verstanden, wie eine Partei, die sich Rücksichtnahme gegenüber der Natur auf ihre Fahnen geschrieben hat, davon ausgehen kann, dass eine Gesellschaft auf die natürliche Basis des Menschseins keine Rücksicht nehmen muss. Einer Gelbbauchunke wird von den Grünen mehr Respekt entgegengebracht als einem weinenden Kleinkind oder einer Mutter, die gern und mit ganzer Seele Mutter ist.«

Am Ende ihres Briefes stellt die grüne Lokalpolitikerin fest, »dass die Perspektive des Kindes fast völlig ausgeblendet wird«. Kein Kind, das noch nicht laufen oder sprechen kann, »trennt sich gerne den ganzen Tag von der Hauptbezugsperson, in der Regel der Mutter«. Ein einjähriges Kind brauche kein Bildungsprogramm, sondern ein »Bindungsprogramm«.

Immer mehr Forschungsergebnisse zeigten, wie problematisch frühe Fremdbetreuung sein könne. »Warum wird das von der Politik so konsequent ignoriert? Warum soll mühsam eine ›Ersatzbindungsperson‹ konstruiert werden, wenn in den meisten Fällen das Original zur Verfügung steht?«

Auf Bundesebene finden sich freilich keine Grünen-Politiker, die sich in diese Richtung äußern. Die gibt es nur in der ÖDP, einer Partei, die wie gesagt bundespolitisch keine Rolle spielt. Sie reichte auch Verfassungsklage gegen das 2007 eingeführte Elterngeld ein, und gegen das damit verbundene »einseitige Leitbild einer erwerbsarbeitsorientierten Erziehung«. So stand es im zugehörigen Rechtsgutachten des Regensburger Juristen Thorsten Kingreen.[81] Die Klage sei »der Versuch einer wenig beachteten Kleinpartei, Aufmerksamkeit zu erlangen«, kommentierte daraufhin die linksalternative Tageszeitung *taz*.[82] Das Blatt hätte besser die Frage gestellt, warum sich nicht auch in den Großparteien, zumal jenen, die sich als Wächter der sozialen Gerechtigkeit darstellen, Widerstand rege gegen eine Gesetzesänderung, die Reiche alimentiert und Arme benachteiligt.

Das Bundesverfassungsgericht wies die Klage zurück.

Die Qualitätslüge

Die deutschen Städte und Gemeinden dürfen sich rühmen, bis zum 1. August 2013 einen sozialen Kraftakt bewältigt zu haben: An diesem Tag trat Paragraph 24 des Sozialgesetzbuchs in Kraft, der Eltern in Deutschland das Recht auf einen Platz

---

81 Thorsten Kingreen: Zur Verfassungsmäßigkeit der §§2 und 4 Bundeselterngeldgesetz (BEEG) – Rechtsgutachten im Auftrag der Ökologisch-Demokratischen Partei (ÖDP), Dezember 2010.

82 Cosima Schmitt: »Mutter kämpft gegen das Elterngeld«, *taz*, 4.12.2007.

in einer Kindertagesstätte ab dem ersten Lebensjahr garantiert. Die Medien nahmen den Stichtag dankbar auf, schon Monate zuvor berichteten sie, dass dieses selbstgesteckte Ziel der Bundesregierung nie und nimmer zu erreichen sei. Die Anwälte standen angeblich schon in den Startlöchern, um den Rechtsanspruch für Eltern ohne Krippenplatz durchzusetzen. Doch als es soweit war, blieb die Klagewelle aus. Der Staat hatte Milliarden von Euros in den Ausbau der Kinderbetreuung gesteckt. Politiker teilten stolz mit, bis zuletzt »wie blöd« Krippen gebaut zu haben,[83] um die gesetzlichen Vorgaben zu erfüllen. Der Bestand in Deutschland wurde auf 813 000 Krippenplätze erhöht.

Einige Medien kritisierten umgehend, dass in den ländlichen Gegenden bis zu 200 000 Plätze frei blieben, während in Ballungsgebieten ein Mangel herrsche. Das statistische Bundesamt hatte ermittelt, dass Anfang März 2013 nur knapp 600 000 Kinder unter drei Jahren eine Krippe besuchten – was natürlich nichts über den Bedarf aussagt: Das Deutsche Jugendinstitut befragte Eltern und kam auf eine Nachfrage von 780 000 Plätzen. Den tatsächlichen Bedarf zu ermitteln ist eine Wissenschaft für sich, und die Praxis hat gezeigt, dass viele Eltern, die ihr Kind ursprünglich nicht in die Krippe geben wollten, es doch tun, wenn auf einmal Platz vorhanden ist und die Nachbarskinder auch alle die Einrichtung besuchen. Das und die gegenwärtig herrschende Ideologie sprechen eher dafür, dass die freien Plätze, so es sie tatsächlich gibt, nicht allzu lange frei bleiben. Die Quantität ist also nicht das Problem.

Die von allen Parteien verbreitete Botschaft, nun müsse nur noch die Qualität der Betreuung verbessert werden, ist allerdings nichts als Augenwischerei. Bisher kann von Qualität nur

---

83 Matthias Bartsch, Jan Friedmann, Anna Kistner, Alexander Tieg: »Bauen wie blöde«, *Der Spiegel* 29/2013.

selten die Rede sein, wie die »Nationale Untersuchung zur Bildung, Betreuung und Erziehung in der frühen Kindheit« ergab, kurz Nubbek.[84] Die Studie, die im Jahr 2010 Forscher in ganz Deutschland beschäftigte und in die Beobachtungen zu mehr als 2 000 Kindern einflossen, kam zu dem ernüchternden Ergebnis, dass nur drei Prozent der untersuchten Einrichtungen das Qualitätsmerkmal »gut« verdienen. <u>Drei Prozent!</u> 85 Prozent bewerteten die Forscher als mittelmäßig, zwölf Prozent als schlecht. Die Studie resümiert, kaum überraschend, dieser Anteil an unzureichender Betreuung sei zu hoch. *Der Spiegel* stellt unumwunden fest: »Obwohl die Politik ein Riesengedöns um das Thema macht, sind viele Kitas eher Verwahranstalten.«[85]

Die Nubbek-Forscher schreiben, zur Verbesserung der Qualität sei »ein ähnliches Ausmaß an gesellschaftlicher Anstrengung« nötig wie beim quantitativen Ausbau der vergangenen Jahre. Ob die Städte und Gemeinden zu diesem neuerlichen Kraftakt bereit sind? Eine neue Krippe einzuweihen, garantiert dem Bürgermeister immerhin ein nettes Bild in der Zeitung und Imagepunkte bei allen, die solche Bauten für einen Ausdruck moderner Familienpolitik halten. Zwei neue Erzieher einzustellen, verspricht dagegen kaum PR und ist obendrein schwierig: Schon um das jetzige, unbefriedigende Qualitätsniveau zu halten, wären Schätzungen zufolge weitere 15 000 Erzieher nötig. Um eine hochwertige Qualität in allen Krippen zu gewährleisten, müssten sogar 120 000 zusätzliche Erzieher eingestellt werden.[86]

Dieser Mangel hat dazu geführt, dass manche Städte mit Prämien locken: Stuttgart etwa legt auf das tarifliche Einstiegsgehalt 200 Euro drauf, Frankfurt und München zahlen

---

84 Ebda.
85 Ebda.
86 »Zu wenig Erzieherinnen in Kitas«, Pressemeldung der Bertelsmann-Stiftung, Gütersloh, 25.7.14.

Erziehern 110 Euro mehr und einen Zuschuss für den öffentlichen Nahverkehr. (Womöglich verliert die Verlockung aber schnell ihren Zauber, sobald sich die Umworbenen näher mit den Mietpreise in diesen drei Städten beschäftigen.) An der Bundeswehrfachschule in Köln läuft derzeit das interessante Experiment, ehemalige Zeitsoldaten für den Dienst in der Kita umzuschulen.[87] Nach drei Jahren Ausbildung verfügen sie nach Ansicht der Bundeswehrschule über das nötige pädagogische Fachwissen für den Einsatz an der Krippenfront. Psychologen und die Gewerkschaft warnen zwar, dass ein Soldat, der vielleicht sogar in Kriegsgebieten eingesetzt und traumatisiert wurde, nicht die nötige Einfühlsamkeit und Geduld im Umgang mit den Kindern mitbringen könnte.[88] Aber die Bundeswehr kann sich auf die Nubbek-Studie berufen, die zeigt, dass auch bei den Zivilisten einiges im Argen liegt: Viele Erzieherinnen, so heißt es, neigten zu Depressionen.

Der Erziehermangel treibt noch ganz andere Blüten: In Berlin und Brandenburg wurden Hunderte Arbeitssuchende ermutigt, sich zum Erzieher ausbilden zu lassen.[89] Bei der abschließenden Prüfung bestand nicht einmal ein Viertel. Offenbar waren sie nicht geeignet für die Schnellausbildung, die statt der üblichen drei Jahre auf ein Jahr verkürzt wurde. Dafür verdienten die privaten Anbieter der Kurse umso besser: Pro Teilnehmer stellten sie 5 000 Euro in Rechnung. In Baden-Württemberg dürfen Hebammen, Krankenpfleger, Physiotherapeuten oder Hauptschullehrer bereits nach einem 25-tägigen Kurs als Erzieher in Kindertagesstätten anheuern – was laut Ilse Wehrmann, Erzieherin und Sachverständige für

---

87 Anne-Kathrin Gerstlauer: »Von der Bundeswehr zur Krabbeltruppe«, *Kölner Stadtanzeiger*, 14.10.2012.

88 Almut Steineke: »Salutieren im Sandkasten«, *Spiegel Online*, 25.3.2014.

89 Florentine Anders: »Erzieherprüfung – nur ein Viertel der Quereinsteiger besteht«, *Berliner Morgenpost*, 25.7.2012.

Frühpädagogik, eine »mittlere Katastrophe« darstellt.[90] Beliebt sind auch Berufseinsteiger, weil sie etwa die Hälfte ihrer Ausbildung in der Kita verbringen und in dieser Zeit als vollwertige Erzieher eingesetzt werden. Die Leiterin einer Krippe für 50 Kinder in Offenbach gab zu, sie sei ohne die Hilfe von Praktikantinnen nicht in der Lage, den Betrieb dort aufrechtzuerhalten.[91]

Die Leiden der Erzieherinnen

Die Erzieherinnen und Kinderpflegerinnen stellen das Rückgrat der modernen Arbeitswelt dar, wie sie von Politik und Wirtschaft angestrebt wird, ähnlich wie die Pflegerinnen und Pfleger in den Altersheimen. Durch ihre Arbeit ermöglichen sie es den Eltern selbst zu arbeiten. Die Politik hat ihnen noch weitere Aufgaben zugeschrieben: Sie sollen dafür sorgen, dass Kinder aus benachteiligten Familien faire Startchancen erhalten, Kinder mit Migrationshintergrund schneller Deutsch lernen und dadurch besser integriert werden. Ein schwieriger Job, der angesichts der Herausforderung und der enormen Verantwortung eigentlich sehr gut honoriert sein müsste. Doch in der Praxis handelt es sich oft um prekäre Arbeitsverhältnisse – sowohl was die Bezahlung angeht als auch die Arbeitsbedingungen.

Viele Erzieherinnen erleben ihren Beruf als Zumutung, was bei den seltenen Streiks offenbar wird: Während einer Arbeitsniederlegung im Mai 2009 klagte eine Erzieherin über ihren kaputten Rücken, weil sie die vergangenen zwanzig Jahre auf

---

90 Julia Rudorf: »Freiwillige vor!«, *Die Zeit* 25/2013.
91 Matthias Bartsch, Jan Friedmann, Anna Kistner, Alexander Tieg: »Bauen wie blöde«, *Der Spiegel* 29/2013.

Kinderhockern oder Spieldecken auf dem Boden verbrachte. Obendrein herrsche in einer Gruppe mit 25 Kleinkindern ein Lärm wie auf dem Flugplatz[92] – was im Übrigen nicht nur für die Betreuerinnen eine Zumutung darstellt, sondern auch für die betreuten Kinder und deren Nervenkostüm. Ein Verdi-Sprecher verwies auf die Sonntagsreden über die Bedeutung von frühkindlicher Förderung, die den Alltag der Erzieherinnen völlig verkennen würden: »Wer selbst leidet, kann schlechter fördern.« Psychosomatische Krankheiten nähmen in dieser Berufsgruppe immer mehr zu, mehr als 85 Prozent der Erzieherinnen klagten über Rücken- und Nackenschmerzen, Erschöpfungszustände, Atemwegsbeschwerden und Hörverschlechterungen, wie eine Befragung im Auftrag des Deutschen Gewerkschaftsbundes ergab.[93] Besonders frustriere die Betreuerinnen dieser Studie zufolge ihr Gehalt, das in umgekehrtem Verhältnis zur Arbeitsbelastung zu stehen scheint: Ein Drittel der Vollzeitbeschäftigten verdiene monatlich weniger als 2 000 Euro brutto. Und nur 21 Prozent der Erzieherinnen und Erzieher erziele ein Gehalt von mehr als 2 500 Euro.

Bei den Tagesmüttern, die einen wesentlichen Teil des Betreuungsbedarfs abdecken, ist die Lage übrigens noch prekärer: Sie dürfen laut Gesetz höchstens fünf Kinder betreuen und erhalten pro Kind und Stunde etwa 3,50 Euro. Gelingt es einer Tagesmutter, fünf Kinder ganztags zu betreuen, reicht das »so eben zum Leben«, rechnete *Die Zeit* vor.[94] Der Haken: Es gebe diese Situation fast nie, weil viele Eltern ihre Kleinkinder nur 20 oder 30 Stunden abgeben. Wenn die Tagesmutter ihre Schützlinge dann auch noch zu verschiedenen Tageszeiten betreuen muss, hat sie am Ende eine 50-Stunden-Woche und ver-

---

92 Annika Joeres: »In der Kita herrscht Lärm wie auf dem Flugplatz«, *Berliner Zeitung*, 20.5.2009.

93 DGB-Index Gute Arbeit: Wie Erzieherinnen ihre Arbeit beurteilen, Januar 2009.

94 Elisabeth Niejahr: »Hast Du etwas Zeit für mich?«, *Die Zeit* 32/2013.

dient dennoch nur 600 bis 1000 Euro. Oft reicht dieses Einkommen nicht einmal für eine vernünftige soziale Absicherung. Obendrein sei es »fast unmöglich, allein durch die Arbeit als Tagesmutter eine Rente über Sozialhilfeniveau zu erwirtschaften«, schreibt *Die Zeit* weiter. Die Probleme beginnen nicht selten schon lange vorher. »Wenn mein Mann auf die Idee käme, mich zu verlassen, hätte ich ein ernsthaftes finanzielles Problem – obwohl ich schon 15 Jahre voll berufstätig bin«, sagt eine Tagesmutter. Eine groteske Entwicklung der Ganztagsbetreuung: Frauen – und sehr wenige Männer, Tagesväter sind die absolute Ausnahme – zahlen den Preis dafür, dass ihnen andere Frauen ihre Kinder bringen, um selbst zu arbeiten und von ihren Männern unabhängig sein zu können, was angesichts des nun geltenden Unterhaltsrechts durchaus vernünftig ist.

Laut einer Studie sucht jede vierte Tagesmutter einen anderen Beruf, weil Verdienst und Perspektiven so miserabel sind. Aber auch bei den an Krippen beschäftigten Erzieherinnen können sich nur 26 Prozent vorstellen, ihren Beruf bis zur Rente auszuüben, ergab die DGB-Studie. »Ich bin Mitte 40. Soll das denn noch 20 Jahre so weitergehen?«, schreibt eine Erzieherin in einem Internet-Forum, frustriert über die mangelnde Wertschätzung ihrer Arbeit und die Monotonie des Alltags.[95] »20 Mal Feuerprojekt/Dinoprojekt/Eisprojekt? Ständig Evaluationen, Dokumentationen, die eh keinen interessieren? Ständig Eltern um einen herum, die am liebsten möchten, dass ihre Kinder mit zwei Jahren Englisch, Russisch und Chinesisch gleichzeitig lernen? Ständig gleichzeitig Kacke wegmachen, Kinder beruhigen, Streit schlichten? Gespräche mit Ämtern, Therapeuten, Eltern und Kollegen führen?«

Aus Sicht des Kieler Pädagogen Armin Krenz teilen viele Erzieherinnen diese Enttäuschung: »Das berufliche Selbstbewusstsein der Erzieherinnen bleibt weit hinter der Bedeutung

---

95 Siehe www.forum-fuer-erzieher.de, 9.6.2013.

der tatsächlich geleisteten bzw. zu leistenden Arbeit.«[96] Die mangelnde Wertschätzung ihrer Arbeit drückt sich insbesondere in der Bezahlung aus: Nur acht Prozent bezeichneten ihre Arbeits- und Einkommensbedingungen als gut, 63 Prozent als mittelmäßig und 29 Prozent nannten sie sogar schlecht. »Zeit- und Leistungsdruck prägen häufig das Arbeitsgeschehen – nicht selten sind die Beschäftigten dadurch gezwungen, Abstriche bei der Qualität ihrer Betreuungsarbeit zu machen«, so heißt es in der Studie.

Bis Mitte 2013 lag der Betreuungsschlüssel in einer durchschnittlichen deutschen Kindertagesstätte bei 1:10, also auf eine Erzieherin kommen zehn Kinder. In den Krippen für die unter Dreijährigen war das Verhältnis günstiger, es lag zwischen 1:4 und 1:6. Eine Studie der Arbeiterwohlfahrt ergab, die Krippenoffensive als Folge des Rechtsanspruchs seit dem 1. August 2013 habe dazu geführt, dass es zwar mehr Plätze gebe, aber noch weniger Erzieher pro Kind. Sie müssten »nun häufig fünfzehn statt wie bisher zehn Kinder betreuen«.[97] Und selbst bei diesem Schlüssel stellt sich die Frage, an wie vielen Tagen im Jahr er tatsächlich erreicht wird: Eine Krippenberaterin aus Norddeutschland, die zuvor knapp zwei Jahrzehnte eine Einrichtung leitete, gibt zu bedenken, dass »trotz aller hygienischen Vorsorgemaßnahmen« in Krippen sehr oft ansteckende Krankheiten auftreten. Berufstätige Eltern behielten ihre kranken Kinder oft nicht lange genug zu Hause, und schon grassiert die nächste Welle, die auch »vor den Erzieherinnen nicht Halt« macht – und der ohnehin unzureichende Personalschlüssel verschlechtert sich noch mehr. Selbst wenn ein von außen besehen vorbildlicher Personalschlüssel von drei Erziehern für 15 Kinder erreicht sei, »kann eine Person

---

96 Gerhard Stranz: »Erzieherinnen steigen aus! Hintergründe und Verantwortlichkeiten«, *KiTa aktuell*, NRW 5/2004, S. 117/118.

97 Veronika Wawatschek: »Die wollen doch nur spielen«, *Süddeutsche Zeitung*, 2.6.2014.

nicht fünf Kindern gleichzeitig die emotionale Sicherheit geben, die sie im Laufe des Krippenalltags brauchen«. Unter den gegebenen Umständen lasse sich daher die Arbeit in den Krippen nicht so gestalten, wie es für alle Beteiligten wünschenswert wäre. »Welche Konsequenzen eine qualitativ ungenügende Betreuung der Kleinsten für die Zukunft mit sich bringt, vermag ich mir nicht vorzustellen.«[98]

Einzelfälle oder Systemfehler?

Dabei gibt es längst Beispiele: Medien berichteten über eine Erzieherin, die Kinder gefesselt oder in einen Schrank gesperrt hatte.[99] In einem anderen Fall zwang eine Erzieherin Kleinkinder, ihr Erbrochenes aufzuessen.[100] In Ostdeutschland wurde der Fall eines 15-jährigen Praktikanten bekannt, der allein eine Gruppe von Kindern beaufsichtigte und dabei einem Kind, das nicht schlafen wollte, den Mund mit Klebestreifen verschloss und es angeblich auch an den Armen fixierte.[101] In mehreren Fällen haben Erzieherinnen Kinder in ihrer Obhut drangsaliert und geschlagen.

Aber handelt es sich hierbei nicht um Einzelfälle? Und werden nicht noch viel häufiger in Sportvereinen und vor allem in den Familien selbst immer wieder Kinder gedemütigt und misshandelt? So einfach lässt sich das Problem nicht aus der Welt reden. In Sportvereine müssen Eltern ihre Kinder nicht geben, in Krippen eventuell schon, zumindest entspricht es dem der-

---

98 Persönlicher Bericht aus der Praxis zur Situation der Betreuung von Kindern unter drei Jahren in Kinderkrippen. Unveröffentlicht, liegt dem Autor vor.
99 »Rabiate Kita-Erzieherinnen verurteilt«, *Merkur-Online*, 15.1.2014.
100 Tim Röhn: »Kinder gequält – Erzieher wollen alles gesehen haben«, *Die Welt*, 27.10.2012.
101 »Kita-Kind den Mund zugeklebt«, *Märkische Oderzeitung*, 12.4.2012.

zeitigen Leitbild der Familienpolitik. Und die traurige Tatsache, dass in manchen Familien Kinder misshandelt werden, rechtfertigt nicht, dass in Krippen dasselbe passiert. Der Staat oder der Träger der Einrichtung hat eine Fürsorgepflicht. Der *Spiegel* berichtete über einen Vorfall in einer Kindertagesstätte in Bayern, der zeigt, wie diese Pflicht zuweilen ignoriert wird.[102] Mitarbeiterinnen der Einrichtungen monierten, Kolleginnen hätten Kinder vernachlässigt, grob behandelt und beschimpft. Einmal sei ein anderthalbjähriges Mädchen allein im Schlafraum zurückgelassen worden, während die Erzieherinnen mit den anderen Krippenkindern zum Schlittenfahren waren. Ein anderes Mal, im Sommer, habe eine Kinderpflegerin im Garten Kindern mit dem Wasserschlauch ins Gesicht gespritzt, weil sie zu wild herumtollten. Wiederholt seien Kinder allein am Wickeltisch liegen gelassen worden. Doch für die Beschuldigten blieb ihr Fehlverhalten ohne Konsequenzen, stattdessen wurden die Kritikerinnen dieser Zustände freigestellt oder an andere Einrichtungen versetzt. Schon gar nicht wurde erwogen, die Kita zu schließen. Schließlich brauche die Gemeinde die Kita-Plätze.

Der Fall zeige, wie problematisch der Krippenausbau sei, kommentierte *Der Spiegel* und fragte: »Gilt in der Bundesrepublik gerade Quantität statt Qualität? Werden Betreuungsfehler ignoriert, wenn kaum Personal verfügbar ist und jede geschlossene Kita die Betreuungsgarantie der Regierung gefährden würde?« Und noch eine Frage stellt sich: Ist die Gesellschaft überhaupt bereit, genau hinzuschauen, was in den Krippen passiert?

Der britische Sender BBC ließ Anfang 2004 eine Mitarbeiterin als Erzieherin in mehreren Einrichtungen anheuern. Das Resultat bekamen die Zuschauer in der Dokumentation *Nurseries undercover* zu sehen:[103] Erzieher, die ein Kleinkind an

---

102   Ann-Katrin Müller: »Bienchen in Gefahr«, *Der Spiegel* 20/2014.
103   BBC News: »Nursery failings revealed by BBC«, 12.8.2004.

einem Arm packten und auf den Boden warfen und und andere Kinder als Kotzbrocken und Schwachköpfe beschimpften. Drei Erzieher hänselten einen kleinen Jungen vor den Augen der Gruppe. Einfachste Hygienevorschriften wurden verletzt, in einer Einrichtung mussten sich alle Kinder auf ein und denselben Topf setzen, der zwischendrin weder geleert noch gereinigt wurde. Der BBC-Beitrag führte zu einem öffentlichen Aufschrei, für viele Zuschauer war er unerträglich. Vier Erzieher wurden daraufhin entlassen, doch ansonsten änderte sich nichts, obwohl die Annahme naheliegend gewesen wäre, dass es auch in anderen Einrichtungen zu solchen Verstößen kommt.

Schon gar nicht wurde und wird diskutiert, ob diese Vorfälle vielleicht systemimmanent sind, weil der Druck auf viele Erzieherinnen zu hoch ist und manche von ihnen für den Beruf schlichtweg ungeeignet sind. Zuweilen fordern Politiker besser ausgebildete Fachkräfte in den Einrichtungen. Doch die Frage bleibt, wie verlockend eine vier- oder fünfjährige Ausbildung ist, wenn am Ende kaum mehr als 2 000 Euro Bruttoverdienst herausspringt.

Die Medien stellen solche Fragen sehr wohl – bisher allerdings nur, wenn es um die Pflege alter Menschen geht. »Schon heute finden Heime kaum noch Mitarbeiter«, schreibt die *Süddeutsche Zeitung*.[104] »Künftig wird die Pflege mit noch weniger Profis auskommen müssen. Die Heime können das nicht. Von allen Betreuungsmodellen brauchen sie das meiste Personal. Es wird also darum gehen, alles zu tun, damit Menschen gar nicht erst ins Heim müssen.« Eine ähnliche Diskussion wäre auch bei den Krippen überfällig.

Wie viel Qualität eine Kinderbetreuung bietet, orientiert sich eben nicht am Kindeswohl, sondern ist in erster Linie eine

---

104 Nina von Hardenberg: »Zu viele alte Menschen landen zu schnell im Heim«, *Süddeutsche Zeitung*, 30.5.2014.

ökonomische Frage – und daran wird sich auch in Zukunft nichts ändern. Selbst für die skandinavischen Länder, die vermeintlichen Musterländer der Kleinkindbetreuung, stellt der dänische Familientherapeut Jesper Juul fest: »Seit vier Jahrzehnten beobachten wir dasselbe Spiel: Wenn Politiker sich mit ihrem unzureichenden Etat konfrontiert sehen und den Kürzungsvorgaben der Regierung entsprechen müssen, führt sie das schnurstracks in Richtung Kinderbetreuung. Sie kürzen Zuschüsse, erhöhen die Preise oder beides auf einmal und sind trotzdem gerissen und ignorant genug zu behaupten, dass derlei Maßnahmen in keinster Weise die Qualität der Versorgung beeinträchtigen werden. Ihre Wähler – die Eltern – bleiben in der Regel passiv, weil ihre ganze Lebensgestaltung vom Angebot der Kinderbetreuung abhängig ist. Ihr Leben liefe völlig aus dem Ruder, wenn diese Versorgung auf einmal ganz eingestellt werden würde.«[105] Diese Entwicklung steht auch in Deutschland bevor: Die Krippen und Betreuungseinrichtungen könnten bald so sehr Teil des Systems werden, dass es kein Zurück mehr gibt.

105 Jesper Juul: Wem gehören unsere Kinder?, Weinheim und Basel 2012, S. 12.

6

DIE VERGÖTTERUNG DER ARBEIT

Ende der Sechzigerjahre wurden in Deutschland jährlich etwa 1,3 Millionen Kinder geboren. Dann kam der Pillenknick und die Zahl sank auf 800 000 bis 900 000, seit 2005 werden weniger als 700 000 Kinder pro Jahr geboren.[106] Das bedeutet zwangsläufig, dass immer weniger Menschen in Deutschland mit Kindern in Kontakt kommen und lernen, erfahren oder wissen, was es heißt, Kinder großzuziehen. Vielleicht ist die weit verbreitete Kinderlosigkeit der Grund für die völlig abgehobene Debatte um die Vereinbarkeit von Kind und Karriere. Nur Ahnungslose kommen auf die Idee, durch gute Organisation lasse sich der Alltag mit kleinen Kindern problemlos bewältigen, Einschränkungen seien nicht zu befürchten. Jeder, der kleine Kinder aufzieht, lernt sehr schnell, dass sie gar nicht daran denken, sich an eine noch so gut gemeinte Planung zu halten. Wer versucht, ihnen seinen Erwachsenenrhythmus aufzuzwingen, macht sich selbst und das Kind unglücklich.

Kinder lieben Konstanz, Redundanz und Wiederholungen, sie eignen sich ihre Umwelt an, indem sie zehn-, zwanzig- oder dreißigmal einen Turm aus Klötzen umstoßen, den Lichtschalter an- und ausmachen oder immer wieder dasselbe Pixi-Buch anschauen. Es sei diese Gleichförmigkeit, »das scheinbare Stillstehen der Zeit«, so die Hamburger Psychoanalytikerin Ann Kathrin Scheerer, das von Erwachsenen »wie ein Kreisver-

---

106 Olga Pötzsch, Julia Weinmann, Thomas Haustein: »Geburtentrends und Familiensituation in Deutschland«, Statistisches Bundesamt, Wiesbaden 2013.

kehr« erlebt werden könne, »in dem man auch einen Rappel kriegen kann«.[107] Das gilt besonders für Erwachsene, die es gewohnt sind, einen abwechslungsreichen und anspruchsvollen Beruf auszuüben: Ihnen stößt die Redundanz des Kinderlebens noch mehr auf, verglichen mit der Effizienz, die sie aus ihrem Berufsleben vielleicht gewohnt sind. Es ist ein fataler Kreislauf, weil er dazu führt, dass der betreuende Elternteil das Kind zunehmend als Störfaktor wahrnimmt. Wenn das von Zeit zu Zeit geschieht, ist das für alle Beteiligten zu verkraften. Problematisch wird es, wenn sich dieser Frust zum beherrschenden Gefühl der Eltern gegenüber ihrem Kind entwickelt. »Unser Kind schreit danach, buchstäblich, dass wir uns für eine Weile wieder auf ›Mütterlichkeit‹ festlegen sollen, und wir reagieren, neuer Freiheitsrechte beraubt, sehr ambivalent darauf bis hin zum unterschwelligen Hass auf das Kind«, so formuliert es Ann Kathrin Scheerer. Besonders Mütter bleiben mit ihren ambivalenten Gefühlen allein, die Umwelt stellt keine große Hilfe dar. Entweder idealisiert sie die Mutterschaft als endloses Glück, um den Frauen den Verzicht schmackhaft zu machen. Oder sie flüstert Frauen ein, es sei heute kein Problem, mit kleinen Kindern beruflich erfolgreich zu sein.

Die Folgen für die angesprochenen Frauen sind in jedem Fall unselig, wenn sie feststellen, dass es in ihrem Fall eben schon ein Problem ist. Manche arrangieren sich mit ihrer ständig nagenden Unzufriedenheit. Andere geben ihr Kind frühzeitig in die Betreuung und reden sich ein, damit sei ihm doch besser gedient, als wenn es den ganzen Tag mit seiner unzufriedenen Mutter verbringen muss. Dieses Argument wird bevorzugt auch in Frauenzeitschriften angeführt, die naturgemäß ein Interesse daran haben, ihrer Leserschaft ein gutes Gefühl zu vermitteln. Doch so fair, wie er klingt, ist dieser

---

107 Ann Kathrin Scheerer: »Krippenbetreuung als ambivalentes Unternehmen«, *Psychoanalyse aktuell*, 1.5.2009.

Kompromiss nicht. Denn er wird auf dem Rücken des Kindes ausgetragen, das sich nicht wehren kann und womöglich überhaupt keine Freude darüber empfindet, fortan den ganzen Tag in der Krippe zu verbringen. Insofern ist es höchst unlauter von der Politik, jungen Menschen zu suggerieren, wer heute ein Kind bekomme, müsse auf nichts von seinem früheren Leben verzichten.

Natürlich bedeutet ein Kind Verzicht, aber anders als noch vor wenigen Jahrzehnten nicht mehr nur für die Frauen: Dank der Bildungsexpansion sind heute viele Frauen in der Lage, mit ihrem Einkommen hauptsächlich die Familie zu ernähren, während der Mann die Kinder erzieht und mit einer Teilzeitstelle etwas dazuverdient. Und womöglich wäre dieses Modell noch viel weiter verbreitet, wenn Frauen nicht flächendeckend schlechter bezahlt würden als Männer. Deshalb hat die Debatte über die Vereinbarkeit von Familie und Beruf immer noch eine Schlagseite, weil sie sich allein auf die veränderte Rolle der Frau bezieht. Längst müssten sich auch die Männer fragen, ob sich ihre Karriere noch mit der Familie vereinbaren lässt, gerade wenn ihre Frauen ins Berufsleben drängen. Wenn die Politik wirklich einen ernsthaften Beitrag zur Vereinbarkeit leisten will, dann muss sie Bedingungen für eine Arbeitswelt schaffen, die es beiden Elternteilen ermöglicht und sie auch ermuntert, weniger zu arbeiten und die Kindererziehung untereinander aufzuteilen. Davon allerdings ist die moderne 24-Stunden/Sieben-Tage-Ökonomie Lichtjahre entfernt.

Das Normalarbeitsverhältnis früherer Zeiten, das morgens um sieben oder acht Uhr beginnt und abends um 17 oder 18 Uhr endet, wird von der globalen Wirtschaft mehr und mehr abgeschafft. Gerade bei hochqualifizierten Kräften wird heute stillschweigend vorausgesetzt, dass sie 60 bis 70 Stunden pro Woche leisten und natürlich nicht mitten im Projekt abbrechen, genauso wenig wie der Chirurg mitten in der OP nach Hause geht, sondern erst, wenn die Arbeit getan ist. Firmen haben dafür die verlogene Vokabel »Vertrauensarbeitszeit« eingeführt, die Mitarbeitern die Freiheit gibt, ihre Arbeitszeit selbst einzuteilen, ihnen aber gleichzeitig den Druck auferlegt, vorgegebene Ziele zu erreichen, egal wie viel Arbeit das für sie bedeutet. Natürlich ziehen viele dieser hochqualifizierten Kräfte eine tiefe Befriedigung aus ihrer Arbeit, die Frage ist nur, welchen Preis sie für diese Selbstausbeutung zahlen und erst recht ihre Umgebung, der Ehepartner, die Kinder.

Auch von weniger Qualifizierten wird nicht mehr nur in den Fabriken, sondern auch in den Dienstleistungsjobs zunehmend zeitliche Flexibilität erwartet, also Schicht-, Nacht- oder Wochenendarbeit. »Die Arbeitswelt vollzieht einen Totalzugriff auf die Eltern«, heißt in einer Studie der Konrad-Adenauer-Stiftung aus dem Jahr 2008, die den Titel »Eltern unter Druck« trägt. Gleichzeitig erwarte die Gesellschaft, dass Eltern ihre Kinder auf die zunehmend komplexe und unsichere Zukunft vorbereiten. Das gilt auch für die Väter, die in vielen Familien immer noch den Großteil des Einkommens beitragen. Laut der Konrad-Adenauer-Studie sind sie hin- und hergerissen: »Die gestiegenen Anforderungen an Mobilität, Flexibilität, Verfügbarkeit und Einsatzbereitschaft stehen dem Wunsch nach einer größeren Beteiligung am Erziehungsalltag gegenüber.« Letzteres wäre aus Sicht der Kinder wünschenswert, wiederholt haben Studien nachgewiesen, wie positiv sich die Anwesenheit der Väter auf die Entwicklung der Kinder auswirkt.[108] Ebenso verständlich ist die Forderung vieler Frauen, das gleiche Recht auf Selbstverwirklichung im Beruf zu haben wie ihre Ehemänner. Aber wenn Männer tatsächlich diesen Forderungen entsprechen, sinken damit zwangsläufig ihre Möglichkeiten und Aufstiegschancen am Arbeitsplatz. »Die moderne Arbeitswelt fordert den möglichst uneingeschränkt

---

108 z.B. Inge Seiffge-Krenke: »Gut, dass sie anders sind«, *Psychologie heute*, 3/2004.

mobilen und verfügbaren Menschen«, heißt es weiter in der Studie. »Idealerweise sind dies Menschen ohne familiale Bindungen, die sich schnell an veränderte Lebens- und Arbeitsbedingungen anpassen können.« Das heißt unterm Strich: Im Wettbewerb mit ungebundenen Workaholics werden Eltern immer den Kürzeren ziehen – es sei denn, sie entziehen sich konsequent ihren familialen Bindungen oder lagern sie in Betreuungsinstitutionen oder an Hilfskräfte aus.

Arbeit statt Karriere

Obwohl die Arbeitswelt so familienfeindlich geworden ist, haben viele Politiker das Thema »Vereinbarkeit von Karriere und Kindern« entdeckt, um sich selbst als fortschrittlich und familienfreundlich zu positionieren. Allen voran Ursula von der Leyen, die schon als Familienministerin die Medien gern zum Ortstermin in der Kita einbestellte und nun als Verteidigungsministerin genauso verfährt. Die Bundeswehr wolle sie zum attraktivsten Arbeitgeber Deutschlands machen: »Das wichtigste Thema ist dabei die Vereinbarkeit von Dienst und Familie«, sagte sie der *Bild am Sonntag*.[109] Es geht also um eine familienfreundliche Armee – ein Widerspruch in sich. Im *Stern* bemerkte ein ehemaliger Fallschirmjäger, der in Afghanistan eingesetzt wurde, was die eigentlichen Themen sind, die Soldaten beschäftigen: »Was heißt es, dass wir auf Menschen schießen? Und was heißt es, dass Menschen auf uns schießen?« Und tatsächlich will von der Leyen den Müttern und Vätern eben nicht nur ein erfülltes Familienleben garantieren, sie sieht ihre Truppe vielmehr in Konkurrenz zu den Unternehmen – um die besten Köpfe. Die benötigt auch sie, weil sie

---

109 »Bundeswehr-Revolution!«, *Bild am Sonntag,* 12.1.2014.

mit ihnen mehr Verantwortung in der Welt übernehmen will, sei es in den Krisenherden Afrikas oder an der Ostgrenze der Nato-Länder.

Wenn also von Vereinbarkeit die Rede ist, müsste die erste Frage stets lauten: Vereinbarkeit wovon? Der Politik geht es nur vordergründig um die Vereinbarkeit von Kindern und Karriere. In erster Linie geht es darum, beiden Eltern zu ermöglichen, Vollzeit zu arbeiten. Praktisch alle familienpolitischen Maßnahmen der vergangenen Jahre begünstigen das Doppelverdiener-Modell bei gleichzeitiger Ganztagsbetreuung der Kinder. Die amtierende Familienministerin Manuela Schwesig sagte im Wahlkampf für den Bundestag 2013 wiederholt: »Wir wollen, dass die Frauen vollzeitnah arbeiten, 30 bis 40 Stunden.«[110] Dabei entspricht das keineswegs dem Wunsch aller Frauen. Das arbeitgebernahe Kölner Institut der deutschen Wirtschaft ermittelte Anfang 2013, nur 14 Prozent der Frauen in Teilzeit wolle länger arbeiten. Die große Mehrheit habe »aus persönlichen Gründen« einen Teilzeitjob gewählt.[111] Noch stärker geraten Frauen unter Druck, die gern den ganzen Tag bei ihren Kindern zu Hause bleiben würden. Entgegen ihrer eigenen Absicht wird von ihnen erwartet zu arbeiten. Denn das Ideal einer emanzipierten Frau besteht heute darin, dass sie ihrem eigenen Beruf nachgeht und vom Einkommen des Mannes unabhängig ist. Und das Ideal des Mannes besteht weiter darin, dass er den ganzen Tag arbeitet und keinen Feierabend kennt. Vereinbarkeit aus Sicht von Politik und Wirtschaft ist also in erster Linie das Glück, mehr arbeiten zu können.

Die Beglückten selbst, also die Arbeitnehmer, sehen das in der Mehrheit allerdings etwas anders: Laut einer repräsentativen Umfrage, die das Beratungsunternehmen Gallup im

110   Heide Oestreich: »Keine Minijobs mehr anbieten«, *taz,* 28.5.2013.
111   »Erwerbsquote der Frauen steigt«, *Wirtschaftswoche Online,* 14.1.2013.

Frühjahr 2014 vorstellte, sind nur 16 Prozent der Deutschen mit Freude und Engagement bei der Arbeit. 67 Prozent sagen von sich selbst, sie leisteten Dienst nach Vorschrift, 17 Prozent geben an, sie hätten bereits innerlich gekündigt.[112] Die moderne Lohnarbeit hat gerade nicht Glück, Freiheit oder Selbstständigkeit der Arbeitnehmer befördert. Und allen Beteuerungen aus der Wirtschaft zum Trotz sind sie eben nicht das wichtigste Kapital eines Unternehmens, sondern Empfänger mehr oder weniger sinnvoller Anweisungen ihrer Vorgesetzten.

Vor allem die als kreativ geltenden Berufe nähren allerdings bei vielen die Illusion, sich allein in der Arbeit verwirklichen zu können. Das hat dazu geführt, dass Berufseinsteiger in Werbeagenturen, der Medienbranche, der Filmwirtschaft, in Grafikbüros, Architekturbüros wie auch das Heer von wissenschaftlichen Mitarbeitern an den Universitäten ein Arbeitspensum von wöchentlich 60, 70 Stunden absolvieren, was früher Managern vorbehalten war. Und viele dieser hochmotivierten jungen Mitarbeiter müssen früher oder später feststellen, dass ihr Engagement zwar geschätzt, aber nicht übermäßig honoriert wird. Wer sich erst einmal aus der Generation Praktikum herausgearbeitet hat, hangelt sich von einer befristeten Stelle zur nächsten, und irgendwann mündet der Idealismus der ersten Jahre in die bittere Erkenntnis, dass sich Leistung eben nicht lohnt und allein der Arbeitgeber davon profitiert, dass sich die Angestellten selbst ausbeuten. Diese Entwicklung ist rund um den Globus zu beobachten, stellt die US-Soziologin Katherine S. Newman fest, und sie hat »die Wahlmöglichkeiten von Millionen Berufseinsteigern in den fortgeschrittenen postindustriellen Gesell-

---

112 Karin Janker: »84 Prozent leisten höchstens Dienst nach Vorschrift«, *Süddeutsche.de*, 31.3.2014.

schaften zerstört«.[113] Was zunächst vor allem für die Schwächsten auf dem Arbeitsmarkt galt, die Einsteiger und die Niedrigqualifizierten, werde zunehmend für alle Arbeitskräfte Realität.

Deutschland befindet sich in einer vergleichsweise komfortablen Situation, die Wirtschaft hat die Krisen der vergangenen Jahre gut überstanden. Aber gerade die jungen Arbeitnehmer in Spanien, Italien, Griechenland und auch jenseits von Europa lernen auf äußerst schmerzhafte Art und Weise, dass es politische und wirtschaftliche Großwetterlagen gibt, in denen auch mit viel Fleiß kein Preis zu erwarten ist. Der Arbeitsmarkt ist für sie keine Verheißung mehr, ihre Karriereträume haben sich in Luft aufgelöst.

Die Folgen beschreibt die Soziologin Newman so: In Italien leben heute 37 Prozent der Männer im Alter von 30 Jahren noch zu Hause bei ihren Eltern. Auch in Spanien und Japan verbleiben Millionen von Kindern Jahre oder gar Jahrzehnte länger im Elternhaus als noch die Generation vor ihnen. In den USA hat sich die Zahl der 30 bis 34-Jährigen, die mit Mutter und Vater leben, seit 1970 verdoppelt. In fast allen Ländern der Ersten Welt lässt sich das Phänomen beobachten: Junge Menschen finden nach Studium oder Ausbildung keine Arbeit, geschiedene junge Mütter können sich keine Wohnung für sich und ihr Kind leisten, junge Arbeitslose sind nach zahllosen erfolglosen Bewerbungen ratlos. Was bleibt? Allein die Familie. »All diese Menschen«, schreibt Newman, »bahnen sich den Weg zurück zu ihren Eltern und flüchten sich unter das einzig verlässliche Dach in ihrem Leben.«

Arbeit und Wirtschaft sind also offensichtlich keine stabile Basis, der die Menschen alles andere unterordnen sollten. Gerade in Krisen bewähren sich vor allem die Beziehungen und Bindungen zu den Mitmenschen, die uns ohnehin am nächs-

---

113 Katherine S. Newman: The Accordion Family, Boston 2012.

ten stehen. Deswegen ist es grob fahrlässig, wenn Politik und Wirtschaft aus kurzfristigen Überlegungen und Kosten-Nutzen-Denken heraus verhindern, dass die Beziehungen und Bindungen in den Familien gepflegt werden können.

7

DER STAAT ALS ERZIEHER

Seit geraumer Zeit stehen Eltern bei Politikern und Experten unter Generalverdacht, dass sie mit ihrem Erziehungsauftrag hoffnungslos überfordert sind. Ebenso scheint sich bei vielen die Ansicht durchgesetzt zu haben, die Ressource Kind sei zu wertvoll, um sie allein den Eltern zu überlassen. Die SPD-Fraktion zum Beispiel schreibt in einem Antrag zum Kita-Ausbau im Juni 2010, »eine gute und bedarfsgerechte Infrastruktur der frühkindlichen Bildung und Betreuung« sei »eine wichtige Voraussetzung, um Kindern ein gelingendes Aufwachsen« zu ermöglichen.[114] Die Göttinger Juristin Eva Schumann kritisiert, dieser Sichtweise liege »offenbar die Vorstellung zugrunde, dass ein gelingendes Aufwachsen von Kindern in der Familie überhaupt nicht mehr möglich sei«.

Lässt sich der allgemeine Druck mit dem schon erwähnten demografischen Wandel begründen? Eine deutsche Frau bringt statistisch gesehen nur noch 1,4 Kinder zur Welt.[115] Um die Einwohnerzahl im Lot zu halten, wären 2,1 Kinder nötig. Die Zahl ist häufig zu lesen, auch in kritischen Medien, verbunden mit dem düsteren Szenario: Deutschland stirbt aus. Was meist übersehen wird: Die magische Zahl 2,1 wurde schon in den vergangenen 100 Jahren nur selten erreicht, doch

---

114 Eva Schumann: »Die Ökonomisierung der Familie«, Vortrag an der Akademie der Wissenschaften zu Göttingen im Oberlandesgericht Celle, 23.2.2011.

115 Olga Pötzsch, Julia Weinmann, Thomas Haustein: »Geburtentrends und Familiensituation in Deutschland«, Statistisches Bundesamt, Wiesbaden 2013.

die Bevölkerungskatastrophe blieb aus. Nicht einmal zwei Weltkriege mit Millionen Toten führten dazu, dass die Bevölkerung in Deutschland dauerhaft schrumpfte. Durch Zuwanderung wurden die Verluste stets mehr als ausgeglichen und es ist kaum einzusehen, warum das im Zeitalter der Globalisierung anders sein sollte.

Diskriminierung unter dem Deckmantel der Wohltätigkeit

Das scheint man auch in der Politik wahrzunehmen, jedoch mit einer gewissen Skepsis: Gerade Kinder aus Familien mit Migrationshintergrund sollen frühzeitig von ihren Eltern getrennt werden. »Ohne empirische Grundlage«, beklagt Schumann, werde diesen Schichten schlichtweg die Kompetenz zur Erziehung und Betreuung ihres Nachwuchses abgesprochen. Im Zwölften Kinder- und Jugendbericht, den die Bundesregierung 2005 veröffentlichte, heißt es, Kinder aus solchen Familien würden »nicht mehr mit den Ressourcen ausgestattet – jedenfalls im Schnitt gesprochen bzw. für die große Mehrheit der Kinder und Jugendlichen –, die moderne Gesellschaften benötigen, um den Anforderungen an die individuelle Selbstregulierung durchschnittlich gerecht werden zu können«. In einem weiteren Bericht mit dem Titel »Perspektiven zur Weiterentwicklung des Systems der Tageseinrichtungen für Kinder in Deutschland«, erschienen im Jahr 2003, betont das Familienministerium die »präventive Funktion außerunterrichtlicher Betreuungsangebote sowie deren Rolle bei der Reduktion sozialer Kosten und der Vermeidung kindlicher Fehlentwicklung«. Auch dieser Expertenbericht bleibt Beweise für seine gewagten Thesen schuldig. Stattdessen skizziert er einen wünschenswerten Bildungsprozess, den

Kinder künftig durchlaufen sollen: »Die Förderung von Kindern von null Jahren bis zum Schuleintritt« stelle die erste Stufe dieses Prozesses dar. Weiter heißt es: »Die Auffassung in Deutschland, wonach das staatliche System lediglich familienergänzenden Charakter haben soll«, müsse aufgegeben werden »zugunsten der Definition eines genuinen staatlichen Bildungs- und Erziehungsauftrages mit Blick auf die kindliche Entwicklung«.

Faktisch bedeutet das nichts weniger als die Machtübernahme des Staates in den Familien: Gut ausgebildete Frauen sollen ihre Kinder der Fremdbetreuung überlassen, weil ihre Zeit und ihr Wissen an die Erziehung der Kinder verschwendet wäre, und gering qualifizierte Eltern sollen ihre Kinder abgeben, weil sie für deren Erziehung und Förderung in den Augen der Experten offenbar zu dumm und/oder zu faul sind. Zu Recht fragt beispielsweise der Psychiater und erfahrene Gerichtsgutachter Hans-Ludwig Kröber: »Wenn man erklärt, man müsse türkischen Müttern möglichst bald ihre Kinder wegnehmen, ist das nicht schlichter Rassismus?«[116]

Die Diskriminierung sogenannter bildungsferner Schichten widerspricht wichtigen Erkenntnissen aus der Wissenschaft. Laut der britischen EPPE-Studie ist es <u>für das Kind</u> ohnehin <u>unwichtig, welchem Milieu es entstammt, entscheidend für seine Entwicklung sei, »wie liebevoll und interessiert die Eltern« sind.</u>[117] An anderer Stelle des Berichts heißt es: »Es ist wichtig, was die Eltern tun, nicht, was sie sind.« In Großbritannien hat sich gezeigt, dass Eltern aus der Arbeiterschicht tendenziell eher skeptisch sind, ihre Kinder in die Tagesbetreuung zu geben. Das hat aber keineswegs damit zu tun, dass sie ihre Kinder verwahrlosen lassen, im Gegenteil, argumentiert der Kinderpsychologe Steve Biddulph: »Wer arm ist, legt

116 Constantin Magnis: »Im Anfang war der Mord«, *Cicero*, 8.10.2012.
117 Steve Biddulph: Das Geheimnis glücklicher Babys, München 2007, S. 73.

großen Wert auf den Zusammenhalt in der Familie; häufig ist das alles, was zwischen den Menschen und dem Nichts steht.«

Das entspricht auch den Erkenntnissen von Soziologen des Deutschen Jugendinstituts, die bereits vor mehr als drei Jahrzehnten einen dezidierten Blick auf das Leben mehrerer Münchner Familien in sogenannten prekären Verhältnissen warfen.[118] Sie stellten fest, dass die Gründung einer Familie »für die meisten Frauen die eigentliche Chance zur Emanzipation« bedeutete: »Sie haben endlich die Möglichkeit, Verantwortung zu übernehmen, Entscheidungen zu fällen, sich als Eltern mit der Rolle ihrer eigenen Eltern kritisch auseinanderzusetzen; sie können ihren Alltag selbst bestimmen, was sie alles an ihrem Arbeitsplatz oder in ihren Herkunftsfamilien nicht konnten.« Die Forscher waren beeindruckt vom Einsatz, den die Familien leisteten, »um mitzuhalten, nicht aufzufallen, ihren Kindern etwas zu bieten (Schlitten, Fahrräder, Skilaufen der Kinder), während sie selbst meistens in den letzten fünf Jahren nicht einen gemeinsamen Urlaub verbracht hatten«. Sie staunten über viele »ausgesprochen zufriedene, selbstbewusste und harmonische Kinder«, und über »das Wissen der Eltern um die Sauberkeitserziehung, Ernährungsfragen oder Entwicklungsphasen der Kinder«, das größtenteils »auf dem Stand der wissenschaftlichen Diskussionen« war. Ebenso positiv äußerten sie sich über die »Genauigkeit und Reflektiertheit, mit der diese Eltern die Entwicklung ihrer Kinder beobachteten und wie liebevoll und für die Kinder parteiisch sie dabei waren«.

Die Studie unter Federführung des Soziologen Klaus Wahl erschien im Jahr 1980. Sie ist immer noch lesenswert, weil schon damals in der Öffentlichkeit und insbesondere in der Politik die Meinung vorherrschte, die Eltern aus sozial

---

118 Klaus Wahl et al.: Familien sind anders!, Reinbek 1980.

benachteiligten Schichten seien mit der Erziehung ihrer Kinder überfordert. Damals war sogar von »Unterschicht« die Rede, ein Begriff, der heute zu Recht verpönt ist. Aber immerhin bemühten sich die Forscher noch um ein realistisches Bild vom Leben dieser Gruppe der Bevölkerung. Heute werden auch von den meisten Sozialwissenschaftlern nur noch die in der Gesellschaft grassierenden Vorurteile wiedergekäut, ohne den Wahrheitsgehalt genau zu untersuchen.

Es stellt sich auch die Frage, ob es Politikern und Experten wirklich darum geht, sozial benachteiligten Kindern endlich auf die Beine zu helfen. Wenn dem so wäre, dann müsste doch auch alles getan werden, um »diejenigen Kinder, denen die Unterstützung des Elternhauses fehlt, in der Schule oder schon am Ende der Kindergartenzeit entsprechend zu fördern«, wie es die Juristin Eva Schumann ausdrückt. Die Darmstädter Sozialrechtlerin Anne Lenze stellt fest, dass die armen Kinder »staatliche Unterstützung in einem sehr viel größeren Ausmaß« benötigen, die Formel, »dass alle Kinder dem Staat gleich viel wert sein sollen«, sei »Augenwischerei«.[119] Sie fordert einen durchgängig kostenlosen Kindergartenbesuch für Kinder aus benachteiligten Elternhäusern. Und auch die Erzieherinnenausbildung sollte umgestaltet werden, um besonders auf diese Kinder eingehen zu können. Zudem stellt sich die Frage, ob der Staat nicht generell seine besten Erzieher und Lehrer in die Kindergärten und Schulen sozialer Brennpunkte schicken müsste.

Doch weil genau das nicht geschieht, liegt der Verdacht nahe, dass der Staat vor allem in sozial schwache Familien drängt, um den Einfluss der für schädlich gehaltenen Eltern zu mindern, möglichst schon in den ersten Lebensmonaten der Kinder, weil es sonst vielleicht zu spät sein könnte. Dabei hat

---

119 Anne Lenze: »Schluss mit der Familienförderung!« Vortrag auf dem Bundesverbandstag des Deutschen Familienverbands im Jahr 2008.

sich im Ausland längst gezeigt, dass eine solche Politik nicht dazu taugt, um soziale Unterschiede auszugleichen. Das Soziologenehepaar Birgit und Hans Bertram zum Beispiel gab schon 2009 zu bedenken: »Betrachtet man heute etwa auf der Basis der international vergleichenden PISA-Daten den Einfluss der sozialen Herkunft auf die Kompetenzentwicklung sowohl im sprachlichen wie auch im naturwissenschaftlichen Bereich mit der unterschiedlichen institutionellen Förderung von Kindern im Vorschulbereich, so ist festzustellen, dass in den Ländern mit einer intensiven Frühförderung von Kindern in Vorschule, Krippe und Ganztagsschule die sozialen Unterschiede, wie sie schon in den Siebzigerjahren gemessen wurden, noch heute fortbestehen. Etwa sind in Frankreich, das über ein ausgebautes Krippensystem, eine verpflichtende Vorschule und eine Ganztagsschule verfügt, die Unterschiede zu den Siebzigerjahren weder geringer geworden, noch unterscheiden sie sich deutlich von den Variationen in Deutschland ohne eine solche ausgebaute Infrastruktur für Kinder im Vorschulalter.«[120]

Auch gut ausgebildete Frauen werden durch die neue Familienpolitik diskriminiert, sofern sie nicht bereit sind, ihre Kinder in die staatliche Obhut zu geben und dann zu arbeiten. Die vergleichsweise geringeren Leistungen beim Elterngeld sowie die großzügige Alimentierung von vollerwerbstätigen Eltern, denen nicht nur eine Milliarden-teure Infrastruktur zur Verfügung gestellt wurde, sondern auch die steuerlichen Abzugsmöglichkeiten von Kinderbetreuung stellen letztlich eine Gängelung dar.

Das ist für sich genommen noch kein Vergehen, der Staat versucht immer wieder, seine Bürger im Sinne der Allgemeinheit zu lenken. Es gab Aufklärungskampagnen, mit denen die

---

120 Hans Bertram, Birgit Bertram: Familie, Sozialisation und die Zukunft der Kinder, Leverkusen 2009, S. 166.

Deutschen zu Weltmeistern bei der Mülltrennung erzogen wurden. Auch die Versuche, die Bürger mit Bio-Siegeln und Ratschlägen zu gesunder Ernährung zu bewegen, zielen in diese Richtung. Zuweilen bleibt es auch nicht bei Empfehlungen und Aufklärung, sondern werden Verbote oder Pflichten im Gesetz definiert, wenn es der Regierung opportun scheint. Wer Auto fährt, muss deshalb einen Gurt anlegen, wer Motorrad fährt, einen Helm tragen. Solche Gebote werden häufig damit begründet, dass sie nicht nur den Einzelnen vor sich selbst schützen, sondern auch die Gesellschaft vor hohen Kosten im Schadensfall. Obwohl sich die Allgemeinheit daran nicht weiter stößt, mahnen Juristen wie Eva Schumann dennoch, »die Vorstellung eines ohne staatliche Hilfestellung nicht selbstständig handlungsfähigen Bürgers« entspreche »nicht dem Menschenbild des Grundgesetzes«.

Denn der Staat schwingt sich damit zu einer Instanz auf, die für sich beansprucht, besser als das Individuum beurteilen zu können, was vernünftig ist und was nicht. Am Beispiel der Mülltrennung hat sich gezeigt, dass dies in der Praxis nicht unbedingt der Fall ist, viele Experten halten den Aufwand, den viele durch Kampagnen der Bundesregierung erzogene Haushalte praktizieren, für verschwendete Energie. Wiederholt hat sich gezeigt, dass der mühsam getrennte Müll am Ende doch wieder zusammengeworfen und anschließend verbrannt wurde.

Und auch bei der Frage der Kinderbetreuung ist es zweifelhaft, ob der Staat im Besitz letzter Weisheiten ist. Wie schon erwähnt, ist der Nutzen oder Schaden von Betreuungseinrichtungen in der Wissenschaft höchst umstritten – außer vielleicht bei jenen Wissenschaftlern, die ihre vordringliche Aufgabe darin sehen, den gegenwärtigen politischen Kurs durch ihre Forschungen zu legitimieren.

Die Juristin Eva Schumann hält den eingeschlagenen Weg der Familienpolitik deshalb für verfassungswidrig. Insbesondere stehe er im Widerspruch zur »Pflicht des Staates zur Neutralität gegenüber verschiedenen Familienentwürfen«, wie es das Grundgesetz vorsieht. »Ein staatliches Leitbild vom ›richtigen Familienleben‹ gibt es nicht.« Der Staat dürfe daher nicht einseitig bestimmte Familienmodelle fördern und andere benachteiligen. Das 2007 eingeführte Elterngeld ist exemplarisch für die Entwicklung. In einer Anhörung vor dem Bundestag im Juli 2006 kritisierte der Familienrechtsexperte Christian Seiler »die lenkende Zielrichtung« dieser Leistung«.[121] Das Grundgesetz garantiere den Schutz von Ehe und Familie, »Familienförderung muss daher auf Wahlfreiheit angelegt sein«. Das Elterngeld belohne jedoch bewusst Doppelverdiener und Alleinerziehende und benachteilige Einverdienerfamilien – als Ausdruck dafür, dass dieses Modell nicht mehr als zeitgemäß empfunden wird.

Der Verfassungsrechtler Fritz Ossenbühl hält es für anmaßend, wenn der Staat vorgibt, »in Erziehungsfragen den Stein der Weisen gefunden zu haben«.[122] Eine derartige Einmischung in die Belange der Eltern führe »letztlich zur Fremdbestimmung des Erziehungsstandards, an dem gemessen ganze Bevölkerungskreise für ›erziehungsunfähig‹ erklärt werden müssten«. Der ehemalige Verfassungsrichter Paul Kirchhof warnte bereits im Jahr 2004: »Der gegenwärtige Hang des Staates, die Erziehungsverantwortung für das Kind schon in den allerersten Jahren – aus Gründen des Arbeitsmarktes und der Gleichberechtigung – in die öffentliche Hand zu übernehmen, hat die Frage veranlasst, ob Ehe und Familie heute nicht mehr vor dem Staat als durch den Staat geschützt werden müsste.«[123]

---

121 Wortprotokoll des Ausschusses für Familie, Senioren, Frauen und Jugend, 16. Sitzung, Berlin 3.7.2006.

122 Fritz Ossenbühl: Das elterliche Erziehungsrecht im Sinne des Grundgesetzes, Berlin 1981, S. 68.

123 Paul Kirchhof: »Grundrechtsinhalte und Grundrechtsvoraussetzungen«, in: Detlef Merten, Hans-Jürgen Papier (Hg.): Handbuch der Grundrechte in Deutschland und Europa, Bd. I., Heidelberg 2004.

Die Bewegung gegen Eltern, die ihr Kind nicht möglichst bald nach der Geburt in die Hände des Staates geben wollen, ist global. Schon zur Jahrtausendwende forderte die Organisation für wirtschaftliche Zusammenarbeit und Entwicklung (OECD), Solidarität müsse künftig darin bestehen, den Menschen und Familien die Möglichkeit zu bieten, dass sie auf eigenen Beinen stehen können. Der dänische Sozialwissenschaftler Gøsta Esping-Andersen ist einer der Väter dieser neuen, sogenannten »aktivierenden Sozialpolitik«. Sie soll, was die Familien angeht, nicht mehr darin bestehen, arme Menschen, die keine Arbeit haben oder nur wenig verdienen, bei der Erziehung ihrer Kinder zu unterstützen. Vielmehr sollen deren Kinder frühzeitig in die Verantwortung staatlicher Erziehungsinstitutionen kommen, um – salopp gesagt – zu retten, was zu retten ist. Die alternde Gesellschaft, so lautet die Überlegung dahinter, sei auf Dauer nur zu finanzieren, wenn das abnehmende Arbeitskräftepotenzial besser ausgebildet und damit auch produktiver sei.[124]

Die rotgrüne Koalition unter Gerhard Schröder schuf dafür die griffige Formel »Fordern und Fördern«. In einem Bericht aus dem Jahr 2001 formulierte die OECD das politische Ziel, mehr Mütter zum Arbeiten zu ermutigen.[125] Das sei wichtig für die Frauen, um auf dem Arbeitsmarkt nicht den Anschluss zu verlieren. Mütter würden dort zunehmend gebraucht, weil »die arbeitsfähige Bevölkerung in den OECD-Staaten zu schrumpfen« beginne. Schon die OECD setzte bei den Menschen selbst an und nicht etwa bei den Unternehmen, die es insbesondere Frauen schwer machen, nach einer längeren beruflichen Pause wieder einzusteigen. Der Bericht war die Blaupause für die »Expertisen« des Wirtschaftsweisen Bert Rürup

---

124 Elisabeth Niejahr: »Politik vom Wickeltisch«, *Die Zeit* 41/2003.
125 »Balancing Work and Familiy Life: Helping Parents into Paid Employment«, in: OECD Employment Outlook 2001, 3.7.2001.

und die Verfasser des bereits erwähnten so revolutionären Siebten Familienberichts der Bundesregierung. Im Vorwort des Rürup-Gutachtens aus dem Jahr 2003 schrieb die SPD-Politikerin und damalige Familienministerin Renate Schmidt: »Zwei Ziele müssen erreicht werden, um der Alterung der Gesellschaft entgegenzuwirken und um das Erwerbspersonen- und Fachkräftepotenzial zu stabilisieren: eine ausreichende Kinderzahl sowie eine Erhöhung der Frauenerwerbsquote.«[126]

Ein Ziel konnte erreicht werden: Die Frauenerwerbsquote stieg laut einem Gutachten des arbeitgebernahen Kölner Instituts der deutschen Wirtschaft von 63 Prozent im Jahr 2000 auf 72 Prozent im Jahr 2011.[127] Damit lag Deutschland über dem europäischen Durchschnitt von 65 Prozent und nur knapp hinter den skandinavischen Ländern Schweden, Dänemark und Finnland. Das zweite Ziel wurde nicht einmal annähernd erreicht: Während im Jahr 2003 noch 706 721 Kinder zur Welt kamen, waren es zehn Jahre später nur noch 682 100.[128] Im Juni 2014 gaben einige Forscher bekannt, die Krippenoffensive trage erste Früchte. In Landkreisen mit starkem Ausbau hätte sich die Wahrscheinlichkeit, dass eine Mutter ein zweites Kind bekommt, um 4,1 Prozent erhöht – verglichen mit Landkreisen ohne neue Krippen. Die Wahrscheinlichkeit, dass sich bisher kinderlose Paare zum ersten Kind entschließen, stieg allerdings nur um 2,2 Prozent.[129] Ein vergleichsweise moderater Anstieg, wie Die Welt kommentierte, der aber die zitierten Wissenschaftler nicht davon

---

126 Ilona Ostner: »Ökonomisierung der Lebenswelt durch aktivierende Familienpolitik?« in: Adalbert Evers, Rolf G. Heinze (Hg.): Sozialpolitik – Ökonomisierung und Entgrenzung, Wiesbaden 2008.

127 »EU-Vergleich: Deutschland bei Frauenerwerbsquote besser als der Schnitt«, Spiegel Online, 14.1.2013.

128 »Anzahl der Geburten in Deutschland von 1991 bis 2013«, www.statista.com, 12.9.2014.

129 Tobias Kurz, Anne Kunz: »Wie Deutschland seine Geburtenrate steigern kann«, Die Welt, 3.6.2014.

abhielt, noch mehr Krippen und vor allem Ganztagsschulen zu fordern. In diesem Artikel kam auch die Rostocker Demografin Michaela Kreyenfeld zu Wort, die auf das Beispiel Dänemark verwies, wo die Geburtenrate in den Siebzigerjahren ähnlich niedrig wie jetzt in Deutschland gewesen sei: »Hier hat man als Erstes das Ehegattensplitting abgeschafft und die Frauen systematisch in den Arbeitsmarkt geschubst. Davor drückt man sich in Deutschland noch.«

Natürlich ist es legitim und im Einzelfall sicher hilfreich, sich bei der Gestaltung der Politik an Befunden aus dem Ausland und von transnationalen Organisationen zu orientieren. Trotzdem bleibt die Frage, ob sich speziell die Familienpolitik allein dem Diktat der Wirtschaft zu unterwerfen hat. Vor allem wenn es um so weitreichende Richtungsänderungen geht, wie sie in den vergangenen fünfzehn Jahren beschlossen wurden.

Mitte der Achtzigerjahre wurden solche Eingriffe ins Innerste der Familie noch kritisch gesehen. Der Sozialhistoriker Christoph Sachße warnte, »mit der Ausbreitung der Agenturen vergesellschafteter Sozialisation« würden »die Systemgrenzen gleichsam weiter in die Lebenswelt verschoben«.[130] Damit würde Sozialisation »zunehmend bürokratisch organisiert, formalisiert und professionell vermachtet«. Dabei operierte die Politik damals noch »gezielt familialisierend«, so die Soziologin Ilona Ostner. Der CDU-Politiker Heiner Geißler, von 1982 bis 1985 Familienminister in der Regierung unter Helmut Kohl, beklagte damals, weibliches Geschlecht, Alter und Kinderreichtum seien die typischen Merkmale der Armut. Rita Süssmuth, seine Nachfolgerin führte Erziehungsgeld, Erziehungsurlaub und die Anerkennung von Erziehungsjahren für die Rentenversicherung ein. »Geißler und Süssmuth hat-

---

130 Ilona Ostner: »Ökonomisierung der Lebenswelt durch aktivierende Familienpolitik?«, in: Adalbert Evers, Rolf G. Heinze (Hg.): Sozialpolitik – Ökonomisierung und Entgrenzung, Wiesbaden 2008, S. 53.

ten die Familie als strukturell benachteiligt und deshalb als der Hilfe dringend bedürftig gesehen, zugleich als einen gesellschaftspolitischen Kernbereich, den die auf Lohnarbeit zentrierte Sozialpolitik der sozialliberalen Koalition durchgängig vernachlässigt hatte«, erläutert Ilona Ostner.[131]

Dieser Rückblick verdeutlicht, wie sehr die Familie in den vergangenen Jahren unter die Räder gekommen ist: Wissenschaft und Politik seien vom »Familialismus« abgerückt, so Ostner. Eltern seien nun aufgefordert, »vor allem erwerbstätig zu sein, um Konsum und dadurch Beschäftigung zu ermöglichen und um der Armut, insbesondere der ihrer Kinder, vorzubeugen; sie sollen auch die Kinder im Interesse der sozialinvestiven Gesellschaftspolitik in professionellere Hände geben«. Sozialpolitik für Kinder habe sich »in Beschäftigungspolitik für die Eltern verwandelt sowie in eine Politik, die das kindliche Humankapital fördert«. Es geht in erster Linie um eine verlässliche Zufuhr von künftig vielseitig einsetzbaren Arbeitskräften. Keine Rolle spielen in den Expertisen, die unsere heutige Familienpolitik bestimmen, Werte wie Glück oder Zufriedenheit der Kinder (und ihrer Eltern), ebenso wenig ihre Individualität, ihre Vorlieben und Talente. Das Ziel der kollektiven Einheitserziehung und ihrer Befürworter aus Politik und Wirtschaft ist das für die Stürme des Weltmarkts gerüstete Einheitskind.

Kollektives Misstrauen gegenüber Eltern

Ein wesentliches Charakteristikum dieser neuen Sozialpolitik besteht, wie bereits angedeutet, darin, den Eltern die Kompetenz für die Erziehung des Kindes teilweise oder ganz abzu-

---

131 Ebda., S. 57.

sprechen. Dieses Misstrauen hatte in den letzten Jahrzehnten zu einer starken Einschränkung der Elternrechte und einer zunehmenden Betonung des Kindeswohls geführt. Experten machen das auch an begrifflichen Veränderungen fest, bis 1979 etwa galt das Prinzip der »elterlichen Gewalt«, dann wurde diese durch die elterliche Sorge ersetzt. Sie verweisen darauf, dass die zunehmende Betonung des Kindeswohls dazu führe, dass sich der Staat zunehmend die Freiheit nimmt, in das Handeln der Eltern einzugreifen.[132] Tatsächlich hat sich die Zahl der Inobhutnahmen von Kindern durch das Jugendamt seit 1995 fast verdoppelt, auf mehr als 40 000 Fälle im Jahr 2012.[133] Im Einzelfall mögen die Maßnahmen berechtigt sein, aber warum sich innerhalb von knapp zwanzig Jahren die Zahl der Eltern verdoppelt hat, denen ihre Kinder mit staatlicher Gewalt entzogen wurden, vermag kein Politiker oder Wissenschaftler überzeugend zu erklären.

Die Väter des Grundgesetzes teilten dieses Misstrauen offensichtlich noch nicht. Artikel 6 lautet: »Pflege und Erziehung der Kinder sind das natürliche Recht der Eltern und die zuvörderst ihnen obliegende Pflicht. Über ihre Betätigung wacht die staatliche Gemeinschaft.« Dies beinhalte aus Sicht des Staatsrechtlers Matthias Jestaedt, »dass den Eltern das Wohl der Kinder in aller Regel mehr am Herzen liegt als irgendeiner anderen Person oder Institution«.[134] Und dass sich das Kind »am ehesten innerhalb der harmonischen Gemein-

---

132 Ilona Ostner: »Familienversagen« und Familienpolitik«, in: Volker Lipp, Eva Schumann, Barbara Veit: Reform des familiengerichtlichen Verfahrens, Göttinger Juristische Schriften Band 6, Göttingen 2009, S. 76.

133 »Rekordwert: Jugendämter nehmen mehr als 40 000 Jugendliche in Obhut«, *Spiegel Online,* 7.8.2013.

134 Ilona Ostner: »Familienversagen« und Familienpolitik«, in: Volker Lipp, Eva Schumann, Barbara Veit: Reform des familiengerichtlichen Verfahrens, Göttinger Juristische Schriften Band 6, Göttingen 2009, S. 77.

schaft mit Mutter und Vater« entfalten könne. Da die Gemeinschaft in der Praxis sich leider nicht immer so harmonisch erweist, wurde der Staat als Wächter installiert, als Helfer in der Not sozusagen.

Diese Perspektive unterscheidet sich wesentlich von der heutigen Sicht der Eltern, die »häufig öffentlich als Gefährdungs- und Armutsrisiko für ihre Kinder dargestellt« würden, wie Ostner bemerkt.[135] Das wurde auch in der Debatte um das Betreuungsgeld deutlich: Die FDP-Politikerin Cornelia Pieper bezeichnete es als Schnapsgeld,[136] was die Unterstellung implizierte, die Eltern würden das Geld postwendend versaufen. Auch der Berliner SPD-Politiker Heinz Buschkowsky, Bezirksbürgermeister von Neukölln, ließ seinen Vorurteilen freien Lauf: »In der deutschen Unterschicht wird das Betreuungsgeld versoffen, und in der migrantischen Unterschicht kommt die Oma aus der Heimat zum Erziehen.«[137] Die Grünen-Politikerin Sylvia Löhrmann beklagte, »das Aufdecken familiärer Gewalt« werde durch »solche Heim- und Herdprämien schwieriger«.[138]

Schuld sind also immer die Familien. Sogar für die Geburtenrate werden sie verantwortlich gemacht, die auf niedrigem Niveau von knapp 1,4 Kindern pro Frau stagniert. Der Vorwurf, anderswo seien die Frauen viel gebärfreudiger als in Deutschland, schwingt bei jedem internationalen Vergleich mit. Im Gegenzug werde »das Problem von Markt- und Staatsversagen heruntergespielt«, kritisiert die Soziologin Ilona Ostner. Dabei haben der Kapitalismus und die Anforderungen der modernen Arbeitswelt einen gehörigen Anteil an der momentanen Geburtenentwicklung. Die von Arbeitsmarktexperten zur Sekundärtugend erhobene Mobilität hat

---

135 Ebda., S. 78.
136 Robin Alexander: »Auf den Herd gekommen«, *Die Welt,* 11.11.2012.
137 Ebda.
138 Ebda.

familiäre Strukturen vielfach zerstört und erschwert es zudem, neue zu knüpfen. Schon weit vor der Zeugung des Nachwuchses ist es für viele Paare schwierig geworden, überhaupt ihre Beziehung aufrechtzuerhalten. Schätzungen zufolge lebt mittlerweile jedes siebte Paar in der westlichen Welt in einer Fern- oder Wochenendbeziehung, eine Konstellation, die nicht gerade den Kinderwunsch fördert. Außerdem ist die Kinderlosigkeit bei Frauen heute kein Stigma mehr wie noch vor wenigen Jahrzehnten, sondern wird gesellschaftlich akzeptiert – wenigstens in dieser Beziehung haben Frauen heute Wahlfreiheit.

Die existenziellen Nöte, in die viele Familien und insbesondere alleinerziehende Eltern heute geraten und von den Medien regelmäßig thematisiert werden, dürften kaum zu einem Meinungsumschwung beitragen. Der Konsens der Kinderlosen: Es lebt sich besser ohne. Dieses Meinungsbild ergibt sich auch aus einer Umfrage der Partnervermittlung »Elite Partner«: Unter den Singles im Alter von 30 bis 44 Jahren gaben 67 Prozent als naheliegendsten Grund für ihre Kinderlosigkeit an, sie hätten den passenden Partner nicht gefunden. Aber schon an zweiter Stelle nannten 17 Prozent der Befragten: »Mir gefällt mein Leben ohne Kinder«. 15 Prozent gaben an, sie wollten ihre Freiheit ausleben, 13 Prozent gaben an, die Karriere sei ihnen zunächst wichtiger. Unter den Akademikerinnen, eben jener Gruppe, von denen sich die Politik zuallererst mehr Gebärfreude wünschen würde, geben sogar 27 Prozent Karriereüberlegungen als Grund für ihre Kinderlosigkeit an. Aufschlussreich sind auch die Begründungen der 30- bis 44-Jährigen, die mit einem Partner liiert sind: 19 Prozent äußern, ihr Leben gefalle ihnen ohne Kinder, 18 Prozent geben der Karriere den Vorrang, 17 Prozent nennen finanzielle Gründe, 15 Prozent wollen ihre Freiheit ausleben. Das Argument, das von den Politikern und Ökonomen gern an erster Stelle genannt wird, wenn es um die geringe Zahl der Geburten geht, die unzureichenden Betreuungsmöglichkeiten, finden nur 11 Prozent relevant für ihre Entscheidung gegen ein Kind. Dennoch gibt es genügend Experten, die darauf beharren, der Ausbau der Kinderbetreuung sei der Schlüssel zu mehr Geburten in Deutschland.[139]

Bestellte Wahrheiten

Wie schon Jay Belskys Geschichte zeigte, ist die Wissenschaft bei Weitem nicht so neutral, wie das insbesondere die Wissenschaftler gern behaupten. Das zeigt sich auch am Paradigmenwechsel weg von der solidarischen hin zur aktivierenden Familienpolitik: Auch sie wurde mit Expertisen hochrangiger Wissenschaftler begründet. Kritiker bezweifeln die Aussagekraft der vermeintlich neutralen Studien, Eva Schumann zum Beispiel spricht von einer »gezielten Desinformationskampagne«.[140] Die Sachverständigenkommission etwa, die im Auftrag der Bundesregierung den Siebten Familienbericht erstellte, habe sich aus Experten zusammengesetzt, »die sich überwiegend bereits im Vorfeld der Auftragserteilung durch einschlägige Publikationen positioniert hatten, sodass die Ergebnisse vorhersehbar waren«, bemängelt Schumann. Ilona Ostner hat festgestellt, in den einschlägigen Studien werde »die früher als einzigartig beschriebene Mutter-Kind-Bindung so stark verleugnet«, dass Mütter und Eltern als Bezugspersonen

---

139 Tobias Kurz, Anne Kunz: »Wie Deutschland seine Geburtenrate steigern kann«, *Die Welt*, 3.6.2014.
140 Eva Schumann: »Die Ökonomisierung der Familie«, Vortrag an der Akademie der Wissenschaften zu Göttingen im Oberlandesgericht Celle, 23.2.2011.

teilweise nicht mehr explizite Erwähnung finden.[141] Stattdessen heißt es etwa im Zwölften Kinder- und Jugendbericht, der 2005 unter der damaligen Familienministerin Ursula von der Leyen entstand: »Kinder brauchen für ihre Bildung im frühen Kindesalter Erwachsene als Bindungspersonen.« Wer sich auf dieses Menschenbild erst einmal eingelassen hat, sieht auch kein Problem darin, dass dieser Erwachsene nicht zwangsläufig die Mutter oder der Vater ist, sondern eine Tagesmutter oder Krippenerzieherin.

Oft blenden die Expertisen wesentliche Erkenntnisse aus der Wissenschaft aus. Immer wieder wird zum Beispiel behauptet, möglichst frühe Betreuung in Kinderkrippen nütze besonders Kindern aus bildungsfernen Schichten. In der Praxis zeigt sich jedoch, dass häufig gerade solche Kinder in den Einrichtungen einen schweren Stand haben, weil Erzieher pflegeleichte Kinder bevorzugen. Wie bereits erwähnt sind die positiven Effekte bei den kognitiven Fähigkeiten, die etwa bei der NICHD-Studie in den USA registriert wurden, äußerst gering. Zudem fallen sie nur bis zu einer Betreuungszeit von 20 Stunden pro Woche ins Gewicht, längere Betreuung bedeutet keinen weiteren Zugewinn. Diese Einschränkungen fallen aber häufig unter den Tisch, wenn Experten über die Segnungen von Krippen für benachteiligte Kinder dozieren. Die wirtschaftsnahe Bertelsmann-Stiftung errechnete aus den »langfristigen Bildungseffekten bei Krippenkindern« sogar einen volkswirtschaftlichen Nutzen: Krippenkinder würden später im Leben durchschnittlich 27 091 Euro mehr verdienen als Kinder ohne Krippenaufenthalt, heißt es in der entsprechen-

---

141 Ilona Ostner: »Auf den Anfang kommt es an – Anmerkungen zur »Europäisierung« des Aufwachsens kleiner Kinder« in: *Recht der Jugend und des Bildungswesens,* Heft 1/2009.

den Studie.[142] Axel Plünnecke, Ökonom des Kölner Instituts der deutschen Wirtschaft, stellte die gewagte These auf, die Förderung des Nachwuches in der Krippe werde später zu einem höheren Einkommen und damit auch höheren Steuer- und Sozialabgaben führen, der Kita-Ausbau finanziere sich also langfristig selbst.[143]

Manchmal vermengen Fachleute auch Glaube und Wissenschaft. Für das schlechte Abschneiden der deutschen Kinder bei der PISA-Studie im Jahr 2000, Auslöser des sogenannten PISA-Schocks, machten sie maßgeblich überforderte und unfähige Eltern verantwortlich. Es handelte sich um nichts weiter als eine Interpretation, bemängelt die Soziologin Ostner. Doch eben diese Interpretation diente als eines der Hauptargumente für die Forderung, die Familien aufzubrechen und schon die kleinsten Kinder in eine »one-size-fits-it-all Ganztagsbetreuung« zu überführen.[144]

Wie sehr Experten von den Interessen des Auftraggebers abhängen, zeigt das Beispiel von Hans Bertram, einem einflussreichen Berater der deutschen Familienpolitik. Er war federführend beim Siebten Familienbericht der Bundesregierung und verfasste später den Bericht »Zur Lage der Kinder in Deutschland 2010« im Auftrag des Kinderhilfswerks UNICEF. Im UNICEF-Bericht beklagt er, die OECD habe das kindliche Wohlbefinden auf »vier Grunddimensionen reduziert«: Wohnen, Bildung, Gesundheit und Sicherheit. Keine Rolle spiele dagegen »die Beziehung der Eltern und ebenso die

---

142 Tobias Fritschi, Tom Oesch: »Volkswirtschaftlicher Nutzen von frühkindlicher Bildung in Deutschland«, Studie im Auftrag der Bertelsmann-Stiftung, Gütersloh, 2008.

143 »Kita-Ausbau finanziert sich selbst«, Pressemitteilung des Instituts der deutschen Wirtschaft, Köln, 7.6.2012.

144 Ilona Ostner: »Sozialwissenschaftliche Expertise und Politik. Das Beispiel des Siebten Familienberichts«, *Zeitschrift für Soziologie*, Heft 5, Oktober 2007.

subjektive Einschätzung der Kinder zum eigenen Wohlbefinden«. Die OECD befinde sich damit in klarem Widerspruch zur UNO-Kinderrechtskonvention. Es werde unterstellt, dass »Kinder in ihrer Entwicklung mehr oder minder dem Modell des homo oeconomicus folgen«. Emotionen, insbesondere das Gefühl geliebt zu werden und Teil einer Gesellschaft zu sein, kämen in dieser Betrachtung nicht vor. Dieses Wissen hatte Bertram nicht abgehalten, vier Jahre zuvor einen Familienbericht zu verfassen, der größtenteils auf die ökonomische Verwertbarkeit der Kinder und Jugendlichen abzielt. Auch dort spielen deren Gefühle und subjektives Empfinden keine Rolle.

In seinem UNICEF-Bericht bemerkt Bertram außerdem, dass die Veränderungen in der Familienpolitik durch die Ministerinnen Renate Schmidt und anschließend Ursula von der Leyen nicht möglich gewesen wären, »wenn nicht gleichzeitig ein Meinungsklima entstanden wäre, dass sich die außerfamiliäre Betreuung von Kindern unter drei Jahren positiv auf die kindliche Entwicklung auswirken kann und zugleich die Mütter, die sich so entschieden, das Gefühl vermittelt bekamen, sich auch im Interesse ihrer Kinder richtig zu entscheiden«. Dass er als Hauptverantwortlicher des Siebten Familienberichts selbst an diesem Meinungsumschwung beteiligt war, unterschlägt Bertram. Vielmehr sei die Bevölkerung auf die neue Linie eingeschwenkt, weil die Politik diese so »glaubwürdig vertreten« habe.

Von wegen glaubwürdig: Bei der Einführung des Elterngeldes ließ die damalige Familienministerin Ursula von der Leyen eigene Radiobeiträge und Zeitungsberichte anfertigen, die ihr Ministerium dann unter die Medien streute.[145] Die Beiträge enthielten vermeintliche Originaltöne von Eltern, die sich

---

145 Carsten Volkery: »Gratis-Reklame für die Ministerin – von der Ministerin«, *Spiegel Online*, 29.8.2007.

rundweg positiv über die neuen Geldleistungen äußerten. Auch die Ministerin selbst kam zu Wort. Das Problem: Die aus Steuergeldern finanzierten Beiträge waren nicht als PR-Produkt des Familienministeriums gekennzeichnet. Leser und Hörer mussten annehmen, es handle sich um unabhängige Informationen. Die völlig einseitigen, wahrheitsverzerrenden Beiträge unterschlugen natürlich auch die Tatsache, dass mit dem neuen Elterngeld Milliarden von Euro an gut und sehr gut verdienende Paare fließen, während sozial Schwache starke Einschnitte hinnehmen müssen. Die für die Kampagne verantwortliche Agentur brüstete sich damit, insgesamt 55 Millionen Deutsche erreicht zu haben. Zutreffender wäre die Formulierung gewesen, dass 55 Millionen Deutsche übers Ohr gehauen wurden: Sie wurden nämlich nicht nur völlig einseitig informiert, sondern haben diese Manipulation auch mit ihren eigenen Steuergeldern finanziert.

Die Sprache der Ideologen

Was brauchen Familien, was brauchen Kinder? Der Dreisatz moderner Familienpolitik lautet: 1. Kinder brauchen Betreuung und individuelle Förderung, um ihr volles Potenzial zu entfalten. 2. Mütter brauchen Betreuung für ihre Kinder, um Familie und Beruf zu vereinbaren. 3. Eine Politik, die Betreuung und individuelle Förderung ermöglicht, ist deshalb familienfreundlich. Die drei Begriffe werden inzwischen so selbstverständlich in der politischen Debatte gebraucht, dass eine kleine linguistische Betrachtung lohnt, um sich darüber klar zu werden, wofür die Begriffe eigentlich stehen – oder bis vor Kurzem standen.

Betreuung

1957 brachten die drei Sprachkritiker Dolf Sternberger, Wilhelm Emanuel Süskind und Gerhard Storz ihr Nachschlagewerk *Aus dem Wörterbuch des Unmenschen* heraus. Darin waren Begriffe ausgeführt, die Nationalsozialisten bevorzugt verwendet hatten, um ihr verbrecherisches Handeln zu verschleiern. »Der Verderb der Sprache ist der Verderb des Menschen«, so lautete die Überzeugung der Sprachforscher. Die erste Ausgabe erschien 1957 und enthielt 33 Begriffe, die in der deutschen Sprache nach dem Willen der Autoren vorerst nicht mehr benutzt werden sollten. Der vor mehr als 20 Jahren verstorbene Hauptautor Dolf Sternberger hätte sich wohl ziemlich gewundert über die positive Konnotation des Wortes »Betreuung« in der heutigen Zeit. Er hatte Betreuung noch ganz anders definiert: als »diejenige Art von Terror, für die der Jemand – der Betreute – Dank schuldet«.[146]

Wie kamen die Autoren zu dieser drastischen Bewertung? Treu sein, argumentierten sie, sei »nichts weiter als ein menschliches Verhalten«. Durch die Vorsilbe »be-« bekommt es allerdings einen anderen Sinn: Es drückt nicht mehr »ein selbstloses Hinzielen auf den Gegenstand aus wie die einfachen Transitiva ›lieben‹ oder ›schützen‹, sondern eine Unterwerfung des Gegenstands«. Ähnlich wie bei den Begriffen »beherrschen«, »benutzen« oder »bestrafen« werde »das Objekt mindestens zeitweilig des eigenen Willens beraubt«. Das Verhältnis sei ein totales, »man betreut jemand und damit basta«. Die Beispielsätze, die Sternberger und seine Mitautoren anführen, sind verstörend: Die Nationalsozialistische Volkswohlfahrt betreute Mutter und Kind, der Reichsnährstand die Bauern, die Arbeitsfront die Arbeiter. Und »ja wahrhaftig: Die Geheime Staatspolizei betreute die Juden«. Doch auch nach dem Ende

---

146 Dolf Sternberger, Gerhard Storz, W.E. Süskind: Aus dem Wörterbuch des Unmenschen, München 1957.

des Dritten Reichs wird sofort wieder betreut: Der Kindergarten betreut die Kinder, die Schule betreut die Schüler, Kundenbetreuer betreuen Kunden.

Am Ende lösche die Betreuung »den Jemand als Jemand, als eigenes Wesen, aus, dem sie gilt oder zu gelten scheint«. Keinem Menschen komme freiwillig der Satz über die Lippen: »Ich werde von der und der Organisation, von der Schule oder von der Polizei usw. betreut.« Das hänge damit zusammen, dass sich das »Ich« und das »betreut werden« nicht vertragen. Aber das sei auch nicht nötig, schließlich wolle der Unmensch keine Menschen, die »ich und du sagen«. Er strebe vielmehr an, dass der Mensch »auch zu keiner Zeit seines noch so kurzen Lebens unbetreut bleibe«.

Natürlich hat der Begriff über die Jahrzehnte eine andere Bedeutung erfahren und dient nicht mehr dazu, ein beispielloses Verbrechen zu verschleiern. Aber zumindest aus Sicht der Kinder ist auch heute anzuzweifeln, ob es wirklich kein größeres Glück geben kann, als von klein auf ganztags betreut zu werden.

Förderung, individuelle

Anders als Kindergärten sind Krippen Einrichtungen, für die zunächst kaum pädagogische Ideen und Konzepte vorlagen. Es ging in erster Linie um die Betreuung der Kinder. Um die Einrichtungen im Nachhinein als kindgerecht zu legitimieren, wurde in jüngster Zeit immer wieder der Begriff der Förderung bemüht, oft in Verbindung mit dem Adjektiv »individuell«. Es heißt dann also, Kleinkinder würden in Krippen gefördert oder auch individuell gefördert – in Abgrenzung zu den Kindern, die zu Hause von ihren Eltern großgezogen und folglich nicht gefördert werden.

Auch der Begriff »Förderung« war von den Nationalsozialisten ideologisch belegt. Im »Pädagogischen Wörterbuch«

des Magdeburger Dozenten Wilhelm Hehlmann, der 1933 der NSDAP beitrat und Funktionen in verschiedenen Unterorganisationen übernahm, heißt es: »Förderung der Besten und Tüchtigsten ist eine wichtige Aufgabe der Staatsförderung und insbesondere der Erziehungseinrichtungen. Die Grundlage der F. bildet im Deutschen Reich heute nicht mehr die geistige Begabung allein, sondern die Tüchtigkeit in charakterlicher, leiblicher und geistiger Hinsicht.« Im Rahmen der großen Bildungsreform von 1970 kam die Leitidee der individuellen Förderung auf. Der Deutsche Bildungsrat forderte damals, »jeden Lernenden entsprechend seinen Fähigkeiten und Interessen bestmöglich zu fördern«. Eine weitere ideologische Aufladung erfuhr der Begriff während der Einführung der Hartz-Gesetze, die der Bevölkerung mit dem Motto »Fordern und Fördern« schmackhaft gemacht werden sollten. In der Praxis stellte sich heraus, dass die neuen Gesetze vor allem als Druckmittel dienten, um Arbeitslose zu zwingen, jede ihnen angebotene Arbeit anzunehmen, auch wenn sie weit unter ihrer Qualifikation lag. Die Maßnahmen zur Förderung dagegen wurden nach und nach zurückgefahren.

Im Zusammenhang mit Kindern und jungen Menschen ist der Begriff »eigentlich unsinnig«, bemerkt der Jenaer Pädagogikprofessor Michael Winkler.[147] Denn im Grunde fördere jede Erziehung und »jede Organisation von Bildungsprozessen den Entwicklungsgang eines jungen Menschen«. Die Unterscheidung zwischen Erziehung im Elternhaus und Förderung in der Kinderkrippe ist also nicht haltbar. Fragwürdig wird sie angesichts des momentan üblichen Verhältnisses von einer Erzieherin zu fünf oder mehr Krippenkindern. Zu behaupten, diese Erzieherin könne jedes einzelne Kind fördern und womöglich noch besser als die Eltern zu Hause, ist rein rechnerisch Un-

---

147 Michael Winkler: »Förderung«, in: Thomas Coelen, Hans-Uwe Otto (Hg.): Grundbegriffe Ganztagsbildung, Wiesbaden 2008.

sinn. Trotzdem hat sich das gesellschaftliche Klima so entwickelt, dass Mütter und Väter heute unter Rechtfertigungsdruck stehen, wenn sie ihr Kind nicht in irgendeiner Weise fördern. Dabei gibt es nach wie vor keinerlei Klarheit, welcher Lehrplan für welches Alter wirklich förderlich ist. Das Bestreben, Kindern aus Migrantenfamilien möglichst früh Deutsch beizubringen, damit sie nicht gleich zu Beginn der Schule oder des Kindergartens zurückfallen, klingt noch am plausibelsten. Aber dass Musik, Fremdsprachen oder Naturwissenschaften kleine Kinder schlauer und glücklicher machen, wollen vor allem allzu ehrgeizige Eltern glauben, sowie einige Experten auf dem Gebiet der Frühpädagogik. Und im Einzelfall mag es zutreffen, dass Kinder davon profitieren, weil sie auf diesen Gebieten ohnehin begabt sind und sich dort wohlfühlen. Für alle anderen gerät die Förderung leicht zur Quälerei, weil Erwachsene glauben, Kindheit lasse sich nach den Vorstellungen der kapitalistischen Wissensgesellschaft optimieren – ganz im Sinne des Wirtschaftsnobelpreisträgers James Heckman: »In die Kleinen zu investieren bringt den größten wirtschaftlichen Nutzen.«[148]

Als Reaktion auf den PISA-Schock im Jahr 2000 gab die Politik die Empfehlung aus: »Individuelle Förderung ist gleichermaßen die Voraussetzung für das Vermeiden und den rechtzeitigen Abbau von Benachteiligungen wie für das Finden oder Fördern von Begabungen.« An diesen Zielen wäre nichts auszusetzen – wenn sie realistisch wären, bemängeln die Schulforscher Beate Wischer und Matthias Trautmann.[149] In der Praxis sei das Spektrum an konkreten Maßnahmen zur individuellen Förderung kaum noch überschaubar. Es lasse die einzelnen Methoden »geradezu beliebig erscheinen«. Oben-

148   Christine Brinck: »Fördern, bevor es zu spät ist«, *Die Zeit* 5/2012.
149   Beate Wischer, Matthias Trautmann: »Individuelle Förderung – Ideen, Hintergründe und Fallstricke«, Bundeszentrale für politische Bildung, 3.5.2013.

drein habe die Sache einen wesentlichen Haken: Anders als der Arzt müsse sich ein Lehrer um sehr viele Schüler gleichzeitig kümmern. »Einzelfallbehandlung im Sinne einer Berücksichtigung von individuellen Bedürfnissen und Interessen« sei in der Schule »weder vorgesehen noch in letzter Konsequenz möglich«. Schließlich werden in der Schule am Ende des Jahres Zeugnisse verteilt, die den Leistungsstand jedes Schülers abbilden sollen. Und zwar nicht individuell, sondern in Bezug auf den allgemeinen Lehrplan. Standardisierte Prüfungsergebnisse entscheiden über die späteren Berufschancen der Schüler. Insofern würde sich bei den meisten Eltern die Freude in Grenzen halten, wenn ihr Kind seiner Begabung entsprechend individuell im Zeichnen gefördert wird, aber wegen einer Sechs in Mathematik am Ende des Jahres sitzenbleibt.

Individuelle Förderung in der Schule würde also vor allem bedeuten, die Schüler, die sich in einem oder mehreren Fächern schwer tun, soweit zu unterstützen, dass sie den Anforderungen des Lehrplans gewachsen sind. Diese Art der Förderung zielt eher auf eine Normierung als auf die Betonung individueller Begabungen. Sollten die Schulen Ernst machen und wirklich jeden Schüler in all seinen Begabungen stärken, »nimmt man in Kauf, dass die (auch herkunftsbedingten) Leistungsunterschiede erhalten oder sogar vergrößert werden«, warnen Wischer und Trautmann.

Chancengleichheit und individuelle Förderung sind hehre Ziele der heutigen Bildungspolitik, doch weder bei den Krippenkindern noch später in der Schule wird das damit verbundene Versprechen bisher flächendeckend eingelöst.

Familienfreundlichkeit

»Familienfreundlichkeit macht produktiver«, so überschrieb die *Frankfurter Allgemeine* einen Beitrag im April 2009. Darin wird die gemeinnützige Hertie-Stiftung zitiert, die herausgefunden hat, dass in Firmen mit »Angeboten zur Vereinbarkeit von Beruf und Familie« die Produktivität und Motivation der Beschäftigten um 17 Prozent höher und die Fehlzeiten um 13 Prozent niedriger als in anderen Firmen seien. Unter Familienfreundlichkeit versteht die Hertie-Stiftung, wie sie in ihrer Broschüre »Beruf und Familie – ein Mehrwert für alle« ausführt, wenn eine Firma für die Kinder ihrer Arbeitnehmer einen Krippenplatz sicherstellen kann und einen Platz für pflegebedürftige Angehörige. Flexible Arbeitszeiten und eine »familienbewusste Arbeitsorganisation« erhöhten die »Einsatzmöglichkeiten und die Einsatzbereitschaft der Beschäftigten«. Kurz gesagt: Familienfreundlichkeit heißt, Arbeitnehmer von lästigen, familiären Pflichten zu befreien, damit sie mehr arbeiten. Darin besteht dann der Mehrwert für die Firma. Als Beleg wird im selben Artikel der *FAZ* ein Manager eines Daimler-Werkes in Rheinland-Pfalz zitiert. Er schwärmt, mit familienfreundlicher Personalpolitik sei es dem Werk in den vergangenen sieben Jahren gelungen, die Elternzeit der Mitarbeiter von durchschnittlich 4,5 Jahren auf 23 Monate zu drücken. Das habe zu Einsparungen von einer Million Euro jährlich geführt. Da freut sich der Controller.

Offensichtlich war weder dem Verfasser des Artikels noch den Mitarbeitern der Hertie-Stiftung noch dem Daimler-Manager bewusst, wie grotesk ihre Definition von Familienfreundlichkeit ist. Wie auch? Die meisten Politiker und Ökonomen werden dieser Definition zustimmen. Im Hinblick auf unseren Daimler-Manager würde das in letzter Konsequenz bedeuten, dass ein Unternehmen dann am familienfreundlichsten ist, wenn die Mitarbeiter überhaupt keine Elternzeit mehr beanspruchen. Vielen Freunden der Familie scheint es heute gar nicht in den Sinn zu kommen, dass Familienfreundlichkeit in erster Linie bedeuten muss, den Familienmitgliedern zu ermöglichen, Zeit miteinander zu verbringen. Soziologen definieren Familie als das »*Zusammenleben* von mindestens zwei

Generationen, zwischen denen ein spezifisches Kooperations- und Solidaritätsverhältnis besteht«.[150] Familie bedeutet gerade nicht, dass jedes Mitglied unabhängig von den anderen seine eigenen Wege und Ziele verfolgt, weil sonst das Kooperations- und Solidaritätsverhältnis rasch zu bröckeln beginnt. »Die Problemlagen von Familien«, bemerkt die Soziologin Kerstin Jürgens, beschränkten sich eben nicht darauf, den Alltag »auf die Reihe zu kriegen«, sondern auf die Schwierigkeit, darüber hinaus »eine familiale Lebensführung, einen gemeinsamen Lebensbezug aufrechtzuerhalten, der jenseits von Organisations- und Koordinationsfragen liegt und dem gemeinsamen Zusammenleben einen überrationalen Sinn gibt.«[151] Emotionale Nähe zähle zu den zentralen Merkmalen familiärer Beziehungen, lasse sich »jedoch nicht immer spontan oder unter Zeitdruck herstellen und schlicht organisieren, sondern setzt gemeinsame Erfahrungszusammenhänge voraus«.

Kurz gesagt: Familie braucht Zeit. Familienfreundlich zu sein bedeutet, der Familie diese Zeit zu geben. Diese Zeit fehlt dann anderswo, etwa am Arbeitsplatz. Zu behaupten, aus diesem unauflösbaren Konflikt könne ein Mehrwert für alle entstehen, also mehr Profit für Arbeitgeber und gleichzeitig mehr Familienglück für Arbeitnehmer, ist eine weitere Lüge in einer ohnehin verlogenen Debatte.

150 Rosemarie Nave-Herz: »Die These über den ›Zerfall der Familie‹«, in: Jürgen Friedrichs, Rainer Lepsius, Karl Ulrich Mayer (Hg.): Die Diagnosefähigkeit der Soziologie, Sonderheft 38/1998 der *Kölner Zeitschrift für Soziologie und Sozialpsychologie*.

151 Kerstin Jürgens: »Familiale Lebensführung. Familienleben als tägliche Verschränkung individueller Lebensführungen«, in: Günther Voß, Margit Weihrich: tagaus – tagein – Neue Beiträge zur Soziologie alltäglicher Lebensführung, München und Mering 2001.

Vorsicht, Vorbild!

Ob frühkindliche Betreuung, Vereinbarkeit von Familie und Beruf oder Geburtenrate – das Mekka der modernen Familienpolitik heißt Schweden. Seit Jahren wird das Land von Politikern, Gewerkschaftsfunktionären, Arbeitgeberverbänden und nicht zuletzt den Medien als Musterland präsentiert, in dem längst alles verwirklicht ist, was in Deutschland nur als Utopie existiert. Die ganze Welt beneidet Schweden um sein flächendeckend ausgebautes und qualitativ hochwertiges Netz der Kinderbetreuung sowie die hohe Beschäftigungsquote von Frauen. Überdies unterstützt der schwedische Staat Eltern mit einzigartigen Leistungen: Wenn die Kinder zum Beispiel krank sind oder überraschend Kindergarten oder Schule ausfällt, können Vater oder Mutter ohne Probleme zuhause bleiben und die Sozialversicherung zahlt 80 Prozent des Gehalts – und zwar an bis zu 60 Tagen pro Jahr. So lassen sich unvorhergesehene Ereignisse, die ja beim Aufwachsen von Kindern eher die Regel sind, von den Eltern leichter abfangen.[152]

Bei näherem Hinschauen offenbart das Vorbild auch Schattenseiten. Insbesondere hat die einseitige Betonung und Förderung eines Lebensmodells – beide Eltern arbeiten, während die Kinder ganztags betreut werden – zur Folge, dass andere Modelle fast unmöglich werden. Wahlfreiheit ist in Schweden nicht vorgesehen, die Politik hatte anderes im Sinn, als sie das Betreuungsnetz für die Kinder aufbaute.

Der Historiker Thomas Etzemüller hat Schwedens Gesellschaftspolitik seit Anfang des 20. Jahrhunderts analysiert.[153] Die Ausbildung und Förderung der Kinder seien dort schon

---

152 Matthias Hannemann: »Mama, Papa, Vabba«, *brand eins* 4/2009.
153 Thomas Etzemüller: »Die Romantik des Reißbretts«, *Geschichte und Gesellschaft* Heft 4/2006 sowie: Die Romantik der Rationalität. Alva und Gunnar Myrdal – Social Engineering in Schweden, Bielefeld 2010, S. 203–221.

wesentlich früher als bei uns vorangetrieben worden. Doch im gleichen Maße habe der Staat »ein feinmaschiges Netz kontrollierender Institutionen« um die Familien gesponnen, um die staatlichen Investitionen zu sichern.

Eine der wichtigsten Vordenkerinnen des Modells war die Sozialwissenschaftlerin und Politikerin Alva Myrdal. Sie und ihr Mann Gunnar Myrdal wurden später mit einem Nobelpreis bedacht; sie 1982 für ihren Einsatz für die weltweite Abrüstung, er 1974 für seine volkswirtschaftlichen Theorien – ein schwedisches Powerpaar. Wesentliche Elemente des heutigen schwedischen Sozialstaats und insbesondere das System der Kinderbetreuung basieren auf den Theorien von Alva und Gunnar Myrdal.

Schon in den Dreißigerjahren analysierte Alva Myrdal, dass Kleinkinder »nicht in die moderne Industriegesellschaft passen«, auch weil sie die Ehen mit Konflikten belasteten und die Mütter »um ihr Recht auf Erwerbstätigkeit« brächten. Das wirke sich nachteilig auf die Geburtenrate aus. Myrdal sah es deshalb als Aufgabe des Staates, die Eltern von der Bürde ihrer Kinder möglichst zu befreien. Umgekehrt seien auch die Eltern ein Problem für die Kinder, weil sie versuchten, diese mit völlig veralteten Methoden zu erziehen. Schon kurz nach der Geburt sollten Kinder deshalb eine pädagogisch fundierte Erziehung in Krippen erhalten, die im Kindergarten und der Schule fortgeführt würden.

In Alva Myrdals Augen war das der Königsweg, schließlich sei die Erziehung in den Familien »durch emotionale Faktoren kontaminiert«. Laut Etzemüller meinte sie damit »persönliche Beziehungen, die Eltern wie Kinder verletzbar machen«. In der Kinderkrippe finde dagegen eine demokratische Erziehung statt: »weder Zwang noch enthemmte Freiheit, sondern ›Ordnung‹ durch den unpersönlichen Charakter allgemeiner Regeln«. Myrdal strebte mit ihrem Erziehungsmodell Kinder an, die, wie sie einmal schrieb, »sich geschmeidig und ohne pochenden Egoismus, aber doch mit Selbstvertrauen in das Arbeits- und Gesellschaftsleben einfügen«. Das erklärte Ziel der Sozialingenieurin: »ein psychisch gesünderes und stärkeres Geschlecht als früher«.

Besonders die Idee der Freiheit war Myrdal suspekt. Die Kunst der Erziehung bestehe darin, »das Kind zu veranlassen, die allgemeinen Regeln für unser Handeln, die ohnehin notwendig sind, ohne verzehrende Konflikte von innen heraus anzunehmen«. Myrdal lehnte dabei Bestrafung ab und setzte eher auf soziale Missbilligung. So wachse ein »ganzes System sozialer Tabus heran, dem sich die Kinder als einer selbstverständlichen Sache unterwerfen«. Myrdal hielt diese Art von Gruppendruck für derart wirksam, dass sie die Eltern am liebsten ganz aus dem Leben der Kinder gestrichen hätte. Die Kinder selbst sollten weitgehend überwacht werden, Myrdal schwebten einseitig verspiegelte Scheiben in den Spielzimmern vor, durch die Experten das Treiben des Nachwuchses verfolgen und damit eventuelle Abweichungen im Verhalten dokumentieren und korrigieren hätten können. Zu jedem Kind sollten die Betreuungseinrichtungen eine Gesundheitskarte führen, die auch Angaben zu den Eltern und Lebensumständen zu Hause enthalten und fortwährend aktualisiert werden sollte. Auf diesem Weg sollte eine psychisch wie physisch gesunde neue Generation heranwachsen.

So sehr Myrdal auf eine staatliche Erziehung setzte, die dazu führen sollte, dass sich die Menschen *aus freien Stücken* der Vernunft der Mehrheit beugen, schreckte sie doch auch nicht vor drastischeren Maßnahmen zurück: Den von der staatlich erwünschten Norm zu sehr abweichenden Nachwuchs wollte sie notfalls durch Abtreibung und Sterilisierung vermindern, führt Etzemüller aus.

Die Kollektivkrippen, die Alva Myrdal im Sinn hatte, wurden nie eins zu eins umgesetzt. Aber dass ihr Denken die Familienpolitik in Schweden massiv beeinflusste, zeigt Etzemüller am Beispiel der Stockholmer Grundschulen, die tatsächlich für jeden Schüler eine Gesundheitskarte eingeführt haben, mit Informationen zu Arztbesuchen, erblichen Belastungen und Untersuchungen von Psyche, Sinnes- und Bewegungsorganen. Eine Schulschwester besuche die Familien der Erstklässler, um sich einen Überblick über die Lebensverhältnisse zu verschaffen. Der Traum des verantwortlichen Oberarztes sei es, »dass wir den Kindern vom Mutterleib bis zur Beendigung der Schule folgen können«, schreibt Etzemüller.

Auch dem Autor Hans Magnus Enzensberger begegneten Elemente der Myrdalschen Ideologie, als er Schweden in den Achtzigerjahren bereiste.[154] Er wunderte sich darüber, welche moralische Macht die Bürger dort ihren Institutionen zugestehen. Gerade deshalb, weil sie in den Augen der Allgemeinheit das Gute verkörpere, dehne sich diese Macht unwiderstehlich aus, »in alle Ritzen des Alltagslebens«, und reglementiere »die Regungen der Menschen« in einem Maße, »das in freien Gesellschaften beispiellos ist«. Diese Macht, also der Staat, sei »immer der Überzeugung, dass er das Beste will«. Und diese Überzeugung werde von den Bürgern geteilt, weshalb niemand ernsthaft fordere, seine Macht einzuschränken, sie zu kontrollieren, sich gegen sie zur Wehr zu setzen.

Die Ansichten von Alva Myrdal über Hausfrauen machen in Schweden bis heute jenen Frauen das Leben schwer, die nicht arbeiten wollen. »Für schwache, dumme, faule, nicht ehrgeizige oder andere weniger intelligente Individuen ist es noch möglich, weiter in der häuslichen Atmosphäre zu bleiben und ihren Weg als Hausfrauen und Dienerinnen zu gehen.« Das schrieb sie 1934 in ihrem Buch *Die Krise in der Bevölkerungsfrage*. In den Siebzigerjahren verkündete der Premierminister Olof Palme den Tod der Hausfrau. Und als

---

154 Hans Magnus Enzensberger: Ach Europa!, Frankfurt am Main 1987, S. 7–49.

2010 ein Autor der größten schwedischen Tageszeitung *Dagens Nyheter* für eine Artikelserie über Eltern im 21. Jahrhundert eine Hausfrau suchte, fand er keine. »Hausfrauen«, erklärte er später in der *New York Times,* seien in Schweden eine »quasi-ausgestorbene Spezies«.[155] Die wenigen, die es noch gebe, wagten es nicht, an die Öffentlichkeit zu gehen. Selbst eine alleinerziehende Mutter von sechs Kindern wurde von den Behörden gezwungen zu arbeiten, obwohl sie vorrechnete, dass es für den Staat ungleich teurer werde, wenn sie arbeiten geht und die Kinder betreut werden müssen. Jorun Lindell schließlich, Mutter von drei Kindern und mit einem Unternehmer verheiratet, wollte als junge Mutter zu Hause bleiben, berichtete die *New York Times.* Nicht nur, dass sie dafür von allen Seiten Spott und Häme erntete, auch die Behörden lehnten ihr Gesuch ab, die Kinder einige Stunden pro Tag oder auch pro Woche in der Krippe abzuliefern. Die Plätze seien Kindern berufstätiger Eltern vorbehalten. Also schrieb sich die Frau an einer Universität ein, denn als Studentin hatte sie wieder Anrecht auf die staatliche Betreuung ihrer Kinder.

Das System hat seine innere Logik: In kaum einem anderen Land werden die Bürger so hoch besteuert wie in Schweden. Um überleben zu können, sind in aller Regel beide Elternteile gezwungen zu arbeiten. Im Gegenzug bietet der Sozialstaat umfassende Fürsorge. Was er nicht bietet, ist Wahlfreiheit. Der Betreuungsapparat, der geschaffen wurde, verschlingt immense Summen und muss deshalb ausgelastet werden. Generell sind die Bürger Schwedens lediglich frei in dem Rahmen, den Experten und Bürokraten für sie ersonnen und vorgegeben haben. Und Kinder werden im vermeintlichen Kinderparadies Europas als »Hindernisse für die Emanzipation der

---

155 Kathrin Bennhold: »The Stigma of Being a Housewife«, *New York Times,* 20.7.2010. Übersetzt vom Autor.

modernen Frau« wahrgenommen, wie es im Programm der sozialistischen Partei vor einigen Jahren hieß.

So gesehen ist Schweden wohl eher ein Elternparadies. Anna Wahlgren, Schwedens einflussreichste Erziehungsexpertin, warnt allerdings, in erster Linie sei ein System entstanden, in dem alle Eltern »ihre Verantwortung abgeben«.[156] Auf den Spielplätzen seien kaum noch Kinder zu sehen, sie seien aus dem öffentlichen Leben des Landes ebenso verschwunden wie die Alten und Kranken. »Ist das die Kultur, die Europa als vorbildlich empfindet?«, fragt Wahlgren. Die Anwältin Siv Westerberg beklagt sogar, Schweden sei zu einem totalitären Staat verkommen.[157] Familien würde das Recht vorenthalten, selbst für ihre Kinder zu sorgen und sie zu erziehen. Sie hätten das fundamentale Menschenrecht auf ein Familienleben eingebüßt.

Deutsche Politiker ignorieren in der Regel die Schattenseiten des schwedischen Modells, obwohl zunehmend Risse in der Fassade sichtbar werden: Die schwedische Neurowissenschaftlerin Annica Dahlström beklagte in einem Beitrag für die Tageszeitung *Göteborgs-Posten*, dass Eltern heute etwa acht Stunden mehr pro Woche arbeiten als vor 1980, das bedeute täglich 1,5 Stunden weniger Kind-Elternkontakt.[158] Außerdem stellt Dahlström fest, dass die Zahl der Selbstmorde, Suizidversuche, Depressionen und Einnahme von Psychopharmaka bei jungen Frauen seit der Jahrtausendwende um 400 Prozent gestiegen seien, 400 Prozent! Den Heranwachsenden gehe es immer schlechter, »und wir fragen uns warum«.

Der Zusammenhang, den Dahlström andeutet, dürfte schwer nachzuweisen sein. Doch es gibt auch andere, aus Sicht der

---

156 Matthias Hannemann: »Mama, Papa, Vabba«, *brand eins* 4/2009.

157 Siv Westerberg: »The Folly of Sweden's State Controlled Families«, Rede vor dem Family Education Trust in London am 19.6.1999.

158 »En familjepolitik som gör barnen psykikt sjuka«, *Göteborgs-Posten*, 27.3.2011.

schwedischen Politik, sehr verstörende Zahlen: Beim Pisa-Test 2013 stürzte Schweden, der ehemalige Musterschüler, übrigens auf Platz 38 in Mathematik und Naturwissenschaft ab und auf Platz 36 im Lesen. An den Hochschulen beklagen sich die Professoren über die unzureichenden Kenntnisse der Studenten ihrer eigenen Muttersprache.[159] Die Allgemeinbildung vieler schwedischer Studenten sei mangelhaft, berichtete die *Westdeutsche Allgemeine Zeitung*. Ist das die Kultur, die Deutschland als vorbildlich empfindet?

---

159 André Anwar: »Schwedische Professoren klagen über ihre dummen Studenten«, *WAZ*, 4.5.2013.

8

PRÜGEL FÜR VÄTER UND MÜTTER

Das Beschimpfen von Eltern ist heute ein Geschäftsmodell, mit dem sich gut Geld verdienen lässt. Der Buchmarkt ist voll mit Ratgeberliteratur, und wann immer ein Autor die These vertritt, Eltern würden heute ihrer Erziehungsaufgabe kaum noch gerecht, darf er sich des Beifalls einer breiten Öffentlichkeit erfreuen. »Achtung! Eltern! Sie tun ALLES für ihr Kind – und schaden ihm« titelte *Der Spiegel* im August 2013. Die Vorlage hatte der bayerische Gymnasialdirektor Josef Kraus geliefert, dessen Buch mit dem Titel *Helikopter-Eltern* schnell die Bestsellerlisten erreichte. Der Kinderpsychiater Michael Winterhoff hat nach dem Erfolg seines ersten Buchs *Warum unsere Kinder zu Tyrannen werden*, das sich mehr als 450 000 mal verkaufte, noch zwei weitere Werke verfasst, in deren Titel das Wort »Tyrannen« auftaucht. Seine Hauptthese: Eltern wollen Partner ihrer Kinder sein, anstatt sie zu erziehen. Das führe dazu, dass letztlich das Kind über seine Eltern herrsche statt umgekehrt. In das gleiche Horn hatte der Pädagoge Bernhard Bueb schon im Jahr 2006 mit seinem *Lob der Disziplin* gestoßen und später in einem Interview gefordert, den Übermüttern ihre Kinder ab dem dritten Lebensmonat »wenigstens tagsüber« zu entziehen und in eine Gemeinschaftserziehung zu geben, damit sie nicht zu Egoisten verkommen.[160] Auch die Berliner Rechtsmediziner Saskia Guddat und Michael Tsokos plädieren dafür, Kinder

---

160 Martin Doerry, Katja Thimm: »Disziplin ist das Tor zum Glück«, *Der Spiegel* 37/2006.

ihren Eltern entziehen, wenn auch mit konträren Argumenten: Tag für Tag würden 500 Kinder von Erwachsenen aus ihrem familiären Umfeld misshandelt, schreiben sie in ihrem 2014 erschienenen Buch *Deutschland misshandelt seine Kinder*.

Der Tenor, der bei solchen Veröffentlichungen stets mitschwingt oder zuweilen auch explizit niedergeschrieben wird: Alles wird immer schlimmer und früher war alles besser. Dabei beklagte angeblich der griechische Philosoph Sokrates schon vor mehr als 2 000 Jahren den Erziehungsnotstand: »Die Jugend liebt heute den Luxus, sie hat schlechte Manieren, verachtet die Autorität, hat keinen Respekt mehr vor älteren Leuten und diskutiert, wo sie arbeiten sollte. Die Jugend steht nicht mehr auf, wenn Ältere das Zimmer betreten. Sie widerspricht den Eltern und tyrannisiert die Lehrer.«[161] Und nicht zuletzt die Schriften von Alice Miller zur Schwarzen Pädagogik geben Anlass zur Vermutung, dass vor vier oder fünf Jahrzehnten, als Eltern, Lehrer und Erzieher ihre Zöglinge von Gesetzes wegen noch körperlich züchtigen durften, eher noch mehr Kinder misshandelt wurden als heute. Auch die zunehmende Verrohung bei Kindern und Jugendlichen gerade in jüngster Vergangenheit lässt sich kaum belegen: Winterhoff behauptet in seinem 2008 erschienenen Bestseller, habe es vor 15 oder 20 Jahren noch etwa zwei bis vier auffällige Kinder pro Schulklasse gegeben, so habe sich das Verhältnis umgedreht – »von etwa 25 Kindern in einer Schulklasse sind heute noch zwei bis vier komplett unauffällig, alle anderen zeigen, in der Mehrzahl miteinander kombinierte, Störungsbilder«. In der *Bild*-Zeitung stellte er die nicht minder dramatische Behauptung auf, 70 bis 80 Prozent der Kinder seien inzwischen »wegen falscher Erziehung verhaltensauffällig«.[162] Offensicht-

---

161 Christoph Drösser: »Verlotterte Jugend«, *Zeit online*, 7.4.2004.
162 Michael Winterhoff: »Philip (7) rebelliert gegen seine Lehrerin«, *Bild*, 30.4.2008.

lich ist Winterhoff so berauscht von seinen Untergangsszenarien, dass er es nicht für nötig hält, sie auch nur ansatzweise zu belegen. Oder wenigstens zu erklären, was genau er unter »verhaltensauffällig« versteht und wie er den Nachweis zu führen gedenkt, dass diese angeblichen Verhaltensauffälligkeiten tatsächlich Folge falscher Erziehung sind. Rolf Göppel, Professor für Pädagogik in Heidelberg, kritisiert denn auch, dass »sehr viele und sehr unterschiedliche Prozentangaben über die Zahl von ›verhaltensauffälligen‹ Kindern und Jugendlichen kursieren«. Und dass es dabei »kaum eine Bezugnahme auf allseits anerkannte groß angelegte empirische Studien gibt«.[163]

Göppel nimmt auch Bezug auf Bernhard Bueb, der einen Erziehungsnotstand in Deutschland diagnostizierte: Eltern hätten »die Kunst der Erziehung« verlernt und würden »ohne Kompass, ohne Orientierung, ohne gemeinsame Maßstäbe auf dem Meer des Zeitgeistes« dahintreiben, wird der langjährige Leiter der Internatsschule Schloss Salem zitiert. Es sei auffällig, entgegnet Göppel, dass in Buebs Streitschrift und ähnlichen Pamphleten »häufig mit einer verklärenden Sicht auf eine vermeintlich intaktere familiäre Erziehungsrealität und eine vermeintlich robustere psychische Gesundheit in früheren Zeiten argumentiert wird«. Laut Göppel besteht aber kein Anlass zur Verklärung der Vergangenheit und einem Klagelied auf die Gegenwart. Umfragen haben gezeigt, dass junge Erwachsene zwischen 16 und 29 Jahren heute zwei- bis dreimal so häufig wie 60-Jährige sagen, sie seien von ihren Eltern mit Respekt, Liebe und viel Aufmerksamkeit großgezogen worden.[164] Zwar sei die Erziehungsaufgabe schwieriger geworden, weil »es heute durch Einflüsse der Medien, der *peer*

---

163 Rolf Göppel: »Elternkatastrophe«!? – Ist der »Bildungsnotstand in Deutschland« die Folge eines »Erziehungsnotstandes«?, in: Muss – kann – darf die Schule erziehen? 11. Heidelberger Dienstagsseminar, Heidelberg 2011, S. 24.
164 Ebda., S. 28.

group und der Konsumwelt mehr ›Störfeuer‹, mehr Mit- und Gegenerzieher gibt«. Auch seien die Erziehungsvorstellungen und Erziehungsstile viel heterogener als in früheren Zeiten. »Aber es erscheint höchst fragwürdig, ob diese Veränderungen, Differenzierungen und Relativierungen der erzieherischen Einstellungen und Praktiken als ›Niedergang‹ der erzieherischen Verantwortlichkeit und als genereller Werteverlust angemessen zu beschreiben sind«, so Göppel.

Es gibt durchaus Experten, die der Ansicht sind, es handle sich auch bei den heutigen Eltern nur um eine Minderheit, die drastisch versagt: »85 Prozent der Eltern sind ihrer Aufgabe gewachsen«, sagt der Züricher Erziehungswissenschaftler Jürgen Oelkers.[165] Das zeige sich unter anderem darin, dass sich fast 90 Prozent aller Kinder und Jugendlichen in ihren Familien wohl fühlten. Selbst der Gymnasialdirektor Kraus räumt gleich auf Seite 14 seines Buchs über die »Helikopter-Eltern« ein: »Die meisten Eltern haben bodenständige Vorstellungen von Erziehung und Bildung. 70 bis 80 Prozent von ihnen handeln unkompliziert, kooperativ und verantwortungsbewusst. Eine pauschale Elternschelte ist demnach völlig unangebracht.« Doch da geht es in seinem Buch gerade erst los. Und den berichterstattenden Medien geht diese Differenzierung ohnehin schon zu weit, verständlicherweise: Ein *Spiegel* mit dem wahrheitsgemäßen Titel »Achtung! Eltern! Manche von ihnen tun ALLES für ihr Kind – und schaden ihm« würde sich eher mäßig verkaufen. Gesetzt den Fall, die Schätzung von Josef Kraus stimmt – auch er nennt dafür keinerlei Belege – blieben gerade noch 10 Prozent Helikopter-Eltern übrig. Denn die restlichen 10 Prozent der Eltern finden sich ja eher auf der anderen Seite der Skala, in den sogenannten bildungsfernen Schichten. Ihnen wird vieles vorgeworfen, jedoch nicht, dass sie ihre Kinder durch Fürsorge erdrücken. Weil Kraus – anders

---

165 Inge Kloepfer: »Lob der Helikopter-Eltern«, *FAZ*, 19.8.2013.

als Bueb oder Winterhoff – anscheinend Skrupel hat, von einer Minderheit auf die Gesamtheit zu schließen, greift er zu einem kleinen Trick, der auch bei Journalisten sehr beliebt ist: Er behauptet einfach, »das Phänomen der Helikopter-Eltern wird immer bedeutsamer«. Das reicht den meisten Lesern, denn jeder weiß, dass es diesen Typus von Eltern tatsächlich gibt. Es gibt ihn sogar schon ziemlich lange, das Phänomen wurde in den USA bereits vor sechs Jahrzehnten beschrieben und hieß damals *Momism*. Aber ob das Phänomen wirklich gerade zunimmt, weiß niemand.

Immerhin gibt Kraus zu, »der Ratgeber-Overkill« schüre bei vielen Eltern die Sorge, »nichts mehr richtig machen zu können oder gar am Pranger zu stehen, weil man dem Gemeinwesen kein funktionierendes Kind hinterlässt«. Auch die hilflosen Eltern, die Hilfe bei den Experten suchen, sind kein neues Phänomen; der amerikanische Soziologe David Riesman beschrieb diesen Typus schon in den Fünfzigerjahren: »Der Verlust alter Sicherheiten in der Arbeitswelt und in den menschlichen Beziehungen geht einher mit Zweifeln, wie sie ihre Kinder erziehen sollen. Auch fühlen sich die Eltern den Kindern nicht mehr überlegen.« Ihre eigene Unsicherheit bringe diese Eltern dazu, sich in steigendem Maße Büchern und Zeitschriften zuzuwenden. »Hier wird der bereits ängstlichen Mutter gesagt, dass sie auf ihre Kinder eingehen soll. Sie lernt, dass es keine problematischen Kinder gibt, sondern nur problematische Eltern.«[166]

Zum Teil rührt die Unsicherheit der Eltern auch daher, dass sich die Erziehungsratgeber munter widersprechen. Früher lernten die Mütter, sie sollten Säuglinge schreien lassen und sie nicht sofort trösten. Heute undenkbar. Es gab Experten, die Frauen vom Stillen abrieten. Keine Hebamme und kein Kinderarzt würde das heute unterstützen. Es gab Experten, die emp-

---

166 David Riesman: Die einsame Masse. Eine Untersuchung der Wandlungen des amerikanischen Charakters, Reinbek 1958, S. 63ff.

fahlen, ungehorsame Kinder »wie ein Holz, das sich geworfen und verbogen hat, wieder gerade zu machen durch Drohungen und Schläge«. Das Zitat stammt vom antiken griechischen Philosophen und Staatstheoretiker Platon.[167] Die Prügelstrafe für Kinder ist heute bei uns gesetzlich verboten – nur auf Eltern darf noch eingeprügelt werden. Auch dafür, dass sie sich von der Flut der selbsternannten Ratgeber immer so schrecklich leicht verunsichern lassen.

Ausgerechnet *Der Spiegel*, der keine Gelegenheit und keinen Experten auslässt, um Eltern ihre Unfähigkeit und ihr Versagen vorzuhalten, mahnte mitten im Sommerloch 2009: »Ratgeber, Ärzte, Therapeuten – bei der Erziehung vertraut eine neue Elterngeneration lieber auf Experten als auf das eigene Urteil. Mütter und Väter leben in ständiger Sorge, etwas falsch zu machen. Was ihnen fehlt, ist Gelassenheit.«[168] Wenn's weiter nichts ist.

Hilfreicher für die meisten Familien wäre ein Ende der ständigen, ungebetenen Einmischung von außen. Denn jede neue Debatte hat in erster Linie zur Folge, dass die Autorität der Eltern in den Augen der Öffentlichkeit und das Selbstvertrauen der Eltern in ihre eigenen Fähigkeiten schwindet – was es wiederum staatlichen Stellen erleichtert, in deren Erziehungsrecht einzugreifen und ihnen damit noch mehr Freiheit zu nehmen.

Die Invasion der Experten

Die Entmündigung der Eltern beginnt heute schon, bevor das Kind überhaupt geboren ist. Werdende Eltern lernen, dass die Geburt eines Kindes kein natürlicher Vorgang mehr ist, son-

---

167 Friedrich Schleiermacher: »Protagoras«, in: Platons Werke, Berlin 1855.
168 Kerstin Kullmann: »Kinder der Angst«, *Der Spiegel* 32/2009.

dern der Unterstützung durch eine ganze Menge Experten bedarf. Mit dem positiven Schwangerschaftstest beginnt eine lange Reihe von Untersuchungen für die Mutter: Bluttests, Urintests, Ultraschall, Nackentransparenzmessung, Fruchtwasseruntersuchung, Nabelschnurpunktion. Bei allen bisherigen Fortschritten steckt die pränatale Diagnostik noch in den Kinderschuhen, in der Zukunft soll es zunehmend Screenings geben, die genetische Auffälligkeiten beim Nachwuchs auffinden.

Das Ziel ist klar und keineswegs verwerflich: Kinder sollen möglichst gesund zur Welt kommen, diesen Wunsch teilen praktisch alle Eltern. Noch vor 150 Jahren starb eines von vier Kindern noch vor Erreichen des ersten Lebensjahres, heute kommt es statistisch gesehen pro 1 000 Geburten nur noch zu 3,3 Sterbefällen. Die Kehrseite dieser Entwicklung: Mit den Tests findet eine erste Vorsortierung und im weitesten Sinne Normierung der Kinder statt. Und die Eltern erhalten die unausgesprochene Botschaft, dass sie selbst schuld sind am eventuellen Leid ihres Nachwuchses, wenn sie nicht den Rat der Experten einholen. Das hat beispielsweise dazu geführt, dass sich zwischen 90 und 95 Prozent der Schwangeren, die bei einer Pränataluntersuchung erfahren, dass ihr Kind das Down-Syndrom haben wird, für eine Abtreibung entscheiden.[169]

Auch die Geburt selbst ist heute zunehmend Sache des medizinischen Fachpersonals. Anfang 2014 kursierte die beunruhigende Nachricht, Hebammen müssten bald so hohe Versicherungsprämien zahlen, dass sich ihr Beruf nicht mehr lohne. Der Hintergrund: Kranke und behinderte Kinder kosten wesentlich mehr als gesunde, deswegen nahmen in den letzten Jahren die Klagen zu, wenn bei der Geburt etwas schiefging und die Kinder daraufhin geschädigt waren. Kläger

---

169 Thomas Bißwanger-Heim: »Pränataltest zur Erkennung von Trisomie 21: Warnung vor Automatismus«, *Deutsches Ärzteblatt International*, 10.4.2012.

sind keineswegs nur Eltern, sondern auch die Krankenkassen, die für dieses Kind in der Folge aufkommen müssen.

Es sah so aus, als würden Hausgeburten und Geburtshäuser dem ökonomischen Diktat zum Opfer fallen, denn das Risiko, ein Kind zu entbinden, hätten sich im äußersten Fall nur noch die Krankenhäuser leisten können. Auf Drängen des Gesundheitsministeriums lenkten einige Versicherungen doch noch ein und erklärten sich bereit, die Hebammen für einen Aufschlag von 20 Prozent bei den Policen zumindest vorläufig weiterzuversichern.[170]

Wie bei den Vorsorgeuntersuchungen haben auch Befürworter von sicheren Geburten in Kliniken gute Argumente. Doch die psychologische Komponente wird meist unterschätzt. Bereits in der DDR war »die klinische Entbindung mit der Priorität medizinisch-technischer Belange die absolute Regel«, erklärt der Psychotherapeut Hans Joachim Maaz.[171] »Es gehörte ganz zum Muster des autoritär-totalitären Systems, dass frau sich eben entbinden ließ, statt zu gebären, dass die Verantwortung für den Geburtsvorgang von dem entbindenden Paar an Experten und das Medizinsystem delegiert wurde.« Frauen seien »einer Fülle medizinischer Maßnahmen ausgeliefert« gewesen: »Fast routinemäßig wurden beruhigende Medikamente, ein Wehentropf, Dammschnitt und apparative Überwachung angeordnet.« Entbindende Frauen seien wie Patienten behandelt worden, »und das hieß in der DDR: Unterordnung unter die Anweisungen der Experten-Autorität«.

Solche Brutalität, wie sie Maaz schildert, ist in heutigen Krankenhäusern schwer vorstellbar. Die Botschaft, dass sich Eltern nach den Anweisungen der Experten richten mögen, kommt freundlicher daher und ist vielleicht weniger ideologisch aufgeladen, doch der Inhalt ist gleich geblieben. Und es

---

170 »Hebammen werden versichert – aber teurer,« *Süddeutsche.de*, 11.4.2014.
171 Hans-Joachim Maaz: Der Gefühlsstau, München 2010, S. 63.

wäre ein Trugschluss zu glauben, dass Väter und Mütter in nicht-kommunistischen Gesellschaften besser gewappnet wären, sich gegen ihre Entmündigung zu wehren.

Die britische Sozialwissenschaftlerin Ruth Quiney weist darauf hin, dass gerade kapitalistisch geprägte Mittelstandseltern glaubten, alle Herausforderungen des Lebens könnten »produktiv und effizient gemanagt« werden, »wenn nur alle wichtigen Informationen und das nötige technische Knowhow vorhanden ist«.[172] Schuld daran ist das Mantra der Berufswelt, Probleme seien dazu da, um gelöst zu werden. Deshalb sei der Wunsch nach einem »Manual, als Anleitung auf dem Weg zum perfekten Kind«, in diesen Kreisen besonders hoch.

Das staatliche Ziel, Kinder von Geburt an zu kontrollieren, zu steuern und zu optimieren, besteht also unabhängig von der jeweilig herrschenden Ideologie. Häufig empfinden die Eltern die Kontrolle zunächst als Hilfe und nehmen sie sogar dankbar an. Doch diese Hilfe hat ihren Preis, wie der amerikanische Historiker Christopher Lasch schon vor knapp dreißig Jahren warnte.[173] Durch die Erziehung und Krankenpflege außerhalb des Haushalts würden künftige Eltern »der praktischen Erfahrung beraubt«, wie für Kinder gesorgt und Kranke gepflegt werden. »In ihrem Unwissen und ihrer Unsicherheit verstärken die Eltern wieder ihre Abhängigkeit von den Experten, die sie durch ein Übermaß widersprüchlicher Ratschläge verwirren.« Das habe zur Folge, dass die Familie mehr und mehr versuche, »einem Ideal der Familie zu entsprechen, das ihr von außen auferlegt wurde«. Eltern holen sich also Rat von außen, büßen dabei aber eigene Kompetenzen

---

172 Ruth Quiney: »Confessions of the New Capitalist Mother – Twenty-first-century Writing on Motherhood as Trauma«, in: Women: A Cultural Review 18, No. 1, London 2007.

173 Christopher Lasch: Geborgenheit – Die Bedrohung der Familie in der modernen Welt, München 1987, S. 194.

Kein „Gefühl" mehr für richtig u. falsch?

ein und werden dadurch noch stärker vom Expertenrat abhängig.

Neil Postman, ebenfalls ein amerikanischer Soziologe, beschrieb in seinem 1982 erschienenen Klassiker *Das Ver-*
schwinden der Kindheit, wie »Psychologen, Sozialarbeiter,
Erziehungsberater, Lehrer und andere Vertreter einer institutionellen Perspektive immer weiter in Bereiche der elterlichen
Autorität« vordringen. Seine Warnung war eindeutig: »Dadurch gehen Intimität, Bindung und Loyalität, die traditionellen Merkmale der Eltern-Kind-Beziehung, immer mehr verloren. Zuweilen wird heute sogar die Auffassung vertreten, die
Eltern-Kind-Beziehung sei ihrem Wesen nach neurotisch, und
Institutionen seien eher in der Lage, für das Wohl der Kinder
zu sorgen, als deren Familien.«

Auch die Schule wurde nicht nur eingeführt, um die armen
Kinder vor Ausbeutung und Kinderarbeit zu schützen. Ellen
Richards, die als einer der Begründerinnen der Sozialarbeit in
den USA gilt, aber eigentlich Chemikerin und Ökologin war,
argumentiert schon 1910, die Familie versage, weil sie unan-
gepasste Jugendliche hervorbringe, emotionale Krüppel, jugendliche Straftäter und potenzielle Kriminelle.[174] Wenn der
Staat »gute Bürger« haben wolle, »müssen wir am besten sofort anfangen, die Kinder in unseren Schulen das zu lehren,
was sie offenbar zu Hause nicht mehr lernen«. Diese Überzeugung, erklärt der Historiker Christopher Lasch, habe die Expansion der Schule und der Sozialfürsorge erst ermöglicht.
»Erzieher, Psychiater, Sozialarbeiter und Strafrechtler betrach-
teten sich als Ärzte einer kranken Gesellschaft und sie verlang-
ten, dass man ihnen so viel als möglich medizinische Autorität
zuerkenne, damit sie heilen konnten.« So viel Autorität wie
möglich – darum geht es heute auch in der Familienpolitik, die
darauf drängt, Kinder möglichst früh aus den Elternhäusern

174 Ebda., S. 30.

157

in die Krippen zu holen, um sie immun zu machen gegen mögliche Benachteiligungen aufgrund ihrer Herkunft.

Schon zur Jahrhundertwende wurden die staatlichen Eingriffe als Hilfsangebote dargestellt. Pädagogen behaupteten, dass »die sozialen, politischen und industriellen Veränderungen der Schule Verantwortung aufgezwungen haben, die früher bei der Familie lag«, schildert Lasch. Zudem versuchten Sozialarbeiter »durch Kinderhilfswerke, Jugendämter und Familienbesuche« dem für weitverbreitet gehaltenen »Mangel an Weisheit und Verständnis auf Seiten der Eltern, Lehrer und anderer« entgegenzuwirken, »während sie zur gleichen Zeit die Mütter beruhigten, die, mit gutem Recht, fürchteten, dass Sozialarbeiter ihren Platz in der Familie einnehmen wollten«. An dieser Situation hat sich bis heute kaum etwas geändert: Experten und Politiker werden nicht müde zu betonen, dass selbstverständlich die Eltern die primären Bindungspersonen für ihr Kind seien und sie in einem partnerschaftlichen Verhältnis mit Institutionen wie Krippen oder Ganztagsschulen stünden, die das gleiche Ziel verfolgten wie die Eltern: das Wohl des Kindes.

In der Praxis kann jedoch von dieser Partnerschaft bei Weitem nicht immer die Rede sein: Sozialarbeiter beschäftigen sich zum Beispiel heute mit der Frage, wie sie sich gegenüber Kindern verhalten sollen, die bei offensichtlich rechtsextremen Eltern aufwachsen. In diesem Fall ist die Überlegung noch nachvollziehbar, eine breite Mehrheit der Bevölkerung lehnt diese politische und geistige Haltung ab. Aber selbst bei dieser Frage ist unklar, ob die betreffenden Sozialarbeiter tatsächlich in der Lage sind abzuschätzen, wann die radikale Einstellung der Eltern das Wohl der Kinder gefährdet.

Ein weiteres Beispiel: Nach dem Zweiten Weltkrieg entwickelte sich in den USA die bereits erwähnte Theorie des *Momism*. Psychologen und Soziologen vertraten die Auffassung, Mütter – *Moms* –, die sich zu wenig um ihre Söhne kümmerten oder sie übermäßig behüteten, seien schuld daran, wenn diese später an Asthma, Autismus oder Schizophrenie erkrankten. Im schlimmsten Fall, so lautete die krude Theorie, habe die falsche Erziehung sogar zur Folge, dass die Söhne schwul würden. Es war die Zeit der McCarthy-Ära, in der Schwule ebenso wie Kommunisten in den Vereinigten Staaten massiven Repressalien ausgesetzt waren. So absurd die These klingt, es handelt sich um ähnliche Vorwürfe, die sich heute so genannte Helikopter-Eltern anhören müssen: Wer seine Kinder zu sehr umsorgt, erzieht sie zu unselbstständigen, egoistischen und neurotischen Erwachsenen. Und wieder kann keine Rede sein von einer Partnerschaft zwischen den Eltern und den vermeintlichen externen Helfern. Bisher ist zwar noch kein Jugendamt so weit gegangen, ein Kind wegen Überbehütung aus der Familie zu nehmen. Aber im Extremfall einer Scheidung geschieht es sehr wohl, dass einem Elternteil das Sorgerecht vorenthalten wird, weil es das Kind zu sehr umsorgt,[175] was in heutigen Lehrbüchern eher als schädlich für das Kindeswohl gilt.

Kindererziehung ist eben nicht mehr Privatangelegenheit der Eltern, das Gesetz schreibt dem Staat das Wächteramt über das Wohl des Kindes zu. Mit jedem in der Familie misshandelten Kind – die Fälle werden von den Medien meist umfangreich ausgebreitet – festigt sich der gesellschaftliche Konsens, dass die staatlichen Eingriffe richtig und wichtig sind. Das mag im Einzelfall zutreffen, schwächt aber die Position aller Eltern. Je mehr Einblicke sie der Außenwelt heute in ihre Familie gewähren, umso mehr laufen sie Gefahr, dass die staatlichen Wächter einen Anlass zum Eingreifen finden. Insofern steht eine Familie mit ganztagsbetreuten Krippen- oder Schulkindern quasi nackt vor den Erziehern oder Lehrern da, und damit auch vor dem Staat.

---

175 So geschehen zum Beispiel im Fall Renneburg, siehe: »Mutter und Sohn stellen sich«, *Freie Presse Chemnitz*, 22.1.2014.

Die Zahl der Experten, die sich heute zu Wort melden, wenn das Kind im Kindergartenalter ist, hat in jüngster Zeit noch einmal massiv zugenommen: Viele Kinder haben, bevor sie die Schule betreten, eine Therapie beim Logopäden, Ergotherapeuten oder Psychologen hinter sich. Laut einer Untersuchung des Wissenschaftlichen Instituts der AOK besuchte jeder vierte Junge unter sechs Jahren bereits einen Logopäden und jeder sechste einen Ergotherapeuten.[176] Während der Kindergartenzeit sei »eine rasante Entwicklung im Verordnungsgeschehen« zu verzeichnen, heißt es im AOK-Heilmittelbericht 2011. Eltern und Kindergärtnerinnen fahndeten von Jahr zu Jahr genauer nach nur kleinsten Abweichungen, zitiert *Der Spiegel* den Bonner Kinderneurologen Helmut Hollmann. »Mittlerweile reicht es schon, wenn ein Kind mit drei Jahren keine Männchen zeichnen kann – schon wird der Ergotherapeut konsultiert.«[177] Auch führten viele Eltern Strichlisten, »ob ihre Zweijährigen schon 50 Wörter beherrschen und damit die von Sprachheilkundlern postulierte magische Grenze erreichen«.

Fraglich ist, ob wirklich die Eltern für den Therapiewahn verantwortlich sind. Denn selbst dann wäre es Aufgabe der Kinderärzte und Therapeuten, die richtige Diagnose zu stellen und von übereilten Therapien abzuraten. Ob ein Kind krank oder entwicklungsgestört ist, bestimmen schließlich nicht die Eltern. Selbst die Vorsitzende des Bundesverbands für Logopädie, Christiane Hoffschildt, bemängelte 2013 in einem Gespräch mit dem *Deutschen Ärzteblatt:* »Wenn wir sehen, dass 25 bis 30 Prozent der Schulanfänger logopädisch behandelt werden, dann stimmt da etwas nicht. Es werden Befunde pathologisiert, die einer solchen Behandlung nicht bedürfen.«[178]

---

176 Barbara Esser: »Was ist noch normal?«, *Focus Schule* 2/2012.
177 Guido Kleinhubbert: »Depressive Stimmung«, *Der Spiegel* 34/2011.
178 Thomas Gerst, Birgit Hibbeler: »Eine alternde Bevölkerung wird mehr Logopädie brauchen«, *Deutsches Ärzteblatt,* 2.9.2013.

Besonders erschreckend ist diese Entwicklung bei der Diagnose ADHS. 1991 waren in Deutschland 1 500 Kinder von der Aufmerksamkeitsstörung betroffen, »heute sollen 700 000 darunter leiden«, sagte der Psychotherapeut Hans Hopf dem Magazin *Focus Schule* im Jahr 2012. Sein Fazit: »Das kann bei einer Störung, die angeblich ausschließlich hirnorganisch bedingt ist, schlichtweg nicht der Fall sein.« Doch so umstritten die Diagnose, so eindeutig der Trend bei der Zahl der verschriebenen Tagesdosen des ADHS-Wirkstoffs Methylphenidat, der auch in Ritalin enthalen ist: Sie stieg zwischen 1999 und 2009 von jährlich acht auf 55 Millionen. Dabei sind es nicht allein voreilig verschriebene Medikamente mit gefährlichen Nebenwirkungen, es reicht schon der falsche Befund, um das Leben eines Kindes und seiner Eltern aus den Angeln zu heben.

Im *Spiegel* schilderte 2013 eine Mutter ihre Erfahrungen »mit einer »perfekt geschmierten Diagnose- und Therapiemaschinerie«, die ihre völlig normale Tochter über die Jahre beinahe in ein psychisches Wrack verwandelte.[179] Die sechsjährige Lenja kommt eines Tages völlig frustriert von der Schule nach Hause und sagt: »Mein Leben ist scheiße«. Die Eltern haben sie ein Jahr zuvor auf Anraten der Kinderärztin eingeschult. Auch beim Einschulungstest seien die Pädagogen von dem Mädchen begeistert gewesen. Die Mutter berichtet, wie entgeistert sie und ihr Mann waren, als sie nun zu hören bekamen, dass ihr Kind Schwierigkeiten in der Grundschule habe. Sie hatten gedacht, bei Lenja werde »alles geradeaus« laufen, »mein Mann und ich waren viel zu beschäftigt mit Karriere und Alltag, um etwas anderes für möglich zu halten«.

Die Mutter geht mit ihrem Kind zu einem Professor für Kinderneurologie, Lenja wird wochenlangen Tests unterzogen. Noch bevor die Eltern das Ergebnis erfahren, reimt sich

179 »Du Psycho!«, *Der Spiegel* 39/2013.

das Mädchen zusammen, dass es wohl krank im Kopf sein müsse. Wozu sonst der ganze Aufwand? Auch seine Mitschüler erfahren von den Klinikaufenthalten und nennen Lenja bald »Lenja-Hirni« oder »Psycho«. Der Professor diagnostiziert, wie so viele Ärzte das heute tun, ADHS, Dyskalkulie und Dyslexie und verschreibt dem Mädchen Ritalin.

Lenjas Mutter löst das Rezept zwar nie ein, bemerkt aber mit großer Sorge, wie das Verhalten der Tochter außer Kontrolle gerät: Sie weint viel, wird schnell wütend und aggressiv und wacht nachts auf, weil Alpträume sie plagen. Im Schulunterricht beteiligt sie sich kaum noch, andererseits lernt sie »über Nacht ganze Gedichte und Theaterstücke auswendig« und erledigt »ihre Rechenaufgaben im Kopf«. Eltern, Lehrer und die Kinderärztin sind ratlos.

Lenjas Selbstvertrauen stürzt rapide ab. Sie wehrt sich nicht, wenn sie von ihren Mitschülern gehänselt und »quer über den Schulhof geschubst« wird. Die blauen Flecken an den Oberarmen versteckt sie vor ihren Eltern.

Aber auch der liebevolle Blick der Eltern auf das Kind ist getrübt, »eine pathologische Sicht« hat sich dazugesellt, wie die Mutter im *Spiegel* ausführt. Die dritte und vierte Klasse sind geprägt von Besuchen bei Lern- und Ergotherapeuten, dazu Kurse in Psychomotorik. Außerdem kommt Lenja in eine Gruppe »mit hyperaktiven Jungs«, wo ihr Konzentrationsaufgaben gestellt werden. »Der Schuss ging nach hinten los«, Lenja versucht, sich gegen die wilde Horde Jungen zu behaupten und wird sogar handgreiflich. Das wiederum bringt die Betreuer der Gruppe zur Überzeugung, Lenjas Sozialverhalten sei problematisch.

Die Situation klärt sich erst, als das Mädchen zu einem weiteren Test antritt, bei dem es um den Übertritt in eine weiterführende Schule geht. Die zuständige Psychologin stellt »ganz nebenbei« fest, dass Lenja kein ADHS hat, sondern lediglich ein Handicap: »Die Übersetzung vom Hirn in die Hand« ist verzögert, ein Symptom, das sich leicht mit Krankengymnastik beseitigen lässt, oft aber auch missinterpretiert wird, erklärt die Psychologin: »als Faulheit und Träumerei«.

Lenjas Mutter resümiert: »Ich kann nicht mehr sagen, was in diesem Moment schmerzlicher war – die Erkenntnis, dass wir Lenja nie wirklich gesehen hatten, wie sie ist, und lieber den angeblich so hochkarätigen Experten vertraut hatten. Oder die Nachricht, dass wir drauf und dran waren, unsere Tochter zu verlieren. Lenja hatte sich in ihrer Wut und Trauer dieser unbekannten Psychologin anvertraut und sie gebeten, mit uns zu sprechen.« Die Psychologin gibt den Eltern einen geradezu universell gültigen Rat mit: »Ihre Tochter ist nicht auf der Welt, um zu funktionieren, sondern um geliebt zu werden und zu wachsen. Wenn Sie wissen wollen, was Sie für Lenjas Konzentration tun können: Schenken Sie ihr Lebensfreude.« Ihre Gewissensbisse sollen die Eltern in einem Brief niederschreiben, den sie ihrer Tochter später übergeben, rät die Psychologin. Die Mutter schreibt ein ganzes Buch, es trägt den Titel *Plötzlich ein Sorgenkind*. Immerhin hat die Geschichte ein gutes Ende: Lenja hat nach dem Ende ihres Therapiemartyriums die Lebensfreude wiedergewonnen, in ihrer neuen Schule ist sie nicht mehr Außenseiterin, sondern wurde sogar zur Klassensprecherin gewählt.

Ihre Mutter betont, sie und ihr Mann seien viel zu sehr mit ihrer Karriere beschäftigt gewesen, um zu bemerken, dass mit ihrer Tochter etwas nicht stimmen könnte. Kann es sein, dass weniger beschäftigte Eltern auch weniger gefährdet sind, sich von der Autorität der Experten einschüchtern zu lassen? Jedenfalls kennen sie ihr Kind besser als die Fachleute, für die es lediglich ein weiterer Patient oder Klient ist. Das Problem ist allerdings, dass umgekehrt die Autorität der Eltern längst nicht mehr uneingeschränkt von außen zugestanden wird. In Nordrhein-Westfalen testen Lehrer seit 2007 in Kindergärten die Sprachkompetenzen von Vierjährigen. Delfin 4 heißt das

Programm, das Ende 2014 wieder auslaufen soll.[180] Was sinnvoll klingt, birgt Gefahren: Gerade schüchternen Kindern, die sich gegenüber den fremden Pädagogen nicht im erwünschten Ausmaß äußern, werden bei einer solchen Prüfung bevorzugt Mängel und Defizite attestiert. Unabhängig von ihren tatsächlichen Fähigkeiten landen sie dann in einer Fördermaßnahme. Das elterliche Veto ist in diesem Stadium eher unerwünscht. In Nordrhein-Westfalen sahen sich allzu renitente Väter und Mütter schon mit der Drohung konfrontiert, man werde das Jugendamt wegen Gefährdung des Kindeswohls informieren, wenn sie sich gegen die Zwangsförderung wehren.[181] Und zuweilen bleibt es nicht bei der Drohung: Die *Süddeutsche Zeitung* berichtete im Winter 2013 über den Fall einer Mutter, der das Sorgerecht für ihre Tochter entzogen wurde, weil sie nicht zustimmen wollte, dass ihr die Ärzte aus der Jugendpsychiatrie Ritalin verabreichen.[182]

Angesichts dieser zunehmenden Entmündigung drängen sich ein paar Fragen auf: Ist den betroffenen Kindern wirklich besser geholfen, wenn Wissen und Instinkte der Eltern immer weniger zählen und stattdessen externe Fachleuten übernehmen? Eint nicht alle Experten, dass sie fehlbar sind und sich immer nur auf den gegenwärtigen Stand der Forschung berufen können, der sich nun einmal ständig ändert? Müssen Eltern nicht jedem Experten grundsätzlich misstrauen, der den Anspruch erhebt, ihr Kind besser zu verstehen als sie selbst?

Doch in der Praxis ist es für Eltern nicht so einfach, sich dem Rat der selbst ernannten Experten zu entziehen, selbst wenn keine Zwangsmaßnahmen drohen. Insbesondere beim Thema Bildung ist der Spaß schnell vorbei: Die Eltern stehen unter hohem gesellschaftlichen Druck, frühzeitig die richtigen

180 Brigitta Stauber-Klein: »Rot-Grün schafft den NRW-Sprachtest für Vierjährige ab«, *WAZ*, 17.12.2013.
181 Guido Kleinhubbert: »Depressive Stimmung«, *Der Spiegel* 34/2011.
182 Karin Steinberger: »Stillgelegt«, *Süddeutsche Zeitung*«, 20.12.2013.

Weichen zu stellen. Beispiele für Elternwahn, wie die Medien sie gern heranziehen, etwa Embryos mit Mozart zu beschallen und Zweijährige in Chinesisch-Kurse zu schicken, sind genau diesem Druck geschuldet. Es sind nicht etwa irgendwelche vereinzelten Helikopter-Eltern, die auf solche abstrusen Ideen kommen, sondern renommierte Fachleute, seien es Neurowissenschaftler oder Entwicklungspsychologen. Von ihnen stammt das Konzept der Zeitfenster, in denen die Kinder für bestimmte Sinnesreize besonders empfänglich sind; Zeitfenster, die sich im Laufe der Entwicklung eines Kindes öffnen, aber eben auch wieder schließen. Deshalb glauben Eltern bis heute, ihrem Kind etwas Gutes zu tun, wenn sie es mit den Zeitfenstern entsprechendem Input vollstopfen, unabhängig davon, was ihr eigenes Kind eigentlich gerade braucht oder will.

Der Frankfurter Soziologe Tilmann Allert spricht vom »Mythos des verwissenschaftlichten Erziehens«.[183] Wissenschaftlich gesicherte Interpretationen »durchsickern den Erziehungsalltag« und verpflichteten Eltern »auf jeweils wechselnde Moden«. Augenscheinlich wird diese Entwicklung, wie beschrieben, bereits beim Thema Stillen. Wiederholt haben Mütter in den vergangenen Jahrzehnten erlebt, wie ihnen hier ab- und zugeraten wurde. Die Ratgeber kamen stets aus der Wissenschaft und konnten ihre Argumentation immer mit umfassenden Studien belegen. Die externen, vermeintlich fundierten Einflüsse, mit denen Eltern heute permanent konfrontiert sind, erschwerten es zusehends, die Kinder wie früher auf der Basis von Erfahrungen, eben der Eltern oder auch Großeltern, zu erziehen. Dabei gehe die »Wahrnehmung der Besonderheit und des individuellen Tempos im Entwicklungs-

---

183 Tilmann Allert: »Die Familie, eine unverwüstliche Lebensform«, Vortrag auf der Tagung des Familiennetzwerks »Familie ist Zukunft« in Düsseldorf, Juni 2010.

prozess des jeweiligen Kindes« verloren, beklagt Allert. Die Wissenschaft suggeriere, die Wahrnehmung des eigenen Kindes sei nicht mehr nötig, schließlich gebe es ja »allgemein gültige Benchmarks«. Allert mahnt, dass dies unweigerlich dazu führt, dass das »mutige Ausprobieren des Neuen« stets schon als »Schritt auf der Entwicklungsleiter« verstanden wird, »hinter den das Kind nicht mehr zurückfallen darf«. Dadurch entstehe ein hoher Erwartungsdruck auf das Kind, »aus dem heraus eher der nächste Schritt prämiert wird, als dass eine Stagnation oder Regression toleriert wird«. Vor allem wird die ureigene Persönlichkeit des Kindes übersehen, seine ganz persönlichen Schwächen und Stärken. Stattdessen wird es von der Umwelt mit abstrakten Erwartungen überfrachtet, was es angeblich können sollte, um sein späteres Leben zu meistern – so als könnten all die klugen Experten in die Zukunft schauen und wüssten, was diesen kleinen Menschen im Leben erwartet.

9

FAMILIENLEBEN – EIN VERLUSTGESCHÄFT

Deutschland ist eines der reichsten Länder der Erde, doch davon profitiert längst nicht die gesamte Bevölkerung. Die wirtschaftliche Entwicklung hat wenige Gewinner und viele Verlierer hervorgebracht. Der hessische Sozialrichter Jürgen Borchert erklärt, Deutschland habe sich »in den letzten Jahren zum Paradies für Superreiche« entwickelt, mit etwa 100 Milliardären und etwa 400 000 Millionären.[184] Auch der Historiker Hans-Ulrich Wehler beklagte diese Ungleichheit im letzten Interview vor seinem Tod: »Das oberste 0,1 Prozent der Bevölkerung besitzt 22,5 Prozent des gesamten Nettovermögens, das oberste Prozent verfügt über fast die Hälfte des Vermögens.«[185] Die Top-Manager hätten ihr Einkommen innerhalb von 16 Jahren um 400 Prozent gesteigert und verdienten nun das 300-fache ihrer Facharbeiter. »1989 war es noch das 20-fache.« Im selben Land leben immer mehr Kinder dauerhaft von Sozialhilfe, derzeit betrifft das jedes fünfte Kind unter sieben Jahren, 1965 war es noch jedes 75. Kind in dieser Altersgruppe, so Borchert.

Die im Ausland oft so bewunderte Wettbewerbsfähigkeit der deutschen Wirtschaft wurde mit sinkenden Reallöhnen und Gehältern bei einer breiten Schicht von Arbeitern und Angestellten erkauft. Mehr als acht Millionen Menschen dienen

---

184 Jürgen Borchert: Sozialstaatsdämmerung, München 2013.
185 Arno Luik: »Wir waren vier Jungs. Wir wollten die Panzer stoppen«, *stern* 29/2014.

sich im Niedriglohnsektor an und müssen nicht selten einen Zweit- oder Drittjob annehmen, um ihre Existenz zu sichern. Die vergangenen Jahrzehnte seien durch »die zunehmende Deregulierung des Arbeitsmarkts, den Abbau von Kündigungsschutz und Befristungsmöglichkeiten gerade bei jungen Arbeitnehmern gekennzeichnet«, merkt Borchert an. »Dass junge Leute mit Berufsabschluss jahrelange Warteschleifen in Praktikantenverhältnissen drehen oder befristete Beschäftigungen, Leiharbeit, Teilzeitbeschäftigung, geringfügige Beschäftigung oder Beschäftigung zum Niedriglohn annehmen müssen, ist längst ein Massenphänomen.« Natürlich trifft es nicht nur die jungen, sondern auch vermeintlich etablierte Arbeitskräfte: Mehr als 800 000 Leiharbeitsverhältnisse gab es in Deutschland im Jahr 2012, das waren 500 000 mehr als zehn Jahre zuvor.[186] Das Problem dieser Entwicklung: Nur 250 000 dieser Jobs seien wirklich neue Arbeitsplätze, rechnete *Die Zeit* vor. Die anderen 250 000 dieser neuen Arbeitsplätze seien gar nicht neu, sondern hätten besser bezahlte, unbefristete Jobs vernichtet.

Mehr als fünf Millionen Deutsche arbeiten heute in sogenannten Minijobs. Dieses Instrument der Hartz-Gesetze sollte dazu führen, dass Langzeitarbeitslose und Frauen nach der Babypause leichter in den Arbeitsmarkt zurückfinden. Der Zwischenschritt sollte in einen regulären, sozialversicherungspflichtigen Job münden. Doch für die meisten bleibe der Minijob der Hauptjob, konstatiert *Die Zeit*. Zudem arbeiteten auch Menschen mit mittlerer und höherer Bildung vermehrt in Teilzeit, auch immer mehr Männer, vor allem Männer unter 40, wie ein Arbeitsmarktforscher des Deutschen Instituts für Wirtschaft erklärt. Allerdings nicht, weil diese Männer mehr Zeit für ihre Familie haben wollen – ein großer Teil von ihnen finde keine Vollzeitstelle, schreibt *Die Zeit* weiter. Mehr

---

186 Roland Kirbach: »… und raus bist du«, *Die Zeit* 33/2013.

als zwei Millionen Menschen arbeiteten in Deutschland unfreiwillig in Teilzeit, für sie sei ihr Job »nur eine Notlösung«. In einigen Branchen sei die Bundesrepublik sogar zum Billiglohnland in Europa geworden. Aus den Nachbarländern würden beispielsweise Schweine nach Deutschland transportiert, um sie hier zu schlachten. »Der belgische Wirtschaftsminister, dänische Gewerkschafter, französische Industrielle, österreichische Großhändler, sie alle schimpfen öffentlich auf die Dumpinglöhne im einstigen Hochlohnland Deutschland.«

Diese ökonomischen Bedingungen erschweren die Gründung und den Erhalt einer Familie dramatisch. Gleichzeitig wurden die Sozialleistungen – insbesondere durch die Hartz-Gesetze – so weit zurückgefahren, dass Millionen von Kindern in Deutschland mit Eltern aufwachsen, deren Haushaltseinkommen weniger als 15 300 Euro jährlich beträgt.[187] Das ist weniger als die Hälfte des Nettoeinkommens eines durchschnittlichen Haushalts in Deutschland, das knapp 36 000 Euro beträgt.[188] Der Sozialexperte Borchert weist darauf hin, dass sich »permanenter ökonomischer Stress in den Elternhäusern und womöglich dadurch die Zerrüttung der elterlichen Beziehungen« besonders schädlich auf die Entwicklung von Kindern auswirke. Was ist das für eine Politik, die erst massenhaft Familien verarmen lässt, um dann die Kindern unter dem Feigenblatt der sozialen Fürsorge aus ihren prekären Verhältnissen zu befreien und mit Frühförderprogrammen zu produktiven Mitgliedern der Gesellschaft zu erziehen?

Die stagnierenden und sinkenden Löhne und Einkommen treffen Familien in der Regel härter als Singles, weil sie von jeher mit strukturellen Ungerechtigkeiten bei den Steuern und

---

187 Jürgen Borchert: Sozialstaatsdämmerung, München 2013, S. 61.
188 »Einkommen privater Haushalte«, Bundeszentrale für politische Bildung, 27.9.2013.

Abgaben leben müssen. Es handelt sich um ein massives Gleichheitsproblem, bemerkt die Juristin Anne Lenze.[189] »Die Kinderlosen sind Gewinner auf den Güter-, Wohnungs- und Freizeitmärkten, weil sie die Kosten für Kinder sparen und dieses Geld in den Gegenwartskonsum oder die Kapitalbildung stecken können.« Gegenwärtig könnten sie sich darauf verlassen, dass sie, wenn sie alt, krank oder pflegebedürftig werden, von den heutigen Kindern aufgefangen werden. Sie würden also auch von der Erziehungsleistung heutiger Eltern profitieren, »ohne diesen Sondervorteil in irgendeiner Form bezahlen zu müssen«.

Symptomatisch ist der Fall von Rosa Rees, Jahrgang 1920. Sie hatte neun Kinder großgezogen, die später alle gut verdienten und Monat für Monat 8000 Mark in die Rentenkassen einzahlten. Die Lebensleistung der Mutter, die indirekt auch die Volkswirtschaft und den Sozialhaushalt gestärkt hatte, war dem Staat eine Altersrente von mickrigen 360 Mark wert. Sie zog wegen dieser offensichtlichen Ungerechtigkeit bis vor das Bundesverfassungsgericht und erstritt am 7. Juli 1992 eine Entscheidung, die als Trümmerfrauenurteil in die Geschichte einging. Die Verfassungsrichter forderten die Politik seinerzeit auf, diese strukturelle Ungerechtigkeit nach und nach zu verringern. Schließlich seien es gerade Familien mit mehreren Kindern, die das Generationenmodell der Rentenversicherung überhaupt erst ermöglichten.

Es müsse doch jedem ins Auge stechen, klagt Jürgen Borchert, »dass die Rente vieler Omas im Durchschnitt nicht einmal halb so hoch ist wie die durchschnittliche Männerrente und deutlich unter dem Niveau der Grundsicherung im Alter liegt«. Der Kern der Benachteiligung besteht darin, dass Kinder-

---

189 Anne Lenze: »In schlechter Verfassung – Die Familienpolitik in Deutschland«, *Vorgänge – Zeitschrift für Bürgerrechte und Gesellschaftspolitik* 3/2008.

erziehung bis zum heutigen Tag als Ehrenamt gilt und »Mütter in der Logik dieses Systems nichts leisten«, wie es Borchert ausdrückt. Der deutsche Ökonom Friedrich List bemängelte diese Logik schon vor 200 Jahren mit seinem oft zitierten Spruch: »Wer Schweine erzieht, ist ein produktives, wer Menschen erzieht, ein unproduktives Mitglied der Gesellschaft.«[190]

An der Geringschätzung der Leistung von Müttern und Vätern, die ihre Kinder zu Hause großziehen, hat sich bis heute nichts geändert. Die sogenannte Familienpolitik, der in unseren Tagen praktisch alle Parteien anhängen, will Eltern noch heute lieber in die Schweinezucht schicken, als ihr Humankapital zu Hause bei den Kindern verkümmern zu lassen.

Natürlich werden Familien vom Staat auch gefördert, mit Kindergeld, Steuervorteilen, Infrastruktur – gängigen Berechnungen zufolge belaufen sich die Hilfen auf jährlich 200 Milliarden Euro. Das klingt nach viel Geld, nicht selten ernten deshalb Familienverbände Unverständnis, wenn sie die Benachteiligung der Familie beklagen. Das Problem besteht darin, dass es sich um Geld handelt, das der Staat den Familien zuvor über vielfältige Wege abgenommen hat. Denn nicht nur in der Rentenversicherung zahlen die Familien überproportional viel, sondern auch bei den indirekten Steuern wie der Mehrwertsteuer: ganz einfach weil sie mehr konsumieren, zumindest Dinge des täglichen Gebrauchs. Die Sozialrechtlerin Anne Lenze geht davon aus, dass diese Mehrausgaben zum Beispiel leicht die rund 150 Euro aufzehren, die Eltern monatlich als Kindergeld vom Staat erhalten. Die Erhöhung dieses Kindergelds zwischen 1990 und 2002 um den Faktor sechs habe die ökonomische Situation der Familien »nicht im Geringsten verbessern können, da gleichzeitig die Mehrwert-

---

190 Friedrich List: Das Nationale System der politischen Ökonomie, Stuttgart 1841.

steuer und die Mineralölsteuer angehoben und die Ökosteuer eingeführt worden waren«.[191]

Während die Steuern für die reichsten Deutschen massiv gesunken sind, hat sich die Abgabenlast für die Allgemeinheit dramatisch erhöht. Auch das trifft vor allem Familien mit niedrigen und mittleren Einkommen. Borchert rechnet vor, dass Durchschnittsverdiener Abzüge von mehr als 50 Prozent ihres Bruttogehalts hinnehmen müssen. Laut einer Studie aus dem Jahre 2009 ist die Netto-Abgabenlast einer Familie »in Deutschland so hoch wie in kaum einem anderen Land«.[192] Demgegenüber stehen Vermögen oder Kapitaleinkünfte, die nicht oder vergleichsweise gering besteuert werden. Kapital sei flüchtig, lautet die Standarderklärung, würde man die Sätze zu sehr erhöhen, hätte das einen Exodus der Reichen aus Deutschland zur Folge. Weil der Staat trotzdem Einnahmen benötigt, holt er sie von den weniger flüchtigen Bürgern, und das sind in der Regel Arbeitnehmer und Eltern mit Kindern. Das Statistische Landesamt Baden-Württemberg stellte 2002 fest: »Die strukturelle Einkommensungleichheit zwischen Kinderlosen und Paaren mit Kindern konnte auch durch den Ausbau familienpolitischer Leistungen nicht beseitigt werden.« Verglichen mit einem kinderlosen Paar verfüge eine junge Familie mit zwei Kindern nur über die Hälfte des Einkommens.[193]

Werden die Abgaben erhöht, so wie das in Deutschland in den vergangenen Jahrzehnten der Fall war, trifft das wiederum die Familien mehr als Einzelne, weil von dem Lohn mehrere Mäuler gestopft werden müssen, wie es die Sozialpolitik schon in den Fünfzigerjahren erkannte. Um diese Last auszu-

191 Anne Lenze: »Schluss mit der Familienförderung!« Vortrag auf dem Bundesverbandstag des Deutschen Familienverbands im Jahr 2008.

192 Barbara Brandstetter: »Familienförderung lässt in Deutschland zu wünschen übrig«, *Die Welt,* 10.9.2009.

193 Kostas Petropulos: »Populäre Irrtümer zur Demografie – Warum Deutschland seinen Kinderschwund nicht stoppt«, SWR2 Aula, 3.10.2013.

gleichen, wurde der Familienlastenausgleich eingeführt. Diese öffentlichen Ausgaben für die Familien betragen zusammengenommen 1,9 Prozent des Bruttoinlandprodukts, wie im Siebten Familienbericht aus dem Frühjahr 2006 zu lesen war. Ein Vergleich in Europa zeigt, dass der Anteil in Dänemark doppelt so hoch ist, in Frankreich liegt er bei 2,8 Prozent.[194] Im Verhältnis zu ihrem Bruttoinlandsprodukt investieren diese Länder also Milliarden von Euros mehr in die Familie, als dies der deutsche Staat tut. Jürgen Borchert sieht zwischen Deutschland und Frankreich einen Abstand »wie zwischen Champions League und Kreisklasse«.

Wie begegnen die Familien hierzulande dieser Mehrbelastung? Den meisten bleibt nichts anderes übrig als zu arbeiten, Väter wie Mütter, um über die Runden zu kommen. Natürlich ist es dann vordergründig eine Entlastung, wenn sie der Staat nun mit einer Betreuungsinfrastruktur unterstützt. Die Frage bleibt, ob er damit wirklich die primären Interessen der Familien bedient oder nur eine seit Jahrzehnten bestehende und weiter zunehmende Benachteiligung der Familien kaschiert. Ob also, wenn man so will, die Familien die Benachteiligung selbst ausgleichen sollen, die ihnen Staat und Politik über Jahrzehnte auferlegt haben.

Die Bosch-Stiftung ließ 2005 Eltern dazu befragen, was sie sich von der Familienpolitik wünschen. Am wichtigsten war den Eltern, dass sie mehr Zeit mit der Familie verbringen können. Je mehr Kinder die befragten Eltern hatten, umso mehr pochten sie auf höhere finanzielle Hilfen. Der Ausbau der Kinderbetreuungsangebote war für diese Eltern nicht vorrangig.[195] Eltern mit nur einem Kind legten dagegen fast ebenso viel Wert auf mehr Geld wie auf bessere Betreuungsangebote.

194 Jürgen Borchert: Sozialstaatsdämmerung, München 2013.
195 »Kinderwünsche in Deutschland«, Studie der Robert-Bosch-Stiftung, Stuttgart 2006.

» Offenbar versuchen Paare mit einem Kind am ehesten, Beruf und Familie unter einen Hut zu bringen«, folgerten die Autoren. Im Umkehrschluss bedeutet das jedoch, dass der massive Ausbau von Krippenplätzen und Ganztagsschulen kaum dazu führen wird, dass die Geburtenrate nennenswert steigt – ein von der Politik explizit formuliertes Ziel der Krippenoffensive. Gerade den Mehrkindfamilien, die ja anders als die Einkindfamilien rechnerisch tatsächlich dazu beitragen, dass Deutschland vielleicht doch nicht ausstirbt, ist mit dieser einseitigen Förderung mitnichten geholfen.

Alleinerziehend und alleingelassen

Wenn es viele Familien schon schwer haben, über die Runden zu kommen, dann stehen die Alleinerziehenden in Deutschland am Abgrund. Laut Statistischem Bundesamt werden 2,2 Millionen Kinder derzeit von einem Elternteil allein aufgezogen, jede fünfte Familie ist damit alleinerziehend. In neun von zehn Familien kümmert sich die Mutter um die Kinder. 70 Prozent der Alleinerziehenden arbeiten, 45 Prozent sogar Vollzeit. Trotzdem sind 40 Prozent auf Sozialhilfe angewiesen. In Paarfamilien gilt das nur für sieben Prozent.[196] Zu einem gewissen Teil wird die Not sogar von staatlicher Seite verschärft. Die Sozialrechtlerin Anne Lenze stellt fest, dass Alleinerziehende nach einer Reihe von Änderungen im Steuerrecht kaum besser behandelt würden als Singles ohne Kinder. Auch dieser Umstand zwingt viele Alleinerziehende, ganztags zu arbeiten.

Häufig rechtfertigen Politiker den Ausbau der Ganztagsbetreuung mit den Alleinerziehenden, die auf Plätze angewie-

---

196 Anne Lenze: »Alleinerziehende unter Druck«, Studie der Bertelsmann-Stiftung, 10.3.2014.

sen seien. Das ist in zweierlei Hinsicht verlogen. Es gab schon immer Alleinerziehende, aber über Jahrzehnte stand auf keiner politischen Agenda, sie mit Betreuungseinrichtungen zu unterstützen. Erst als klar wurde, dass die Wirtschaft auf ihre Arbeitskraft nicht verzichten konnte, rückten sie etwas mehr in den Blickpunkt. Aber ist es nicht so, dass es für die Betroffenen letztlich keine Rolle spielt, aus welchen Gründen sie die für ihre Existenz dringend nötigen Betreuungsplätze bekommen, Hauptsache, es gibt sie endlich, besser spät als nie? Eben nicht! Denn die Alleinerziehenden zahlen einen hohen Preis für die neue Infrastruktur: Wie Lenze in ihrer Studie zu den Alleinerziehenden darlegt, geht der Bundesgerichtshof davon aus, dass der betreuende Elternteil die Pflicht hat, Vollzeit zu arbeiten, wenn eine ganztägige Betreuung zur Verfügung steht. So entschied das oberste Gericht im Fall einer Lehrerin mit einem siebenjährigen Sohn, für den es einen Hortplatz bis 16 Uhr gab. Und so entschied es für eine Anwaltsgehilfin, Mutter eines achtjährigen Jungen, der bis 18 Uhr in einem Hort untergebracht werden konnte. Auch eine Mutter, deren älteres von zwei Kindern eine ADHS-Diagnose hatte, wurde beschieden, sie müsse ganztags arbeiten. Ihr Argument, sie müsse den Sohn bei den Hausaufgaben unterstützen, ihm eine feste Tagesstruktur vorgeben und aufpassen, dass er seine Medikamente regelmäßig nehme, sahen die BGH-Richter als nicht zwingend an. Diese Aufgaben könne schließlich auch die Betreuungseinrichtung übernehmen.

Lenze kritisiert, dass Alleinstehende heute praktisch gezwungen seien, ihr Kind spätestens zum dritten Geburtstag in Fremdbetreuung zu geben. »Die Ergebnisse der Bindungsforschung, der Pädagogik oder der Soziologie sucht man in der Gesetzgebung und der Rechtsprechung des BGH vergeblich.« Dabei spreche einiges dafür, »dass je länger ein Kind am Tag in Institutionen betreut wird, umso stärker die Eltern gefordert sind, sich dem Kind mit Ruhe und Geduld zu widmen und einen

Ruhepol zu schaffen, in dem sich das Kind trotz seiner außerhäuslichen Aktivität beheimatet fühlt«. Für Kinder von Alleinerziehenden gelte das umso mehr, besonders wenn sie noch unter dem frischen Eindruck der Trennung ihrer Eltern stehen.

Bedrückend ist in Lenzes Studie auch die Statistik, wonach 27 Prozent der Alleinerziehenden abends, 10 Prozent nachts, 45 Prozent samstags und 22 Prozent sogar sonntags arbeiten müssen. Wann bleibt für sie noch Zeit, sich mit Ruhe und Geduld ihren Kindern zu widmen? Aber womöglich arbeitet der BGH ja schon an einem Urteil, das den Frauen bescheidet, natürlich auch nachts arbeiten zu müssen – schließlich gibt es in einigen Städten ja 24-Stunden-Krippen.

Die unselige Debatte um das Betreuungsgeld

Im Jahr 1972 stellte Joseph Beuys auf der Kunstmesse Documenta in Kassel zwei Schiefertafeln auf, auf denen er mit Kreide ein kleines Pamphlet verfasst hatte: »Hausfrauengehalt!« lautete die Überschrift, und Beuys ließ wissen, es werde ein Volksbegehren vorbereitet, um ein Gesetz zu erzwingen, das endlich die Gleichberechtigung von Mann und Frau garantieren solle. Er forderte die Anerkennung der Haushaltstätigkeit als Beruf und damit verbunden ein Hausfrauengehalt, also eine Art Betreuungsgeld.

Dieser Gedanke fand sich 1980 auch im ersten Grundsatzprogramm der Grünen wieder. »Die Mütter und Väter, die sich aus erzieherischer Verantwortung überwiegend ihren Kindern widmen, gegebenenfalls unter Verzicht auf die Ausübung ihres Berufes, leisten eine Arbeit von größter gesellschaftlicher Bedeutung«, heißt es in der 46 Seiten umfassenden Schrift. »Die gesellschaftliche Diskriminierung, die Benachteiligung und Ausbeutung der Frau beruht zum Teil auf ihrer wirtschaftlichen

Unselbstständigkeit und Abhängigkeit. Wir fordern deshalb, dass die Arbeit in Haushalt und Erziehung für die Frau oder den Mann als voll entlohnter Beruf mit Rentenanspruch anerkannt wird. Dieses Erziehungsgeld ist unabhängig vom Kindergeld.«

Im Jahr 1987 dann, als sich in dieser Frage noch immer nichts bewegt hatte, unterzeichneten 20 Frauen der Grünen eine Erklärung. Schon der Name dürfte heute für viele unerträglich sein: »Müttermanifest«.[197] In Deutschland und vielen anderen westlichen Ländern gibt es in letzter Zeit Bestrebungen, den Begriff Mutter aus dem Vokabular zu streichen, weil er Frauen angeblich einseitig auf eine Rolle festlege. Sogar der Straßburger Europarat hat den EU-Mitgliedsstaaten empfohlen, in den Behörden eine »sexistische Sprache« zu vermeiden.[198] Die Gleichberechtigung besteht darin, dass auch der Begriff Vater abgeschafft werden und beides durch das neutrale Wort Elternteil ersetzt werden soll. Auch im angelsächsischen Raum ist heute eher von *Parenting* von *Mothering* die Rede, was nicht ungeteilte Begeisterung hervorruft. Die amerikanische Philosophin Eva Feder Kittay etwa hat angemerkt: »Es ist eine Verzerrung der Wahrheit, die Frauen kaum nützt, wenn man die Tatsache ignoriert, dass die Erziehung von Kindern überwiegend von den Müttern geleistet wird.«[199] Aber im Grunde ist das nur ein Nebenkriegsschauplatz, genauso könnte man es als Verzerrung der Wahrheit bezeichnen, zu übersehen, dass die Erziehung von Kindern keineswegs überwiegend von Müttern geleistet werden *muss*. Eine stärkere Einbindung der Väter ist ja absolut wünschenswert.

Eine der wesentlichen Forderungen der grünen Mütter im

---

197 Im Internet abrufbar z.B. unter www.zwanzigtausendfrauen.at/2011/05/ das-muttermanifest-thesenpapier-1987-von-gisela-erler/, 26.8.2014.

198 »Europarat will »Mutter« und »Vater« abschaffen«, *Die Welt*, 2.9.2010.

199 Julie Stephens: Confronting Postmaternal Thinking: Feminism, Memory and Care, New York 2011, S. 12. Übersetzt vom Autor.

Jahr 1987 lautete jedenfalls: »Wir brauchen eine ausreichende und unabhängige Sicherung für die Betreuungsarbeit, die wir leisten, während wir sie tun und später. Nur wenn solche ausreichenden Sicherungen da sind, kann und wird langfristig auch ein größerer Teil der Männer verantwortliche Betreuungsarbeit übernehmen.«

Wie so oft waren die Grünen also auch bei diesem Thema ihrer Zeit voraus und haben schon vor 25 Jahren das Betreuungsgeld in die politische Debatte eingeführt – umso mehr verwundert es, dass sie die Maßnahme heute erbittert bekämpfen. Das Betreuungsgeld von damals sollte auch nicht jenen Eltern vorbehalten sein, die ihre Kinder nicht in die Krippe geben wollen, sondern allen frisch gebackenen Eltern zukommen. »Die Grünen setzen sich für ein Betreuungsgeld ein«, schrieb die Initiatorin Gisela Erler im *Spiegel,* »das nicht unter 1 200 Mark liegen soll und wahlweise an Mutter oder Vater bezahlt werden soll – für eine Dauer von mindestens 15 Monaten, unabhängig davon, ob die Person vorher berufstätig war.«[200] Es sollte eine spürbare, finanzielle Anerkennung der Arbeit sein, die insbesondere Mütter im Haushalt und bei der Erziehung ihrer Kinder leisten. Wie sich die Zeiten doch ändern.

Im April 2012 fragte *Spiegel Online* prominente Frauen, was sie vom Betreuungsgeld hielten, das gut ein Jahr später tatsächlich eingeführt werden sollte:[201] »Diese Maßnahme verringert den Zugang auf eigenes Erwerbseinkommen. Sie schwächt den flächendeckenden Ausbau eines guten Angebots an Kinderbetreuung und frühkindlicher Bildungsförderung. Dieses Ziel hat unbedingte Priorität«, antwortete die frühere CDU-Familienministerin Rita Süssmuth. »Es zementiert die traditionelle Rollenverteilung zwischen Vätern und Müttern.

---

200 Gisela Erler: »Fast-Food und Kantinenfutter«, *Der Spiegel* 51/1986.
201 Umfrage: »Das Betreuungsgeld ist eine fatale Sackgasse«, *Spiegel Online,* 18.4.2012.

Überdies verleitet es dazu, das Geld nicht für die Kinder, sondern für andere Zwecke zu verwenden«, sagte die Hochschulrektorin Gesine Schwan. Das Betreuungsgeld sei für Frauen ein Rückschritt, fand die Schauspielerin Uschi Glas, sie würden »aus ihrem beruflichen Werdegang herausgerissen«. Maria von Welser, ZDF-Moderatorin und Gründerin von *ML Mona Lisa*, klagte, es könne nicht sein, »dass Eltern Geld dafür bekommen, ihre Kinder nicht zur Kita zu schicken«. Ihre RTL-Kollegin Frauke Ludowig fordert, für das Geld lieber mehr Kita-Plätze einzurichten. Sie halte es für sehr wichtig, dass Kinder »frühzeitig im Kindergarten mit anderen Kindern zusammenkommen und auch entsprechend gefördert werden«.

Es handelt sich hier um Frauen, die eher überdurchschnittlich gut informiert sind und die Debatte relativ genau verfolgt haben dürften. Vielleicht besteht darin gerade das Problem, denn an ihren Antworten zeigt sich, dass die Propaganda der Krippenbefürworter wirkt und vieles in der Diskussion durcheinander geraten ist. Etwa bei Frauke Ludowig: Der Kindergarten ist eine Einrichtung, die in der Regel Kinder ab drei Jahren besuchen. Betreuungsgeld erhalten Eltern höchstens, bis das Kind drei Jahre alt ist. Das eine hat mit dem anderen nichts zu tun. Eltern können zunächst Betreuungsgeld beziehen, derzeit 150 Euro monatlich, und anschließend ihr Kind in den Kindergarten geben. Erstaunlich ist auch das Argument von Uschi Glas, 150 Euro monatlich würden Mütter vom Arbeiten abhalten. Wer dieses Argument ernst nimmt, müsste sämtliche familienbezogenen Leistungen abschaffen, denn auch Elterngeld oder Kindergeld halten Mütter womöglich vom Arbeiten ab. Schließlich wäre interessant von Rita Süssmuth zu erfahren, wer genau beschlossen hat, dass der Ausbau der Kinderbetreuung und die frühkindliche Bildung Priorität haben müssen. Die Eltern? Zum zweiten sollte sie als frühere Familienministerin wissen, dass die Erfolge frühkindlicher Bildung bei Kleinkindern äußerst dürftig sind.

Frauensolidarität kennt offensichtlich Grenzen. Die fünf befragten Frauen waren oder sind alle beruflich erfolgreich. Vielleicht kommt ihnen deshalb nicht in den Sinn, dass es Frauen geben könnte, die es vorziehen, auf Karriere zu verzichten und bei ihrem Kleinkind zu Hause zu bleiben. Und dass einige dieser Frauen durchaus darauf angewiesen sein könnten, zu Monatsbeginn 150 Euro mehr in der Tasche zu haben.

Doch dieser Gedanke war vielen Politikern zu profan. Gerade das linksliberale Lager, das bisher nicht durch übermäßige Kritik an Sozialleistungen aufgefallen ist, sah die Möglichkeit, sich auf Kosten einer in ihren Augen reaktionären Gruppe der Bevölkerung zu profilieren.

Im Jahr 2002 taucht in der linksalternativen *taz* der Begriff »Herdprämie« als Synonym für das Betreuungsgeld zum ersten Mal auf[202] und gibt die Stoßrichtung der Debatte vor: Von nun an geht es um die Denunziation von Frauen, die nicht arbeiten. Selbst in der CDU ist die berufstätige Frau zum Idealbild aufgestiegen. Die Tageszeitung *Die Welt* analysiert später, dass sich das neue Rollenbild der Frau zwar zunehmend durchgesetzt habe, aber noch mit Unsicherheiten behaftet sei.[203] »Die Stereotypenforschung kennt solche Situationen: Ist die eigene Identität nicht mehr selbstverständlich, wird versucht, sie durch Abgrenzung zu stabilisieren – in diesem Fall gegenüber Menschen, die angeblich noch in den alten Rollenbildern leben.«

So sensibel im sonstigen Diskurs um Gleichberechtigung und Chancengleichheit auf die Wahl der Worte geachtet wird, beim Betreuungsgeld brechen alle Dämme der politischen Korrektheit: Die *taz* erfindet auch das Wort »Gluckengehalt«, und Oskar Lafontaine wird von einer SPD-Politikerin öffentlich eine blonde Barbiepuppe und ein Spielzeugherd überreicht, weil seine damalige Frau Christa Müller für das Betreu-

---

202 Peter Müller, René Pfister: »Die Zeitmaschine«, *Der Spiegel* 46/2012.
203 Robin Alexander: »Auf den Herd gekommen«, *Die Welt*, 11.11.2012.

ungsgeld eingetreten ist. Immerhin erklären Sprachkritiker den Begriff »Herdprämie« zum Unwort des Jahres 2007.

Seltener werden ernsthafte Argumente gegen das Betreuungsgeld vorgebracht. Eines lautet: Warum sollen Eltern Geld erhalten, nur weil sie eine staatliche Institution nicht in Anspruch nehmen? Man zahle ja auch niemandem etwas, der keine Oper besuche, obwohl auch die hauptsächlich vom Staat finanziert wird. Das klingt halbwegs plausibel, aber auch wer keine Kinder hat, wird schnell einsehen: Nicht in die Oper zu gehen, hat keine Konsequenzen. Wer aber seine Kinder nicht in staatliche Betreuung gibt, muss sie trotzdem erziehen, und das hat sehr wohl Konsequenzen: zum Beispiel die, dass sich der Staat etwa 1100 Euro im Monat spart, die ein Krippenplatz durchschnittlich kostet. Er spart zwar nicht an den Kosten für die Gebäude selbst, aber beim Unterhalt der Einrichtungen – dem auf Dauer größten Kostenblock. Ein anderes Argument gegen das Betreuungsgeld lautet: Was können 150 Euro Betreuungsgeld schon groß an der Gesamtsituation einer Familie ändern? Erstaunlicherweise kommt die Frage häufig von Menschen, die politisch links stehen oder sozial engagiert sind. Menschen, die bei jeder noch so minimalen Kürzung für sozial Schwache sofort aufschreien und zu Recht betonen, wie viel es für arme Menschen bedeuten kann, ein paar Euro mehr oder weniger in der Tasche zu haben. Es bedarf schon einer erheblichen ideologischen Blindheit, das eine zu sehen und gleichzeitig zu ignorieren, dass gerade für viele Familien in Deutschland jeder Euro zählt.

Vielleicht steckt dahinter auch ein Gedanke, den freilich kein Mensch und erst recht kein Politiker so formuliert, weil er eine massive Diskriminierung darstellen würde: dass Eltern, die auf 150 Euro angewiesen sind, ja offensichtlich in prekären Verhältnissen leben und ihren Kindern deshalb nichts Besseres passieren kann, als frühzeitig in den Genuss staatlicher Erziehung zu kommen.

Wenn es etwas am Betreuungsgeld zu kritisieren gibt, dann ist es die Höhe: Es ist zu niedrig. Zu niedrig im Vergleich zur Ersparnis, die der Staat hat, wenn Eltern ihre Kinder nicht in die Krippe schicken. Zu niedrig auch im internationalen Vergleich: Selbst Schweden, ein Land, das Frauen lieber in der Arbeit sieht als zu Hause beim Kind, zahlt diesen Eltern 330 Euro im Monat, Norwegen sogar bis zu 600 Euro. Die britische Wissenschaftlerin Catherine Hakim von der London School of Economics fordert, die Mittel zur Subvention von Kindertagesstätten sollten lieber in die Unterstützung jener Eltern fließen, die zu Hause bleiben und sich um ihre Kinder kümmern wollen – und das besser und billiger als jede Kita.[204] Der britische Forscher Edward Melhuish, federführend bei der EPPE-Studie, sagt: »Wenn man keine Kompromisse bei der Qualität eingehen möchte, sind die Kosten für die Subventionierung der Kinderbetreuung für Unterzweijährige durchaus vergleichbar mit einer großzügigen Elternzeit.«[205] Demnach ist das derzeit geltende Betreuungsgeld von 150 Euro monatlich nicht mehr als eine symbolische Pseudo-Anerkennung für die Leistung der Eltern, die in den ersten Jahren bei ihren Kindern bleiben. Nach der jahrelangen Debatte um das Betreuungsgeld, die destruktiv und aus Sicht vieler Eltern verletzend geführt wurde, ist von der Anerkennung auch sonst leider wenig geblieben.

Nicht nur deutsche Politiker haben sich übrigens dezidiert gegen das Betreuungsgeld gestellt, sondern auch Wissenschaftler: Am 24. September 2012 veröffentlichte *Die Zeit* einen gemeinsamen Aufruf von 40 Ökonomen, Soziologen, Psychologen, Erziehungswissenschaftler, Mediziner und Juristen: Das Betreuungsgeld widerspreche einer modernen Familienpoli-

---

204 Steve Biddulph: Das Geheimnis glücklicher Babys, München 2007, S. 46.
205 Ebda., S. 78.

tik.[206] Gleich zu Beginn erklären die Wissenschaftler, was unter moderner Familienpolitik zu verstehen sei: der bedarfsgerechte Ausbau der Kindertagesbetreuung. Er sei »ein politisches Ziel, auf das man sich gesellschaftlich verständigt« habe – wobei es das Geheimnis der Wissenschaftler bleibt, wo und wann diese Verständigung stattfand. Das Betreuungsgeld konterkariere diese neue Familienpolitik, heißt es in dem Aufruf weiter, in Skandinavien habe sich gezeigt, dass dort durch ähnliche Maßnahmen »neben der Erwerbsbeteiligung von Müttern auch die Nutzung frühkindlicher Bildungs- und Betreuungseinrichtungen zurückgegangen« sei.

Die Argumentation erweckt den Anschein wissenschaftlicher Seriosität, schließlich zählen zu den Unterzeichnern Kapazitäten wie die frühere Leiterin des Instituts für Arbeitsmarkt- und Berufsforschung, Jutta Allmendinger, der Bildungsforscher Klaus Hurrelmann, der Leiter des Instituts der deutschen Wirtschaft, Michael Hüther, oder der Frühpädagoge Wassilios Fthenakis. Aber die Argumentation ist keineswegs wissenschaftlich, sondern höchst einseitig und vor allem ideologisch motiviert. Der Rückgang bei der Krippennutzung in Schweden könnte nämlich ebenso damit erklärt werden, dass diese zusätzliche Geldleistung es manchen Eltern überhaupt erst ermöglicht, ihren Wunsch umzusetzen, die Kinder länger zu Hause zu behalten und sich selbst um sie zu kümmern. Aber diese Option lassen die Wissenschaftler offensichtlich nicht gelten, für sie gibt es keine Wahlfreiheit. Eltern, die ihre Kinder früh in die Krippe geben und dann wieder arbeiten, verhalten sich richtig, der Rest besteht aus hinterwäldlerischen Abweichlern.

Weiter beklagen die Forscher, »besonders in einkommensschwachen Familien wurde die Neigung bestärkt, kleinere

---

206 »Das geplante Betreuungsgeld widerspricht einer modernen Familienpolitik. Eine Warnung führender Wissenschaftler an die Politik«, *Die Zeit* 38/2012.

Kinder ausschließlich in der Familie zu erziehen«. In weniger vornehmen Worten bedeutet das, dass Niedrigverdiener generell eher nicht in der Lage sind, einzuschätzen, was das Beste für ihre Kinder ist, und dass sie dafür um Gottes willen nicht auch noch vom Staat belohnt werden dürfen. Also wieder das Schnapsgeld-»Argument« der FDP-Politikerin Cornelia Pieper. Wobei sich Wissenschaftler so natürlich nicht ausdrücken dürfen. Deshalb heißt es im Aufruf weiter: »Von einer guten pädagogischen Qualität einer Kindertagesbetreuung könnten Kinder, deren Eltern Anreize für eine Nichtnutzung haben, nicht profitieren.« Hätten die Wissenschaftler die bereits erwähnte Nubbek-Studie gelesen, dann wüssten sie, dass Kinderbetreuung in Deutschland aber nur sehr selten von guter, dafür aber umso häufiger von mittelmäßiger oder schlechter Qualität ist.

Am Ende des Appells heißt es: »Eine an den Lebenswünschen der großen Mehrheit der Bevölkerung und den Erkenntnissen der Wissenschaft orientierte Familienpolitik sollte auf das geplante Betreuungsgeld verzichten.« Wieder stellt sich die Frage, welche exklusiven Daten zu den Lebenswünschen deutscher Eltern die Unterzeichner dieses Appells vorliegen hatten. In einer Emnid-Umfrage aus dem Jahr 2008 waren 49 Prozent der Befragten der Ansicht, Mütter sollten bei ihren kleinen Kindern bleiben, weil dies die beste Betreuung für die Kinder sei. Nur 41 Prozent fanden, die Mütter sollten auch arbeiten gehen.[207] Eine europaweite Umfrage im Jahr 2011 ergab, dass 61 Prozent der Mütter mit ihren Kinder bis zum dritten Lebensjahr am liebsten zu Hause bleiben würden.[208]

Es gibt auch Umfragen, bei denen sich eine Mehrheit für die

---

207 N24-Emnid-Umfrage: »Bundesbürger favorisieren Kinderbetreuung durch die Mutter zu Hause«, 14.5.2008.

208 »Was Müttern in Europa wichtig ist«, Online-Befragung durch Mouvement Mondial des Mères-Europe, 2011, abzurufen unter www.mmmeurope. org, 26.8.2014.

Berufstätigkeit von Müttern mit kleinen Kindern aussprach, im Ravensburger Elternsurvey aus dem Jahr 2010 zum Beispiel äußerten dies 60 Prozent der befragten Väter und Mütter.[209] Aber von einem eindeutigen Meinungsbild bei einer »großen Mehrheit der Bevölkerung« kann keine Rede sein. Und mit den »Erkenntnissen aus der Wissenschaft« haben die Unterzeichner wohl vor allem ihre eigenen Ansichten gemeint. Kann es sein, dass es den Wissenschaftlern nur um die Deutungshoheit auf diesem Feld ging, wie ein Leser auf der Online-Kommentarseite der Zeitung am Ende des Beitrags notierte?[210] In diesem Fall wäre es seriöser gewesen, den Appell nicht als wissenschaftliche Expertise zu tarnen, sondern als Privatmeinung einer politisch, wirtschaftlich oder anderweitig motivierten Interessengruppe.

209 »Elterliches Wohlbefinden, öffentliche Unterstützung und die Zukunft der Kinder – der Ravensburger Elternsurvey«, Stiftung Ravensburger Verlag, Januar 2010.
210 Siehe www.zeit.de/2012/38/B-Betreuungsgeld-Resolution, 26.8.2014.

10

FRAUEN IN DIE PRODUKTION?

Bis vor einigen Jahrzehnten konnten verheiratete Frauen in Deutschland kein eigenes Bankkonto eröffnen und waren nur beschränkt geschäftsfähig. Der Paragraf 1356 des Bürgerlichen Gesetzbuches untersagte Frauen bis 1977 zu arbeiten, wenn sie damit ihre Haushaltspflichten vernachlässigten. Frauen waren nur berechtigt, »erwerbstätig zu sein, soweit dies mit ihren Pflichten in Ehe und Familie vereinbar ist«, hieß es wörtlich im Gesetz. Wenn sie tatsächlich arbeiten wollten, benötigten sie die schriftliche Zustimmung des Ehemanns. Auch das Frauenwahlrecht gibt es in Deutschland noch keine 100 Jahre. Und die Vergewaltigung in der Ehe ist erst seit 1997 ein Straftatbestand in Deutschland. Noch bis vor kurzem galten bei uns Paragraphen und Zustände als normal, die heute unglaublich erscheinen und völlig zu Recht auf dem Müllhaufen der Geschichte gelandet sind. Es gibt keinen Zweifel, dass die Frauenbewegung viel erreicht und zum Guten verändert hat, vor allem in der westlichen Welt.

Doch zu Müttern scheint sie ein gespaltenes Verhältnis zu haben, insbesondere zu jenen Müttern, die sich zu wenig um ihren eigenen Status kümmern und zu sehr um ihre Kinder.

»Keine Frau sollte die Option haben zu Hause zu bleiben, um ihre Kinder großzuziehen«, sagte schon die französische Philosophin Simone de Beauvoir. »Denn wenn Frauen die Möglichkeit haben, werden viel zu viele auch davon Gebrauch machen.«[211] Für viele Feministinnen bedeutet es offenbar noch heute einen Verrat an der gemeinsamen Sache, wenn Frauen das hart erkämpfte Recht auf gleiche Beschäftigung wie für Männer nicht ausüben. Das Recht zu arbeiten stellt in ihren Augen eine Befreiung aus der unverschuldeten Abhängigkeit von den Männern dar, was in vielen Fällen auch zutrifft. Die Berufstätigkeit sei »fundamentale Voraussetzung für die Befreiung« der Frau, schrieb Alice Schwarzer 1973 in ihrem Buch *Frauenarbeit – Frauenbefreiung*. Sie beklagte zwar die mangelnde Anerkennung der Arbeit von Frauen im Haushalt, betonte aber: »Nur die entlohnte Arbeit gewährt der Frau eine relative materielle Unabhängigkeit, auch vom Ehemann.«

Auf faule Kompromisse sollten sich die Frauen dabei bloß nicht einlassen. Auf Teilzeitarbeit zum Beispiel, laut Schwarzer »für das Kollektiv der Frauen diskriminierend, da nur in unqualifizierten Berufen praktikabel«. Oder auf »Sackgassenberufe« wie Sekretärin, Assistentin, Stewardess – »sie schließen selbst die theoretische Möglichkeit eines beruflichen Aufstiegs kategorisch aus«. Abzulehnen sei auch ein Hausfrauengehalt, weil es »die Abhängigkeit der Ehefrau vom Ehepartner und die Zuständigkeit eines Geschlechts für Haus und Kinder nur zementieren würde«. Schwarzer warnte eindringlich: »Dieses Präsent ist eine Zeitbombe.«

Stattdessen empfahl die bis heute einflussreichste deutsche Feministin ihren Geschlechtsgenossinnen, dafür einzutreten, dass Erziehungs- und Haushaltsarbeit vom Kollektiv übernommen werden. »Das heißt: ausreichend 24-Stunden-Krippen und -Kindergärten, die von Frauen und Männern betrieben werden; Kinderhorte und Ganztagsschulen, in denen die Geschlechterrollen nicht perpetuiert werden, denn an der Reproduktion der Gattung haben nicht nur Mütter, sondern die

---

211 Anne Manne: »Love and Money – The Family and the Free Market«, *Quarterly Essay*, Heft 29/2008.

gesamte Gesellschaft ein elementares Interesse – es ist nicht einzusehen, warum die Kindererziehung ausschließlich den Frauen aufgebürdet werden soll.«

Dass ihnen die Kindererziehung nicht allein aufgebürdet werden soll, werden sicher viele Frauen unterschreiben. Aber warum die Eltern deshalb ihre Kinder nur noch vom Kollektiv versorgen lassen sollten, ist weniger nachvollziehbar. Schwarzer betont zwar, dass sie für die »Vermenschlichung der Gesellschaft« eintrete, aber zumindest ihr Konzept der Kindererziehung erschien nicht allen Frauen als besonders menschlich. Bei allen Verdiensten fühlten sich nicht alle Frauen durch den Feminismus vertreten und manche Frauen sogar ausgeschlossen.

Indem der Feminismus fast ausschließlich diejenigen Frauen als emanzipiert wahrnimmt, die einer bezahlten Arbeit nachgehen, hat er sich zudem auf eine unheilige Allianz mit den Triebkräften des freien Marktes eingelassen. Die Soziologin Arlie Hochschild zieht den Vergleich zum Geist des Protestantismus.[212] Dieser Glaube lässt sich, wie Max Weber einst feststellte, hervorragend für die Zwecke der Kapitalisten missbrauchen. Die Katholiken durften sich von jeher der Erlösung sicher sein, wenn sie sich den Dogmen und Vorschriften ihrer Kirche unterwarfen. Für den Protestantismus reichte das nicht, Gottes Wille zu erfüllen bedeutete für sie auch Fleiß und Mühen in allen irdischen Dingen, insbesondere bei der Arbeit. Max Weber fiel auf, dass sich zwei völlig fremde Welten – Protestantismus und Kapitalismus – gegenseitig antrieben.

Eine ähnliche Funktion erfülle auch der Feminismus, der die Emanzipation der Frau nur in der Arbeitswelt für möglich hält, argumentiert Hochschild. Tatsächlich haben Arbeitgeberverbände, Wirtschaftslobbyisten und neoliberale Ökonomen die Sache der Frauen lautstark unterstützt – nicht zuletzt

---

212 Ebda.

weil Frauen eher als Männer bereit sind, Teilzeit zu arbeiten. Sie stellen somit einen willkommenen Puffer für die Launen des Weltmarkts dar. Beide Bewegungen, der Feminismus und die Markt-Ideologen, haben ein gemeinsames Ziel: »*Putting more women to work*«, mehr Frauen in die Arbeit.[213] So lautete auch der Titel eines Kolloquiums, das die OECD veranstaltete – und den viele Feministinnen vorbehaltlos unterschreiben würden.

Auch die Krippenbefürworter erhoffen sich Unterstützung von der Frauenbewegung: In Ländern wie Kanada, USA oder auch Deutschland, wo Kinder noch immer als Teil der Privatsphäre von Familien gesehen werden, könnte die Idee vom »öffentlichen Kind«, das größtenteils in Betreuungseinrichtungen jenseits des Elternhauses aufwächst, schwer vermittelbar sein, argwöhnte vor einigen Jahren die kanadische Politikwissenschaftlerin Rianne Mahon, entschiedene Anhängerin der Fremdbetreuung von Kleinkindern. Sie sagte voraus, dass dieses »neue Kind« Verbündete brauchen werde, und dass sich diese Verbündeten wohl am ehesten »bei den Feministinnen und Gewerkschaften« finden ließen.[214]

Der Zwang zur Selbstverwirklichung

Für die wenigsten Arbeiter und Angestellten bedeutet der tägliche Gang in die Produktion oder ins Büro einen Akt der Selbstverwirklichung. Schon Winston Churchill erkannte, dass es zwei Sorten von Menschen gibt: eine privilegierte Minderheit, die in ihrer Arbeit Erfüllung findet – und den Rest.

213 Ebda.
214 Rianne Mahon: »The OECD and the reconciliation agenda: Competing blueprints«, Childcare Resource and Research Unit's Occasional Paper, University of Toronto, Juli 2005. Übersetzt vom Autor.

Das hätte auch den Feministinnen auffallen können. Mary Ann Mason, Rechtsprofessorin an der Universität Berkeley, warnte schon Ende der Achtzigerjahre vor der »Gleichheitsfalle«.[215] Sie unterschied zwischen Frauen, die arbeiten wollen, und Frauen, die arbeiten müssen. In den Siebzigerjahren vollzog die Wirtschaft in den USA – und das gilt mit etwas Verzögerung auch für andere Länder der westlichen Welt – einen dramatischen Kurswechsel weg von der Produktion hin zu den Dienstleistungen. Damit wurde das Modell des Vaters, der mit seinem relativ guten Gehalt die ganze Familie versorgt, zum Anachronismus. Weil die Männer im Schnitt immer weniger verdienten, mussten mehr und mehr Frauen arbeiten. Aber, fügt Mary Ann Mason hinzu, es sei eine relativ kleine, privilegierte Gruppe von Frauen gewesen, die in die bisher Männern vorbehaltenen Führungspositionen drängten. Genau diese privilegierte Gruppe habe die Frauenbewegung dominiert. »Diese Frauen zerbrachen sich nicht groß den Kopf über die Probleme und Nöte von Sekretärinnen oder alleinerziehenden Müttern.«

Die Autorinnen Theresa Bäuerlein und Friederike Knüpling, beide Anfang dreißig, haben für diese Frauen die bösen Bezeichnungen »Karriere-Barbies« erfunden und veröffentlichten im April 2014 ein Buch mit dem Titel *Tussikratie*. Die These: Die Frauen, die sich nach der sogenannten gläsernen Decke strecken, hätten nicht viel Gemeinsamkeiten mit »der siebenfachen Mutter auf einem Hof in den Bergen« oder der freiberuflichen Fotografin, die um die Welt reist. Der Kampf für mehr Frauen in Spitzenpositionen sei »kein edler Kampf für unterdrückte Frauen«, sondern bediene allein die Interessen einer Elite, die Karriere machen will. Gleichzeitig verhöhnten diese Frauen »das eigentliche Ziel des Feminismus: Wahlfreiheit«.

215 Mary Ann Mason: The Equality Trap, New York 1988.

»Knüpling und Bäuerlein mögen Männer offensichtlich« und sähen in ihnen nicht nur übermächtige Gegner, stellte eine Rezensentin des Buchs in der *Süddeutschen Zeitung* irritiert fest. Dabei verläuft der Graben in den meisten Büros und Fabriken eben nicht zwischen Mann und Frau, sondern eher zwischen Angestellten beziehungsweise Arbeitern – und ihren Chefs. Auch die meisten Männer stoßen an die gläserne Decke, weil ihnen Kompetenz und Einsatzbereitschaft, aber auch Machtwille, die nötige Skrupellosigkeit und andere Eigenschaften fehlen, die sie für höhere Aufgaben qualifizieren würden. Es gelingt also längst nicht allen Männern, Karriere zu machen. Es sind aber auch nicht alle Männer darauf versessen.

Die britische Soziologin Catherine Hakim befragte Mütter nach ihren Wünschen und was sie davon abhielt, nach der Geburt ihrer Kinder an den Arbeitsplatz zurückzukehren.[216] Sie fand heraus, dass viele von ihnen sich bewusst entschieden hatten, zu Hause bei ihren Kindern zu bleiben. Wenn Geld keine Rolle spielen würde, so ergab ihre Befragung, würden nur fünf Prozent der jungen Mütter Vollzeit arbeiten wollen, drei Viertel bevorzugten Teilzeit und das restliche Fünftel wollte überhaupt nicht mehr arbeiten.

In der Praxis können Frauen mit Kindern kaum im Rattenrennen um Karriere und beruflichen Erfolg bestehen, bemerkt die australische Publizistin Anne Manne.[217] Der Aufstieg in die Spitzenpositionen bleibe meist den weiblichen Workaholics vorbehalten, die den ganzen Tag arbeiten, nie eine Auszeit nehmen und schon ihr ganzes Leben gewohnt sind, mit anderen Männern zu konkurrieren. Wenn Frauen tatsächlich in diese Domäne einbrechen und dann Kinder bekommen, stehen sie permanent vor der Abwägung: Kind oder Karriere?

---

216 Anne Manne: »Love and Money – The Family and the Free Market«, *Quarterly Essay*, Heft 29/2008.
217 Ebda.

Denn was dem Kind nützt, schadet dem Lebenslauf. Besonders schwer wird die Karriere für die Frau, bemerkt Anne Manne, wenn die »Frau an ihrer Seite« fehlt, also der Mann auch Vollzeit arbeitet. Dann bleibt es häufig bei den alten Rollenmustern: Für den Haushalt ist die Frau zuständig.

Karriere bis zur Erschöpfung

Seit Jahren registrieren die Krankenkassen in Deutschland eine steigende Zahl von Frauen, die unter der Last ihrer Aufgaben kollabieren. In Baden-Württemberg gab die AOK 2013 bekannt, die Zahl der bewilligten Mutter-Kind-Kuren hätte innerhalb von drei Jahren um 45 Prozent zugenommen.[218] Das Müttergenesungswerk verweist darauf, dass heute vor allem psychische Störungen – Burnout, Angstzustände, Erschöpfung – die Ursache seien, warum Mütter eine Kur beantragen. Der Anteil stieg seit 2003 von 49 Prozent auf 82 Prozent im Jahr 2012. Im selben Zeitraum kletterte der Anteil der Frauen, die Vollzeit arbeiteten und eine Kur beantragten, von 16 auf 22 Prozent, und der Anteil der Teilzeitbeschäftigten von 16 auf 42 Prozent. Der Anteil der Alleinerziehenden liegt inzwischen bei einem Drittel. Auch der finanzielle und soziale Hintergrund der Frauen hat sich geändert. »Wir haben zurzeit die am besten ausgebildete Frauengeneration aller Zeiten«, wird eine Geschäftsführerin von drei Mütter-Kurheimen in der *Stuttgarter Zeitung* zitiert.[219]

Das bestimmende Lebensgefühl vieler Frauen heute: Stress. Laut einer Umfrage der Techniker Krankenkasse geht das 63 Prozent der Frauen so. Jede vierte Frau gibt sogar an, per-

---

218 Mathias Bury: »Die Doppelrolle macht viele Mütter krank«, *Stuttgarter Zeitung*, 8.8.2013.
219 Ebda.

manent unter Strom zu stehen. Laut Anne Schilling, der Geschäftsführerin des Müttergenesungswerks, ist die Gesundheit der Mütter in Deutschland »anhaltend kritisch«. Jede fünfte müsste »eigentlich sofort eine Kurmaßnahme antreten«. Seit Kurzem bietet das Müttergenesungswerk auch Vater-Kind-Kuren an, weil »der Bedarf auch bei den Vätern steigt«.[220]

Die Stiftung feierte 2013 ihren 60. Geburtstag. Anne Schilling resümierte zu diesem Anlass, die Situation für Mütter sei heute nicht viel weniger dramatisch ist als in den Fünfzigerjahren. Damals wie heute seien sie »für alles verantwortlich, was in der Familie schiefläuft«.[221] In der Gegenwart werde allerdings noch zusätzlich erwartet, dass sie gut aussehen, sportlich sind und Karriere machen. Dementsprechend klagten 72 Prozent der Mütter, denen eine Kur genehmigt wurde, über die berufliche Belastung. Unter der mangelnden Anerkennung für ihr enormes Arbeitspensum leide jede Dritte. Der Hannoveraner Mediziner Jürgen Collatz spricht deshalb vom »Leitsyndrom mütterlicher Erschöpfung«, das von den Krankenkassen zunehmend anerkannt wird.[222] Offensichtlich sind Beruf und Familie nicht für alle Frauen so leicht zu vereinbaren, wie es die Politik suggeriert. Und ins Bild der befreiten berufstätigen Frau, wie es der Feminismus gern zeichnet, wollen diese Zahlen auch nicht so recht passen.

[handwritten marginalia:]

alt : Frau = Haushalt   Mann = Arbeit

neu : Frau = Haushalt + Arbeit   Mann = Arbeit

soll : Frau = $\frac{Haushalt}{2}$ + Arbeit   Mann = $\frac{Haushalt}{2}$ + Arbeit

220 »Erste Vater-Kind-Kuren mit väterspezifischen Qualitätsmerkmalen«, Pressemitteilung des Müttergenesungswerks, Berlin, 4.6.2014.

221 Daniela Martens: »Mama, entspann dich!«, *Der Tagesspiegel*, 11.5.2013.

222 Collatz et al.: Mütterspezifische Belastungen – Gesundheitsstörungen – Krankheit: Das Leitsyndrom zur Begutachtung und Indikationsstellung von Mütter- und Mutter-Kind-Kuren, Berlin 1998.

Die Entmutterung der Frauen

Die feindselige Haltung vieler einflussreicher Feministinnen gegenüber Müttern, auch das wurde bisher nicht hinreichend reflektiert, bedeutet umgekehrt die Verklärung des arbeitssüchtigen Mannes, der konsequent seine Familie vernachlässigt, als Idealbild. Es gibt sehr wohl Frauen, sogar eine Frauenbewegung, die Gleichberechtigung immer darin verstand, sich nicht den Spielregeln der männerdominierten Welt zu unterwerfen, sondern eigene Werte entgegenzusetzen. Einer dieser Werte war die Mütterlichkeit. Der Begriff wirkt antiquiert, obwohl er zeitlos ist: Der Psychotherapeut Hans-Joachim Maaz verbindet damit »menschlich-soziale Haltungen und Einstellungen« wie Liebe, Sorge oder Einfühlsamkeit.[223] Mütterlichkeit sei nicht an ein Geschlecht gebunden, auch Väter könnten mütterlich sein und Mütter väterlich.

Die Gießener Familienökonomin Rosemarie von Schweitzer versteht den Begriff zum Beispiel als Kontrast zu einer auf Effizienz und kurzfristigen Gewinn getrimmten Wirtschaft, die letztlich auf der »strukturellen Rücksichtslosigkeit« der Männer beruht.[224] Dieses System, das auf Eigennutz und Selbstbedienung ausgerichtet ist, funktioniert gerade so lange, bis Menschen alt oder krank werden. Dann sind auf einmal wieder weibliche Nachhaltigkeit und Pflege gefordert. Der Psychotherapeut Maaz beklagt darum, in der heutigen Gesellschaft, die auch Frauen ermutigt, die Ellenbogen auszufahren, werde Mütterlichkeit nicht mehr wertgeschätzt.

Das war bis vor Kurzem anders. Noch vor dreißig Jahren

---

223 Hans-Joachim Maaz: »Mangel an Mütterlichkeit in der vereinten deutschen Gesellschaft«, in: Problemfall deutsche Einheit. Interdisziplinäre Betrachtungen zu gesamtdeutschen Fragestellungen, Wiesbaden 2004.

224 »›Lebensmittel‹ Familie« – Tagungsbericht: Familienleistung aus Sicht verschiedener Fachrichtungen, Österreichisches Institut für Familienforschung, abzurufen unter www.oif.ac.at, 26.8.2014.

gründete sich eine Umweltorganisation mit dem Namen »Mütter gegen Atomkraft«. Als nach dem Atomgau in Tschernobyl der radioaktive Fallout auch Deutschland erreichte, schlossen sich Frauen 1986 zusammen, weil sie neben allen politischen Fragen eine Sorge einte: die Sorge um die Gesundheit ihrer Kinder. Der Verein existiert bis heute und kämpft gegen die unkalkulierbaren Risiken der Atomkraft. Nach ähnlichem Muster entstanden Vereine wie Mütter gegen den Krieg, in den USA haben sich Mütter in Vereinen wie *Mothers against violence* oder *Mothers against guns* zusammengeschlossen. Niemand hat sich über diese Vereine gewundert, es schien lange Zeit nur konsequent zu sein, dass sich gerade Mütter Gedanken um ihre Kinder und damit die nachfolgenden Generationen machen. Vielmehr standen und stehen sie in der Tradition von feministischen Denkerinnen wie der Anfang 2011 verstorbenen Amerikanerin Sara Ruddick.

Ruddick hatte sich mit der Frage beschäftigt, was es eigentlich bedeutet, ein Kind zu »bemuttern«, wie das die eigenen Sinne, die eigene Wahrnehmung verändert. Es bedeute, so schrieb sie, zunächst einmal die Einsicht, dass Kinder »kleine, machtlose, unvollständig entwickelte Subjekte« seien, die Hilfe brauchten.[225] Diese Einsicht schließe insbesondere die Fähigkeit ein, das Kind bedingungslos zu lieben, dessen Natur und Willen zu akzeptieren, sowie die instinktive Wahrnehmung der Gefühle eines Wesens, das sich mit Worten noch nicht artikulieren kann. Aufgrund dieser elementaren Erfahrungen und ihres veränderten Bewusstseins seien Mütter bestens gerüstet, destruktiven Entwicklungen wie Militarismus, Gewalt oder Krieg zu widerstehen, glaubte Ruddick.

Seit jeher werden Frauen mit Friedfertigkeit in Verbindung gebracht. Ein Kind zu gebären steht offensichtlich im Gegen-

---

225 Julie Stephens: Confronting Postmaternal Thinking: Feminism, Memory and Care, New York 2011, S. 11.

satz zu Mord und Totschlag. Ruddick argumentierte, die ausgleichende Rolle von Frauen in der Familie prädestiniere sie dafür, in politischen Konflikten zu vermitteln und Friedensverhandlungen zu führen. Schon in den Siebzigerjahren schrieb der Philosoph Herbert Marcuse, die Isolierung »von der entfremdeten Arbeitswelt des Kapitalismus« habe es der Frau immerhin ermöglicht, »durch das Leistungsprinzip weniger brutalisiert zu werden«.[226] Die Befreiung der Frau müsse nicht die »weibliche Natur« überwinden. »Solche Gleichstellung von Mann und Weib wäre regressiv; sie stellte nur eine neue Form weiblicher Anerkennung des männlichen Prinzips dar.« Marcuse glaubte sogar, die »weibliche Gegenkraft« könne noch »zu einem der Totengräber der patriarchalischen Gesellschaft werden«.

Im Zuge der einseitigen nur noch auf das Erwerbsleben der Frau fixierten Emanzipation schrumpfte die Bedeutung der Mütterlichkeit. Die amerikanische Sozialtheoretikerin und Feministin Ann Orloff stellte fest, dass Frauen in der politischen Debatte nur noch als Arbeitnehmerinnen oder Bürgerinnen ernst genommen wurden.[227] Die Ablehnung mütterlicher Eigenschaften ging so weit, dass sich schwangere Frauen »auf einen irgendwie primitiven und beschämenden Zustand« zurückgeworfen sähen, schreibt die australische Sozialwissenschaftlerin Julie Stephens.[228] Vor einigen Jahren brachten die beiden US-Autorinnen Naomi Wolf und Rachel Cusk, ihre Eindrücke während der Schwangerschaft und ihrer Mutterschaft zu Papier. Ihre Selbstwahrnehmung war bis dahin die eines quasi ge-

226 Herbert Marcuse: Konterrevolution und Revolte, Frankfurt am Main, 1973, S. 94.
227 Ann Orloff: »From Maternalism to »Employment for All«: State Policies to Promote Women's Employment across the Affluent Democracies«, in: The State after Statism, Harvard University Press 2006.
228 Julie Stephens: Confronting Postmaternal Thinking: Feminism, Memory and Care, New York 2011, S. 25. Übersetzt vom Autor.

schlechtsneutralen Wesens, das von der Umgebung ermutigt worden war, sich umfassend in Schule und Studium zu bilden und anschließend in der Berufswelt durchzusetzen. Nun wurden sie jäh daran erinnert, dass eine Option ihres Lebens auch darin bestand, neues Leben zu reproduzieren. Die Euphorie über ihre neue Rolle hielt sich in Grenzen: Für ihre Tochter erfülle sie die Funktion einer Niere, schrieb Cusk. »Ich bin für ihre Ausscheidungen zuständig. Alle drei Stunden schütte ich Milch in ihren Mund. Sie durchläuft eine Reihe von Kanälen und tritt dann wieder aus. Ich entsorge dann die Rückstände.«[229] Ähnlich unsentimental stellte die französische Feministin Elisabeth Badinter fest, die Liebe einer Mutter zu ihrem Kind sei lediglich ein soziales Konstrukt. Das Stillen bedeute für Frauen auch die Einbuße von Freiheit und »ein gefräßiges, despotisches Baby, das seine Mutter verschlingt«.[230] Nicht viel anders empfinden die Protagonisten in Aldous Huxleys 1932 erschienenem Roman *Schöne neue Welt.* Voller Abscheu blicken sie auf das Leben früherer Generationen zurück: Von einer »erstickenden Nähe« ist die Rede und »gefährlichen, ungesunden, obszönen Beziehungen zwischen den einzelnen Familienmitgliedern«. Insbesondere die Mutter, »diese Wahnwitzige, säugte ihre Kinder, ihre eigenen Kinder, wie eine Katze ihre Jungen, aber wie eine Katze, die sprechen kann, die ohne Unterlass ›Mein Kleines, mein Süßes‹ sagen kann.«

Schon 1970 stellte deshalb eine Autorin im US-Magazin *Life* nüchtern fest: »Es ergibt keinen Sinn mehr, so zu tun, als bräuchten Frauen Babys, wenn sie doch in erster Linie eines brauchen: sich selbst.«[231] Die australische Feministin Germaine Greer empfahl in ihrem Buch *Der weibliche Eunuch,* das ebenfalls

---

229 Rachel Cusk: A Life's Work – On Becoming a Mother, London 2003.

230 Elisabeth Badinter: Der Konflikt – Die Frau und die Mutter, München 2010, S. 109.

231 Julie Stephens: Confronting Postmaternal Thinking: Feminism, Memory and Care, New York 2011, S. 48. Übersetzt vom Autor.

1970 erschien, ihren Geschlechtsgenossinnen, aus der Ehe aus-zubrechen und wenn nötig auch die Kinder zurückzulassen. Kinder großzuziehen sei keine sinnvolle Beschäftigung, argu-mentierte Greer, schließlich entwickelten sich Kinder ohnehin gleich, egal ob sie nun großgezogen würden oder nicht.[232]

Für die mütterliche Strömung unter den Feministen dage-gen ging es nie um Karriere oder mehr materiellen Wohlstand der Frauen als Selbstzweck. Die US-Politologin Nancy Fraser, eine der einflussreichsten Frauenrechtlerinnen ihres Landes, gibt zu bedenken, diese Feministinnen hätten die Ökonomi-sierung ihres Lebens abgelehnt, obwohl sie sehr genau wuss-ten, wie wichtig Verteilungsgerechtigkeit für ihre Sache war.[233] Aber aus ihrer Sicht galt es vor allem, »die Entwertung von Erziehung und Pflegeleistungen« zu beenden und generell Leistungen von Männern und Frauen im gleichen Maße zu honorieren. Statt mehr Markt und mehr Staat forderten sie mehr Bürgerbeteiligung. Es war ein radikal antikapitalisti-scher Ansatz, weshalb sich Fraser heute wundert, wie der Fe-minismus zu einer Kraft werden konnte, »die strukturelle Ver-änderungen in kapitalistischen Gesellschaften stützt, die der Vision einer Feministin von einer gerechten Lebenswelt völlig zuwiderlaufen«.

Das Modell der alleinigen Selbstverwirklichung im Berufs-leben steht auf wackligen Beinen. Die Autorinnen Naomi Wolf und Rachel Cusk litten während der Zeit, als sie ihre Kinder erzogen, massiv darunter, dass ihnen die Anerkennung, die sie zuvor als »produktive« Mitglieder der Gesellschaft genossen hatten, als Mutter versagt blieb. Gerade aber den Wunsch nach Anerkennung sollten sie nun zurückstellen wie auch andere Bedürfnisse, weil sie aus den Ratgeberbüchern

---

232 Emily Wilson: »A quick reminder … The Female Eunuch«, *The Guardian,* 27.9.2005.

233 Julie Stephens: Confronting Postmaternal Thinking: Feminism, Memory and Care, New York 2011, S. 30f.

die unverblümte Botschaft erhielten, es zählten jetzt nur noch die Bedürfnisse ihres Kindes. Diese Form der Selbstlosigkeit wird aber an keiner Universität der Welt unterrichtet.

Dabei wird die Geringschätzung von Pflege, Erziehung und anderen Fürsorgeleistungen in der modernen Gesellschaft durchaus von Feministinnen beklagt. Die Stuttgarter Sozialwissenschaftlerin Gabriele Winker etwa stellt fest, familiäre Reproduktionsarbeit sei deshalb nichts wert, weil sie »nicht warenförmig stattfindet«.[234] Wer solche Arbeiten verrichte, habe deshalb kaum gesellschaftliche Anerkennung zu erwarten. Diese Geringschätzung gilt nicht nur für die Hausarbeit selbst, sondern auch für hausarbeitsnahe und pflegende Berufe: Sie werden »auch in der Erwerbsarbeit durchgängig geringer entlohnt«, klagt Winker. Trotzdem hat gerade jene Gruppe von Frauen, die sich der Erwerbsarbeit bewusst entzieht und sich ausschließlich der Fürsorge und Pflege der Familie widmet, kaum Beistand von Feministinnen zu erwarten.

Feminismus = ? Anpassung der Frau an männliche Rollenbilder

Feindbild Hausfrau

In den abfälligen Bemerkungen über Glucken und Heimchen am Herd, die etwa im Zuge der Debatte um das Betreuungsgeld wiederholt geäußert wurden, drückt sich die enorme Geringschätzung der Leistung von Arbeit im Haushalt aus, die bis heute zum überwiegenden Teil von Frauen bewältigt wird. Und ganz nebenbei offenbaren diese Schimpfwörter eine gewisse kulturelle Ignoranz: Bei den Griechen wie auch bei den

---

234 Gabriele Winker: »Traditionelle Geschlechterordnung unter neoliberalem Druck«, in: Queer-Feministische Kritiken neoliberaler Verhältnisse, Münster 2007.

Römern galt der Herd als Mittelpunkt nicht nur des Hauses, sondern auch als sinnstiftender Ort der Hausgemeinschaft. Kurz nach der Geburt wurden Säuglinge im antiken Griechenland vom Vater im Rahmen eines kultischen Festes um den Herd getragen und erst dadurch Teil der Familie. Sowohl die Griechen als auch die Römer hatten sogar eine eigene Göttin des Herdfeuers. Es lässt sich darüber streiten, ob es ein kultureller Fortschritt ist, wenn ein für die Familie lange Zeit nahezu mystischer Ort aufgelöst und durch Kita-, Schul- oder Firmenkantinen ersetzt wird, die in erster Linie auf Massenabspeisung abzielen. Im ersten Fall wurde die Familie jedenfalls vereint, im zweiten Fall wird sie zersprengt. So gesehen stellt die Herdprämie weniger eine Rückbesinnung auf den Mief der Fünfzigerjahre dar, sondern auf viel frühere Zeiten, als die Familie noch als wesentliche Einheit eines funktionierenden Gemeinwesens erkannt wurde.

»Nichts wird heute so hoch bewertet wie bezahlte Arbeit – und niemand ist so out wie die Hausfrau«, bilanzierte die *taz* zur Jahrtausendwende.[235] Laut einer Umfrage der Zeitschrift *Brigitte* geben heute 76 Prozent der deutschen Männer an, sie könnten sich eine Frau, die nicht berufstätig ist, nicht an ihrer Seite vorstellen.[236] Dabei seien die Leistungen, die insbesondere Frauen zu Hause erbringen, durchaus als Zukunftsinvestitionen in das Humanvermögen zu verstehen, erklärt die Familienökonomin Rosemarie von Schweitzer.[237] Darunter versteht sie etwas grundlegend anderes als Humankapital, dem Geldwert, den ein Mensch mit seiner Arbeit erwirtschaftet. Humanvermögen bezeichne die Fähigkeit, mit anderen Menschen zusammenzuleben und Verantwortung in der Ge-

---

235 Barbara Dribbusch: »Der Niedergang der Hausfrau«, *taz,* 21.6.2001.

236 »Frauen auf dem Sprung«, *Brigitte* 20/2013.

237 »Lebensmittel« Familie – Tagungsbericht: Familienleistung aus Sicht verschiedener Fachrichtungen, Österreichisches Institut für Familienforschung, abzurufen unter www.oif.ac.at, 26.8.2014.

sellschaft zu übernehmen. Das bedeutet: Zuhause in der Familie und überwiegend von Frauen werden immer noch die Werte vermittelt, die unsere Gesellschaft zusammenhalten. Dieser Transfer, befürchtet von Schweitzer, werde durch Effizienzdenken und sofortige Gewinnerwartungen aber zunehmend erschwert. Deshalb müssten auch die Feministinnen erkennen, dass nicht die Hausfrau das Problem ist, sondern der Mann, der sich der Hausarbeit konsequent entzieht.

Die Hausfrau und Mutter leistet zwar nichts Produktives, schrieb *Die Zeit* Mitte der Achtzigerjahre.[238] »Stattdessen reproduziert sie: Sie regeneriert, sozialisiert, rehabilitiert, saniert, pflegt – Menschen, wie Wäsche und Wohnung.« Das bedeutet nicht, dass sich diese Arbeit nicht quantifizieren ließe: Studien zufolge beläuft sich der Wert freiwillig geleisteter Arbeit in modernen Gesellschaften auf etwa 50 Prozent des Bruttosozialprodukts. Viele dieser freiwilligen Dienste erbringen seit jeher die Frauen. Allein den Wert der Haus- und Familienarbeit, schrieb *Die Zeit* vor dreißig Jahren, bezifferte das Familienministerium auf 600 Milliarden Mark. Eine Statistik aus dem Jahr 2011 bewertet Hausarbeit in Deutschland mit 800 Milliarden Euro.[239] Dieser Betrag taucht allerdings in keiner volkswirtschaftlichen Gesamtrechnung auf, schließlich fließen dafür keine Geldströme. Der Wert würde allerdings mit einem Schlag offenbar, wenn sich Frauen aus der Erziehung ihrer Kinder und der Pflege der Alten in der Familie zurückziehen würden – die Kosten, die dann entstünden, könnte kein Gemeinwesen tragen. Das sah sehr wohl auch schon Alice Schwarzer in den Siebzigerjahren. In ihrem Buch *Frauenarbeit – Frauenbefreiung* zitierte sie Statistiken, wonach Frauen mit Kindern im Schnitt 13 Stunden täglich arbeiteten, sieben

---

238 Viola Roggenkamp: »Mit dem Beruf verheiratet«, *Die Zeit* 43/1984.
239 Stephan Kaufmann: »Unersetzlich, unbezahlt, weiblich«, *Berliner Zeitung*, 13.4.2011.

Tage die Woche. Insgesamt sei die Arbeit, die in deutschen Haushalten geleistet werde, auf 45 bis 50 Milliarden Arbeitsstunden jährlich zu taxieren, während die Zahl der entlohnten Arbeitsstunden in der Wirtschaft bei 52 Milliarden liege, also unwesentlich höher.

Der gegenwärtige Trend von Familienpolitik besteht darin, die Entwertung von Hausarbeit noch voranzutreiben. Die Höhe des bereits erwähnten Elterngeldes berechnet sich allein nach dem Einkommen, das die Frau – oder auch der Mann – vor der Elternzeit hatte. Es wird also nicht die Leistung honoriert, die bei Pflege und Erziehung des Kindes erbracht wird. Honoriert wird allein das Einkommen, das vor Beginn der vermeintlich unproduktiven Erziehungsarbeit erzielt wurde – eine zutiefst groteske Regelung.

Etwa sechs Millionen Frauen in Deutschland sind derzeit »nur« Hausfrau. Was ist schlimm daran? *Die Zeit*-Autorin Sabine Rückert hat eine originelle Erklärung geliefert, warum dieses Modell in der Gegenwart für so viel Irritation sorgt:[240] »Hausfrau kann heute ein ganz und gar politisch nicht korrekter Lebensentwurf sein, ein Widerstand gegen alle Aufdringlichkeiten des Zeitgeists. Die bewusste Hausfrau ist eine Rebellin gegen die Zwänge des Marktes. Sie macht nicht mit beim großen Rattenrennen. Sie ist nicht immer mobil und erreichbar. Sie sitzt am Sandkasten und schaut den Kleinkindern beim Schaufeln zu. Sie hat, was Kinder zum Großwerden brauchen: Zeit.« Es sagt viel über unsere Gesellschaft, dass dieser Lebensentwurf unter Druck geraten ist, während die Schattenseiten des Gegenmodells, der doppelverdienenden, ganztags arbeitenden Eltern, kaum noch thematisiert werden.

---

240 Sabine Rückert: »Hausfrauen sind Rebellinnen – und schuften für unsere Zukunft«, *Die Zeit* 45/2012.

Die Dienstmagd kehrt zurück

»Für meine französischen wie für meine amerikanischen Freunde ist es vollkommen normal, Kinder und Karriere zu haben«, staunte im Jahr 2001 die Literaturwissenschaftlerin Barbara Vinken, die gerade ein Buch mit dem Titel *Die deutsche Mutter* verfasst hatte.[241] »Die Französinnen bekommen ihre Kinder früh und lassen sie in staatlichen Einrichtungen betreuen. In Amerika bekommen die Frauen die Kinder erst spät. Wenn klar ist, das ihre Karriere gesichert ist und so viel Geld da ist, dass man ein Kindermädchen anstellt.«

Vinken vergaß in ihrer Begeisterung, die Frage zu stellen, wo denn eigentlich all die Dienstmädchen herkommen, die ihren amerikanischen Freundinnen und deren Männern erst ermöglichen, Kinder und Karriere zu haben. Es handelt sich um eine Armee von jungen und älteren Frauen aus der Dritten Welt, Einwanderinnen aus Asien, Osteuropa und Südamerika, die den gut situierten Amerikanern die Kindererziehung und lästige Hausarbeit abnehmen. Die Autorin Caitlin Flanagan beschrieb die Entwicklung in der US-Zeitschrift *The Atlantic*.[242] In der Zeit der Bürgerrechtsbewegung sei es noch ein Tabu für die Frauenrechtsbewegung gewesen, Dienstmägde zu beschäftigen. Der Beruf war nämlich über Jahrzehnte hauptsächlich von Schwarzen ausgeübt worden, die in weißen Haushalten dienten – eine Form der Ausbeutung, die es zu bekämpfen galt. Vor allem befreiten sich die schwarzen Frauen selbst, indem sie ihre Dienstverhältnisse beendeten und sich anderen Berufswegen zuwandten, die ihnen bis dahin verwehrt gewesen waren. So kam es, dass ausgerechnet zu jener Zeit, als Millionen von Frauen aus dem Bürgertum ihr Recht

---

241 Brigitte Werneburg: »Martin Luther ist schuld«, *taz*, 19.4.2001.
242 Caitlin Flanagan: »How Serfdom Saved the Women's Movement«, *The Atlantic*, 1.3.2004.

auf Arbeit verwirklichten, so wenig Haushaltshelfer zur Verfügung standen wie nie zuvor. Umso lauter wurde die Forderung, dass sich die Männer im gleichen Maß an der Hausarbeit und Erziehung der Kinder beteiligen sollten. Doch »mit der Ankunft einer billigen, leicht auszubeutenden Armee von armen, glücklosen Frauen – die von zu Hause vor Hunger und Krieg geflohen waren, die schlimmste Form der Armut; Frauen, die ihre eigenen Kinder zurückgelassen hatten und die auf ihrer teuren, gefährlichen Reise in die Freiheit Mord und Vergewaltigung riskiert hatten – warf die Frauenbewegung einen ihrer nobelsten Grundsätze über Bord«, schreibt Flanagan.

Die Wanderung dieser Frauen führt in ihrer Heimat zu großen Verwerfungen, eben weil sie ihre Familien und Kinder zurücklassen – ein Kollateralschaden des Modells der Doppelverdiener-Ehe im reichen Westen. Dass Pflege, Erziehung und menschliche Wärme im globalen Austausch zu Ware wird, scheint aber kaum jemand der bestens ausgebildeten Männer und Frauen zu stören, die solche Dienste heute wie selbstverständlich in Anspruch nehmen. Die kalifornische Organisation Domestica, die sich für die Rechte der neuen Dienstboten einsetzt, stellt fest, dass die meisten dieser Anstellungsverhältnisse nicht so recht in die moderne Welt passen und eher an vorkapitalistische Feudalgesellschaften erinnern.[243]

Einigen Menschen bereitet dieser Zustand durchaus Unbehagen, etwa der Frauenrechtlerin Naomi Wolf: Sie habe nie gedacht, schreibt sie, dass sie eines Tages zu jenen Frauen zählen würde, für die »in der Hierarchie von Klassen und Geschlechtern ein besonderer Platz vorgesehen« ist.[244] Aber dann betrachtete sie das Familienmodell genauer, das sie und ihr

243 Pierrette Hondagneu-Sotelo: Doméstica – Immigrant Workers Cleaning and Caring in the Shadows of the Affluence, University of California Press, 2001.

244 Caitlin Flanagan: »How Serfdom Saved the Women's Movement«, *The Atlantic,* 1.3.2004. Übersetzt vom Autor.

Mann sich geschaffen hatten: »Daddy in der Arbeit, und Mami, die sich mit einem Dienstmädchen aus der Unterschicht tagsüber die Betreuung des Babys teilt.« Das hatte sie sich anders ausgemalt: »Ich habe davon geträumt, dass wir das Kind gemeinsam großziehen, Mutter und Vater.« Der Mann sollte sich in die Welt des Kindes begeben, die Frau in die Welt der Arbeit, gleichberechtigt, jeder mit flexiblen Arbeitszeiten. Ein Modell, nicht ganz unähnlich dem, was die deutsche Familienministerin Manuela Schwesig Anfang 2014 vorschlug: Mann und Frau arbeiten beide 32 Stunden und teilen sich die Erziehung der Kinder. Dafür erhalten sie einen Partnerschaftsbonus, finanziert aus Steuergeldern.[245] Doch die Revolution blieb aus, den Vorstoß der Familienministerin lehnte Kanzlerin Merkel ab. Und in Naomi Wolfs Haushalt beteiligte sich nicht ihr Mann, sondern ein Kindermädchen aus Venezuela.

Dieses alles andere als emanzipatorische Modell hat sich mit etwas Verzögerung auch in Europa ausgebreitet. Kein Zufall. Der dänische Soziologe Gøsta Esping-Andersen, dessen Ideen maßgeblich die Familienpolitik der SPD beeinflussten, forderte schon vor Jahren die Ausweitung des Niedriglohnsektors.[246] »Wir brauchen mehr Jobs am unteren Ende der Lohnskala, wenn es weniger Hausfrauen und mehr berufstätige Mütter gibt«, sagte er. Insbesondere der frühere SPD-Generalsekretär Olaf Scholz, der für seine Partei eine besondere Kompetenz in der Familienpolitik und die »Lufthoheit über den Kinderbetten« anstrebte,[247] war von dem Professor aus Dänemark angetan. So sehr, dass er wenige Monate nach seinem Dienstantritt im Oktober 2002 einen radikalen Umbau der deutschen Bildungs- und Erziehungslandschaft in Angriff

245 »Frau Ministerin, wer zahlt die 32-Stunden-Woche?«, *Bild*, 9.1.2014.
246 Elisabeth Niejahr: »Politik vom Wickeltisch«, *Die Zeit* 41/2003.
247 Günter Lachmann: »Lufthoheit über Kinderbetten«, *Welt am Sonntag*, 10.11.2002.

nahm. Dieser bestand nicht nur im Ausbau der frühkindlichen Förderung und Ganztagsbetreuung für die Kleinsten, sondern auch in der Förderung der Einstellung von Haushaltshilfen, damit Mütter leichter arbeiten gehen können. Darüber wunderte sich damals *Die Zeit*: Bis vor Kurzem hätten die Sozialdemokraten doch noch so gegen das »Dienstmädchenprivileg« gewettert.[248]

In der Schweiz ist diese moderne Form der Arbeitsteilung weit fortgeschritten. Laut Zeitungsberichten arbeiten Zehntausende Kindermädchen aus Osteuropa und Südamerika zu Dumpinglöhnen von 1 000 Euro für eine Sechs-Tage-Woche, zwölf bis vierzehn Stunden pro Tag.[249] Viele von ihnen sind illegal. Ihre Dienste werden geschätzt, weil sie flexibler sind als die Öffnungszeiten von Kinderkrippen – kein Problem, wenn die Eltern abends länger im Büro bleiben. Weil viele Kindermädchen hoffen, auf Dauer eine Aufenthaltsgenehmigung zu bekommen und außerdem das Geld brauchen, um ihre Familien zu Hause zu ernähren, sind sie erpressbar. Das hat dazu geführt, dass die Löhne gesunken sind und mittlerweile selbst Putzfrauen besser bezahlt werden als Kindermädchen. Auch in Österreich und Frankreich wurden Fälle von Kindermädchen bekannt, die von sechs Uhr morgens bis Mitternacht putzen, kochen und Kinder hüten mussten und wie Sklaven gehalten wurden. Nicht selten waren sie in Diplomatenhaushalten angestellt.[250]

In Deutschland werden die billigen Arbeitskräfte bisher eher in der Altenpflege eingesetzt, doch auch die Beschäftigung von Haushaltshilfen nimmt zu. Knapp 30 Prozent aller Frauen in höheren Positionen nehmen laut Schätzungen des Deutschen Instituts für Wirtschaftsforschung derzeit fremde

248 Elisabeth Niejahr: »Politik vom Wickeltisch«, *Die Zeit* 41/2003.
249 z.B. »Der Kindermädchen-Report«, *Sonntags-Blick*, 7.7.2013.
250 Irene Brickner: »Hilfe für ausländische ›Haussklavinnen‹«, *Der Standard*, 3.12.2009.

Hilfe im Haushalt und zur Kinderbetreuung in Anspruch.[251]
Zur Jahrtausendwende waren es noch 19 Prozent. Insgesamt
sollen es mehr als vier Millionen Helfer sein, die in deutschen
Haushalten arbeiten. »Ausgerechnet in der Welt des digitalen
Kapitalismus, im Land der Frauenquoten und Gleichstel-
lungsbeauftragten beschäftigt man wieder Personal«, bemerkte *Die Zeit*.[252] Wie einst im Kaiserreich dienten wieder
die Armen den Reichen. »Nur dass die Putz- und Kinder-
frauen nicht mehr aus deutschen Bauern- und Arbeiterfami-
lien stammen. Sondern aus der Dritten Welt.«

Im selben Beitrag kam auch eine philippinische Frau zu
Wort, 34 Jahre alt, die sich um den 15-monatigen Sohn eines
Wertpapierhändlers und einer Anwältin kümmerte. Ihre eigenen Kinder hat sie in der Heimat zurückgelassen und seit
sechs Jahren nicht mehr gesehen.

---

251 »Frauen in höheren Positionen mit Kindern nehmen zunehmend Haus-
     haltshilfen in Anspruch«, Pressemeldung des Deutschen Instituts für Wirt-
     schaftsforschung, 7.3.2012.
252 Wolfgang Uchatius: »Das globalisierte Dienstmädchen«, *Die Zeit* 35/2004.

II

VÄTER AN DEN HERD!

Die Debatte um Kinderbetreuung und Vereinbarkeit von Beruf und Familie dreht sich um Mütter, Erzieherinnen, Tagesmütter, Krippenkinder, Kindergartenkinder, Schulkinder. Kurz gesagt: um Frauen und Kinder. Die Rolle von Männern wird kaum diskutiert. Das wiederum frustriert viele Frauen, weil sie die Konflikte und Probleme beim Versuch, Kind und Beruf unter einen Hut zu bringen, weitgehend allein lösen müssen. Männer könnten viel zum Frustabbau beitragen, wenn ihre Frauen feststellen, dass die Kindererziehung nicht automatisch und allein an ihnen hängenbleibt.

Anders als die Frauen, die sich den Zugang zur Arbeitswelt hart erkämpften, steht für die Männer die Tür nach Hause weit offen. Das Recht auf Teilzeit ist gesetzlich festgeschrieben. Ähnliches gilt für Elternzeit und Elterngeld. Einer Umfrage im Mai 2014 zufolge wären sogar vier von fünf Vätern bereit, beruflich kürzer zu treten.[253] Fast zwei Drittel würden dafür auch Nachteile in der Karriere hinnehmen. Leider ist die Aussagekraft der Umfrage begrenzt: In der Realität verhalten sich die Väter gänzlich anders, wie die *Zeit* feststellte: Schon wenn es darum gehe, nur ein paar Monate Elternzeit mehr zu nehmen, knickten viele Väter ein, da brauche der Chef »nur die Augenbrauen hochziehen und unwillig brummen«.[254]

---

253 Katrin Hörnlein, Stefan Schmitt, Judith Scholter: »Die Zweimonatsväter«, *Die Zeit* 23/2014.
254 Ebda.

Oft bleibe es deshalb bei zwei Monaten Elternzeit, obwohl die Männer genauso wie Frauen sieben oder acht Monate zu Hause bleiben und in dieser Zeit Elterngeld beziehen könnten.

Die Zeit verweist auf mehrere Erhebungen, die zeigen, dass die Männer keine negativen Folgen zu befürchten hätten: In einer Studie an der Universität Bamberg zum Beispiel gaben 70 Prozent der Männer an, ihre Chefs hätten positiv reagiert, als sie um Elternzeit baten. Nur 15 Prozent berichteten von negativen Erfahrungen. Warum dann die Scheu? Schließlich sprechen doch auch Frauen mit ihren Chefs über Elternzeit und Teilzeit – und bekommen meist, was sie wollen. Der britische Autor Gideon Burrows, der sich die Kindererziehung mit seiner Frau teilt und über sein Modell ein Buch veröffentlicht hat,[255] ist argwöhnisch: Viele Männer würden sich vor dieser Arbeit immer noch allzu gern drücken, weil sie nervenaufreibend, frustrierend und langweilig sein kann und erst recht kein Prestige verspreche, wie sie das aus der Arbeit gewohnt seien.

Wobei die neue Vaterrolle in der Öffentlichkeit durchaus Ansehen verspricht, was offenbar auch dem SPD-Chef Sigmar Gabriel aufgefallen ist. In einem Interview sagte er Anfang 2014, er wolle künftig mehr Zeit mit seiner zweijährigen Tochter verbringen.[256] Seine Frau sei berufstätig, deshalb sei er ab jetzt mittwochs »mit dem Abholen aus der Kita dran«. Und darauf freue er sich auch, so Gabriel.

Wahrscheinlich war es ihm nicht bewusst, aber sein Beispiel spricht Bände, wie es um die Aufgabenverteilung bei der Erziehung von Kindern in Deutschland immer noch bestellt ist. Ein Vater, der seine Tochter einmal pro Woche von der Kita abholt, ist sicher besser als ein Vater, der seine Tochter nie von

255 Gideon Burrows: Men can do it, Abberton, 2013
256 »Diese Politiker nehmen sich Zeit für die Familie«, *Bild*, 4.1.2014.

der Kita abholt. Aber es lässt sich leicht nachrechnen, dass die Hauptverantwortung bei der Frau bleibt, zumal Gabriel als SPD-Chef und Bundeswirtschaftsminister auch am Wochenende mit Terminen eingedeckt sein dürfte.

Die Zurückhaltung in Sachen Familie teilt Gabriel mit vielen Männern, das Großziehen der Kinder ist immer noch Frauensache. Viele Männer mit Kindern arbeiten, wie Untersuchungen gezeigt haben, sogar mehr als Männer ohne Kinder.[257] Und in den Spitzenpositionen ist es von jeher so, dass sich am ehesten die Mitarbeiter durchsetzen, die bereit sind, die Familie zugunsten der Karriere konsequent zu vernachlässigen. An diesem Punkt müsse sich die Gesellschaft ändern, fordert Anne-Marie Slaughter, die ehemalige Chefin des Planungsstabs von US-Außenministerin Hillary Clinton. »Wie lange wollen wir noch Führungspersonen, die ihren persönlichen Verpflichtungen nicht nachkommen?«[258]

Selbst in Schweden, dem Musterland der Gleichberechtigung, sind es überwiegend die Frauen, die den Beruf zugunsten des Kindes zurückstellen, obwohl die Männer genauso Erziehungsurlaub nehmen könnten. Also hat weder dort noch hierzulande der massive Ausbau der Betreuung dazu beigetragen, dass sich Männer stärker in der Pflicht fühlen. Eine Umfrage des Instituts für Demoskopie ergab, dass immer noch 60 Prozent der Männer glauben, Frauen hätten ein besonderes Talent für Hausarbeit. Und 80 Prozent meinten, Frauen könnten besonders gut bügeln.[259]

Nicht alle Frauen werden das lustig finden, schließlich geht es um eine gesellschaftlich bedeutende Frage: Würden mehr Männer zu Hause bleiben, bekäme die Hausarbeit eher den Status, der eigentlich angemessen ist. »Es gibt keine sachlichen

---

257 »Väter arbeiten mehr als kinderlose Männer«, *Süddeutsche.de,* 14.12.2011.
258 Anne-Marie Slaughter: »Why Women Still Can't Have It All«, *The Atlantic,* 13.6.2012. Übersetzt vom Autor.
259 Claudia Voigt: »Die große Erschöpfung«, *Spiegel* 48/2013.

Sorgearbeit

Gründe, Haus- und Sorgearbeit geringer zu bewerten als Erwerbsarbeit, zumal Reproduktionsarbeit eine Voraussetzung für Erwerbsarbeit ist«, konstatieren die Sozialwissenschaftlerinnen Carmen Klement und Brigitte Rudolph. »Diese Geringschätzung hätte ein Ende, wenn Männer an allen Arbeitsarten beteiligt wären, denn wissenschaftlich lässt sich nachweisen, dass der gesellschaftliche Status einer Arbeit ansteigt, sobald diese auch von Männern ausgeübt wird.«[260] Es geht also um mehr als ab und zu den Müll rauszutragen; es geht um die gesellschaftliche Aufwertung von Tätigkeiten, die – nüchtern betrachtet – weit wichtiger für den Erhalt und Zusammenhalt unserer Gesellschaft sind als die meisten beruflichen Tätigkeiten.

Der Brite Gideon Burrows beharrt darauf, es gebe eigentlich nur zwei Unterschiede von Vater und Mutter bei der Beziehung zum Kind: Geburt und Stillen. Die Nähe, die dabei in den ersten Monaten zwischen der Mutter und dem Kind entstehe, verleite viele Männer dazu, sich zurückzuziehen. Und immer findet sich eine gute Begründung: Wenn das Baby nachts schreie, wolle es ohnehin nur gestillt werden. Also kann doch gleich die Frau aufstehen. Und warum sollen die Väter dann überhaupt geweckt werden, wenn das Baby schreit, schließlich könnten sie eh nichts daran ändern. Je inniger die Mutter-Kind-Beziehung dann wird, umso mehr benutzen Väter das als Vorwand, sich klammheimlich ins Büro zu stehlen. Dabei gebe es »keinen natürlichen, biologischen, spirituellen oder sozialen Grund«, warum der Mann beim Großziehen nicht dieselben Aufgaben wie die Frau übernehmen sollte, sobald das Kind sechs Monate oder etwas älter ist, appelliert Burrows an die Väter. Denn je mehr

---

260 Carmen Klement, Brigitte Rudolph: »Auswirkungen staatlicher Rahmenbedingungen und kultureller Leitbilder auf das Geschlechterverhältnis«, in: Aus *Politik und Zeitgeschichte*, 27.10.2003, S. 29.

sich die Männer beteiligten, umso besser entwickle sich auch später die Beziehung zu den Kindern. Und erst dann bestehe auch die Möglichkeit festzustellen, ob vielleicht sogar der Vater besser mit den Kindern umgehen kann als die Mutter.

Männer haben heute die Freiheit, sich wesentlich mehr an der Kindererziehung zu beteiligen als bisher. Die Vorteile liegen auf der Hand: Sie würden nicht nur ihren Kindern näherkommen, was nachweislich deren Entwicklung fördert, sondern sie hätten auch eine Auszeit vom Beruf, was heute für junge Väter bei einem voraussichtlichen Renteneintrittsalter von 70 Jahren oder mehr eine begrüßenswerte Abwechslung darstellt. Es würde wohl auch die Gerechtigkeit bei den Gehältern fördern, denn bisher dient die Babypause bei Frauen oft als Begründung, diese schlechter zu bezahlen. Wenn diese Begründung wegfällt, gibt es auch keinen Grund für unterschiedliche Gehälter. Doch bis dahin scheint es noch ein weiter Weg zu sein: Eine Studie der Techniker Krankenkasse ergab, dass Männer, die Teilzeit arbeiten, deutlich mehr Psychopharmaka verschrieben bekamen als jene in Vollzeit.[261] Die Verfasser der Studie deuteten den Befund dahingehend, dass Männer noch immer den gesellschaftlichen Druck verspürten, als Haupternährer der Familie auftreten zu müssen.

Ein Ziel der Frauenbewegung war es immer, Männer im gleichen Maß an Pflege und Hausarbeit zu beteiligen wie Frauen. Dass diese »Zivilisierung des männlichen Ichs« nicht gelungen sei und stattdessen ein milliardenteures Netz aus Betreuungseinrichtungen für Kinder errichtet werde, könne man auch als »Scheitern der Frauenbewegung« verstehen, so Anne Lenze.[262] Aber so leicht sollten sich die Männer ihre

---

261 »Der Mann muss gefälligst 100 Prozent arbeiten«, *Die Welt*, 21.5.2014.

262 Anne Lenze: »In schlechter Verfassung – Die Familienpolitik in Deutschland«, *Vorgänge – Zeitschrift für Bürgerrechte und Gesellschaftspolitik* 3/2008.

Verantwortung nicht abnehmen lassen, sondern endlich auch das tun, was vier von fünf Vätern angeblich ohnehin wünschen: mehr Zeit mit ihren Kindern verbringen.[263]

263 »Mehr Zeit mit den Kindern! Papas wollen Teilzeit arbeiten«, *Bild,* 29.5.2014.

12

DIE ILLUSION DER SELBSTSTÄNDIGKEIT

Das marktliberale Denken, das die Politik in westlichen Demo-
kratien heute maßgeblich bestimmt, hat nicht nur die Wirtschaft verändert, sondern auch das Denken aller Marktteilneh-
mer, also auch der Arbeitnehmer. Da die Mittel der Sozialetats
endlich und tendenziell eher im Schrumpfen begriffen sind,
lautet die neoliberale Botschaft der vergangenen Jahre: Jeder
Einzelne muss zunehmend in der Lage sein, sich allein über
Wasser zu halten. Der amerikanische Soziologe Richard Sennett dokumentierte diese Entwicklung schon vor Jahren.[264] Er
kam zu dem Schluss, dass die moderne, globalisierte Arbeitswelt den Charakter der Menschen deformiere. Tugenden wie
Treue, Pflichtbewusstsein oder Loyalität seien nicht länger gefragt, sondern Eigeninitiative, ständige Selbstoptimierung,
Offenheit für Veränderungen, die Bereitschaft, bestehende
und tragende Bindungen von einen Tag auf den anderen zu
kappen. Auch viele Unternehmen verhalten sich inzwischen
so, sie bezeichnen ihre Mitarbeiter zwar als ihr wichtigstes Kapital, sind aber andererseits bereit, sich umgehend von diesem
Kapital zu trennen, wenn es wirtschaftlich opportun erscheint,
weil es beispielsweise den Börsenwert des Unternehmens
steigert.

 Früher galt ein Unternehmen als sozial, wenn es seinen Mitarbeitern Werkswohnungen zur Verfügung stellte, unterm
Strich eine Maßnahme, die vor allem den Ärmeren zugute-

---

264 Richard Sennett: Der flexible Mensch, Berlin 2006.

kam. Heute fließen die Millionen zur Förderung der Mitarbeiter eher in Büroarchitektur, die das Wohlbefinden der Angestellten steigert, vor allem aber deren Leistungsfähigkeit. Es geht nicht mehr darum, die Lebensumstände der Mitarbeiter zu verbessern, sondern den Output der Firma. Langfristige Karrieren in ein und demselben Unternehmen sind seltener geworden, mehr und mehr Menschen verrichten heute Jobs. Entsprechend bindungslos gestaltet sich auch ihr Leben: Jenseits der Stadtzentren sind Neubausiedlungen für die Arbeitsnomaden entstanden, schilderte Sennett, die eine Generation lang aufblühen und dann wieder verfallen. »Diese Gemeinden sind nicht ohne Geselligkeit und gutnachbarliches Verhalten, aber niemand dort wird auf längere Zeit zum Zeugen des Lebens seiner Nachbarn.«

Bloß niemandem zur Last fallen

Die moderne Sozialpolitik hat aus dieser Entwicklung aber nicht den Schluss gezogen, die Menschen vor der zunehmenden Willkür der Arbeitswelt stärker zu schützen. Sie hat ihnen im Gegenteil die Verantwortung dafür übertragen, mit den neuen Realitäten selbst fertig zu werden. Das drückt sich in der Forderung aus, dass jeder Mensch heute ein Leben lang lernen müsse, um für den Arbeitsmarkt attraktiv zu bleiben. Und in dem Zwang durch die Arbeitsämter, eine schlecht bezahlte, einfache Arbeit annehmen zu müssen oder andernfalls den Anspruch auf staatliche Leistungen zu verlieren. Gerade in der Mittelschicht grassiert deshalb die Angst vor dem sozialen Abstieg, die häufig durch freiwillige Mehrarbeit kompensiert wird. Zudem gibt es heute mehr Arbeitsverhältnisse, die nicht mehr den strengen Zeitreglements wie früher gehorchen. Oft glauben die Menschen, die sich in ihren 60- oder 70-Stunden-

Wochen selbst ausbeuten, dass sie das aus freiem Willen tun. Viele merken nicht, wie fremdbestimmt sie sind, wie wenig Kontrolle sie über ihr tägliches Leben haben, wenn sie scheinbar selbstständig ihre Aufträge abarbeiten. Gleichzeitig hat der Wille, sich in Gewerkschaften zu organisieren und mit den willkürlichen Opfern des Marktes zu solidarisieren, spürbar abgenommen. Auch das folgt aus dem Ideal der Selbstständigkeit: Jeder ist seines Glückes Schmied. Wie Sennett feststellte, führt dieses gesellschaftliche Klima, das durch politische Maßnahmen erst geschaffen wurde, auch zu einer chronischen Ablehnung jeder Form der Abhängigkeit. Das äußert sich unter anderem in geradezu panischer Angst vieler Menschen, im Alter als Pflegefall zu enden und anderen zur Last zu fallen.

Das Ideal ist die Selbstständigkeit, die Unabhängigkeit von staatlicher Unterstützung, einem bestimmten Arbeitgeber, von Gewerkschaften, letztlich von allen Mitmenschen. Selbst die Alten, die ein Leben lang gearbeitet haben, fühlen sich zunehmend unwohl im Ruhestand, beobachtete der Jenaer Soziologe Stephan Lessenich.[265] Das Leitbild der Politik laute: »Mehr Selbstverantwortung für die Alten, das Potenzial der Rentner nutzen.« Lessenich beschäftigt sich seit langem mit dem aktivierenden Sozialstaat. Er sagt, in Gesprächen mit älteren Menschen habe er festgestellt, dass sie »immer versuchen darzustellen, wie aktiv sie sind. Es soll nach vollen Terminkalendern aussehen – egal wie wenig die Leute tatsächlich machen. Es ist offenbar begründungspflichtig geworden, nichts zu tun«. Der Druck auf die Rentner werde »über gesellschaftliche Vorbilder, über mediale Debatten« aufgebaut. Ein Beispiel: die Forderung des Populärphilosophen Richard David Precht, der in einer Talkshow ein verpflichtendes soziales

---

265 Oliver Hollenstein: »Goodbye Ruhestand«, *Süddeutsche Zeitung*, 28./ 29.3.2014.

Jahr für Rentner anregte.[266] Lessenich sagt, Rentner würden sehr genau registrieren, dass von ihnen erwartet wird, aktiv zu bleiben.

Dabei ist die einseitige Betonung von Selbstständigkeit und Unabhängigkeit kein Ausdruck besonderer Reife. »Die wahrhaft selbstständige Person erweist sich als keineswegs so unabhängig, wie es kulturelle Stereotypen voraussetzen«, sagte der Bindungsforscher John Bowlby.[267] Im Erwachsenenleben sei eine »in gesundem Sinn selbstständige Person« in der Lage, sich auf andere zu stützen, wenn die Situation es erfordere. Richard Sennett weist darauf hin, dass Angst vor Abhängigkeit in der Liebe, aber auch in Familien oder unter Freunden als fehlendes Vertrauen gedeutet werden könne. Selbst in der Laienpsychologie hat sich die Erkenntnis durchgesetzt, dass sich zwei Menschen nur dann dauerhaft lieben können, wenn sie sich vertrauen und aufeinander verlassen können.

Wenn die Analyse von Sennett zutrifft, dann ist es auch nicht verwunderlich, dass die Familie in den westlichen marktliberalen Gesellschaften unter Druck geraten ist. Die Familie steht gerade nicht für totale Selbstständigkeit, gegenseitige Unabhängigkeit und bedingungslose Selbstverwirklichung. Sie ist eine Gegenwelt zum kapitalistischen Modell, das vorsieht, dass sich die Menschen durch größtmöglichen Konsum und grenzenlosen Einsatz in der Arbeit selbst verwirklichen. Familie dagegen bedeutet Verzicht und gegenseitige Rücksichtnahme, Treue und Verlässlichkeit.

Der Staat hat dieser Tatsache auch lange Zeit Rechnung getragen, indem er Ehe und Familie unter besonderen Schutz gestellt hat. Doch die Trendwende ist inzwischen vollzogen: Wie bereits erwähnt, entschieden in jüngster Vergangenheit die

---

266 Ebda.
267 Richard Sennett: Der flexible Mensch, Berlin 2006.

höchsten Richter des Landes, dass eine geschiedene Mutter – und natürlich auch ein geschiedener Vater, der zuvor Hausmann war – spätestens nach dem dritten Lebensjahr ihre Kinder in die Fremdbetreuung geben und selbst voll arbeiten soll. So will es auch das Unterhaltsrecht, das seit 2008 gilt. Diese Regelung benachteilige Frauen und Kinder, kritisiert Erika Andreß, die Präsidentin des Oberlandesgerichts Hamburg. »Bisher konnte eine Frau frei entscheiden, ob sie nach einer Scheidung bald wieder arbeiten wollte, auch wenn sie kleine Kinder betreut – jetzt hat sie keine Wahl mehr.«[268] Es handelt sich also um eine Entmündigung des nun alleinerziehenden Elternteils: »Die Frage, ob ein Kind zu Hause betreut wird, ist letztlich nicht mehr eine elterliche Entscheidung, sondern in erster Linie eine Frage der bestehenden Betreuungsmöglichkeiten. Wenn eine Ganztagsbetreuung für Kinder angeboten wird, muss eine Mutter nach der Scheidung in der Regel auch Vollzeit arbeiten.« Andreß wundert sich, dass die Frauenorganisationen nicht gegen den Richterspruch protestiert haben. Schließlich seien auch ökonomische Überlegungen bei der Neugestaltung des Unterhaltsrechts eingeflossen: »Man möchte, dass alle Frauen dem Arbeitsmarkt zur Verfügung stehen.«

In letzter Konsequenz sanktioniert das Urteil die familiäre Arbeitsteilung, wie etwa der frühere Arbeits- und Sozialminister Norbert Blüm beklagt: »Die Mutter, die der Erziehung der Kinder wegen auf Erwerbseinkommen teilweise oder ganz verzichtet, weil dies einer innerfamiliären Abmachung entsprach, ist im Scheidungsfall die Gelackmeierte.«[269] Der Mann mache sich mit seinem höheren Einkommen, das er großteils auch der Hilfe seiner Frau zu verdanken habe, auf

---

268 Insa Gall: »Das Gesetz geht zu Lasten der Kinder«, *Die Welt*, 20.3.2009.
269 Norbert Blüm: »Freiheit! Über die Enteignung der Kindheit und die Verstaatlichung der Familie«, *Die Zeit* 12/2012.

und davon. »Zurück bleibt die Frau, die naiv einem ehelichen Nachhaltigkeitsversprechen traute, das aber unter der emanzipativen Bedingung ›Jeder ist sich selbst der Nächste‹ nicht mehr gilt.«

Die Entwicklung, die der konservative Politiker Blüm kritisiert, zeigt, dass gute Absichten mitunter ungeahnte Konsequenzen haben: Feministinnen rieten ihren Geschlechtsgenossinnen schon immer, auf eigenen Beinen zu stehen und jede Abhängigkeit vom Patriarchat zu vermeiden. Sie wurden in ihrem Misstrauen durch die Politik und die höchstrichterlichen Entscheidungen der letzten Jahre bestätigt. Gewinner ist der Markt, dem weiteres Humankapital zur Verfügung steht. Gewinner ist der Staat, der Sozialkosten spart. Verlierer sind die Familien, aber auch das Gemeinwesen: Wie sollen junge Menschen auf solche Signale reagieren? Sind sie nicht naiv, wenn sie sich angesichts dieser Rechtsprechung überhaupt noch auf das Risiko einer Ehe einlassen, zumal die Wahrscheinlichkeit des Scheiterns bekanntermaßen erheblich ist? Verpuffen nicht alle Milliarden, die Deutschland zu einem kinderfreundlichen Land machen sollten, mit einem Schlag, wenn Frauen wissen, dass sie in dem Moment, in dem sie Hilfe von außen am nötigsten hätten, vor allem auf sich selbst gestellt sind?

Am Ende schadet die Forderung nach Selbstständigkeit allen, weil sie die Fundamente der Gesellschaft unterminiert. Der Staat muss weiter gerade jenen Menschen beistehen, die unverschuldet in Not geraten sind, anstatt sie zu nötigen, sich komplett aus eigener Kraft aus ihrer Zwangslage zu befreien.

Der gesellschaftliche Paradigmenwechsel schlägt sich auch auf die Erziehung nieder. Umfragen bei Eltern zeigen, dass auch sie heute Selbstständigkeit für ein zentrales Erziehungsziel halten. Anfang der Fünfzigerjahre nur von 28 Prozent der Eltern angestrebt, waren es in den Neunzigerjahren bereits

65 Prozent.[270] Jeder will Kinder, die auf eigenen Beinen stehen können und sich im Leben zurechtfinden. Doch was bedeutet das in der Praxis?

Die amerikanische Anthropologin Carolina Izquierdo verbrachte einige Monate mit dem Stamm der Matsigenka, der im Regenwald des Amazonas in Peru lebt.[271] Sie nahm dort auch an einer kleinen Expedition teil, auf der einige Stammesmitglieder Blätter einer besonderen Palme sammelten, die sie als Überdachung ihrer Häuser benutzen. Mit von der Partie war die sechsjährige Yanira, und der Anthropologin fiel schnell auf, dass sich niemand groß um das Kind kümmerte. Ohne Anweisungen zu erhalten, fand das Mädchen dennoch immer wieder Wege, sich nützlich zu machen. Sie wischte den Sand von den Schlafmatten des Trosses, der den Urwald durchstreifte. Sie half, die Blätter auf die Boote zu schichten, mit denen sie zurück ins Dorf transportiert wurden. Abends sammelte sie Flusskrebse, reinigte sie und kochte sie für sich und die anderen Mitglieder der kleinen Expedition. Die Anthropologin beobachtete noch weitere Beispiele, wie die Matsigenka ihre Kinder zur Selbstständigkeit erzogen. Dreijährige lernten mit Messern und Macheten umzugehen, sechsjährige Jungen begleiteten ihre Väter beim Fischen oder Jagen, Mütter brachten den Mädchen das Kochen bei. Izquierdo fragte sich, warum schon die Kleinsten in der Lage waren, so große Verantwortung für die Gemeinschaft zu übernehmen, während die Kinder in ihrer Heimat Los Angeles meist keinerlei Anstalten machen, den Eltern im Haushalt zu helfen.

Der Grund dafür liegt ihrer Ansicht nach in der Art und Weise, wie die Mitglieder des peruanischen Stammes ihre Kinder auf das Leben vorbereiten. Die Kinder lernen alles, was sie

---

270 Jutta Ecarius: »Familienerziehung«, in: Handbuch Familie, Wiesbaden 2007, S. 143.

271 Elizabeth Kolbert: »Spoiled Rotten«, The New Yorker, 2.7.2012.

wissen müssen, <u>unmittelbar von ihren Eltern,</u> aber ohne Lehrplan, sondern aus der Beobachtung. Dabei entsteht und festigt sich die Bindung zwischen Eltern und Kindern.

Die staatliche Erziehung zur Autonomie, wie sie in unseren Breiten praktiziert wird, ignoriert diese Bindung völlig. Stattdessen wird versucht, schon den kleinsten Kindern abstraktes Wissen und Kompetenzen zu vermitteln. Krippen-Erzieher berichten, in Fortbildungen würden Workshops angeboten, die darüber aufklären, wie man Einjährige an die Mathematik heranführt. Die britische Erziehungsbehörde Ofsted forderte Anfang April 2014, bereits Zweijährige in die Schulen zu schicken, damit sie frühzeitig lesen, schreiben und rechnen lernen.[272] Die direkte Ansprache der Kinder ist aber offensichtlich weder der einzige noch in allen Fällen der beste Weg zu lernen. Wie die Studien bei den indigenen Völkern zeigen, entwickeln Kinder <u>allein aus der Beobachtung ihrer Umwelt</u> soziale Fähigkeiten. Die Zeit zur Beobachtung ihrer unmittelbaren Umwelt fehlt Kindern bei uns, zumal sie zunehmend tagsüber von Vater und Mutter getrennt sind. Vielleicht wären auch unsere Kinder sehr viel selbstständiger, wenn wir ihnen wieder die Zeit gäben, sich erst von uns zu lösen, wenn sie selbst auch dazu bereit sind.

---

272 »Start school aged two to stop poorest falling behind, says Ofsted chief«, *Daily Mail,* 2.4.2014.

13

VERSCHULTE KINDHEIT

Eine kleine Geschichte wie aus einer anderen Welt, die jedoch Anfang der Neunzigerjahre in der Schwäbischen Alb spielt:[273] Immanuel Wolf besucht die zweite Klasse einer Waldorf-Schule. Jeden Morgen, wenn ihn sein Vater dort abliefern will, schreit und tobt der Siebenjährige, wehrt sich buchstäblich mit Händen und Füßen gegen die Schule. Die Eltern stehen vor einem Rätsel. Ein Pädagoge rät, den Jungen einfach sechs Wochen lang in die Schule zu bringen, dann werde sich das Geschrei schon legen. Das entspricht nicht den Vorstellungen der friedensbewegten Eltern. Sie lernten sich Anfang der Achtzigerjahre bei einer Sitzblockade gegen die Raketenbasis in Mutlangen kennen und teilen ein Hobby, dem zu dieser Zeit viele junge Menschen nachgehen: ziviler Ungehorsam. Der Sohn wird also in der Schule krank gemeldet und Christiane Ludwig-Wolf, die Mutter, taucht tief in die alternative Pädagogik ein. Dabei hört sie auch einen Vortrag des Schweizer Pädagogen Olivier Keller, der Familien aus der Schweiz und Frankreich untersuchte, die sich der konventionellen Schulbildung verweigern. Sie denkt: »Wenn andere Familien das hinkriegen, schaffen wir das auch.«

Das Recht, Kinder zu Hause zu unterrichten, existiert in vielen Ländern: Frankreich, England, Österreich. In den USA werden Schätzungen zufolge zwei Millionen Kinder von ihren Eltern beschult. Doch in Deutschland herrscht Schulpflicht

---

273   Rainer Stadler: »Die drei von der Baumschule«, *SZ-Magazin* 2/2014.

für alle. Christiane Ludwig-Wolf flunkert deshalb, Immanuel erhalte nun in Österreich Blockunterricht. Die Behörden scheinen mit der Auskunft zufrieden zu sein, jedenfalls hakt niemand nach, auch nicht, als der jüngere Bruder Semjon dem Beispiel des größeren Bruders folgt und sich ebenfalls der Schule verweigert. 1999 siedelt die Familie nach Sachsen-Anhalt um und kauft dort ein altes Bauernhaus. Den Familienvater, gebürtiger Ostfriese, hat es wieder in den Norden gezogen. Auch an Juri, dem dritten Sohn, ist die Einschulung mittlerweile vorübergegangen, dafür hat sich das Erziehungskonzept von Christiane Ludwig-Wolf verfestigt: Kinder seien von Natur aus in der Lage, selbst alles zu lernen, was sie für ihr Leben brauchen, auch die Kulturtechniken Lesen, Schreiben und Rechnen, wird sie später an die Behörden schreiben. Die Schule mit ihrem Zwangscharakter störe diesen Prozess nur. Bei ihr zu Hause finde Lernen »im Leben, in Zusammenhängen statt« und es sei »von außen häufig nicht sichtbar und auch dem Lernenden selber nicht bewusst«. Das Gelernte sei »innerhalb dieser Lebenszusammenhänge zwar selbstverständlich verfügbar, in einem isolierten, abstrakten Raum aber nicht abfragbar«. Ihre Kinder lernten beim Bau eines Modellautos, beim Spielen mit Sand und Wasser, beim Basteln und Bauen mit Holz. Sie konstruierten mit Bauklötzen, erfänden Rollen- und Brettspiele. Auch einen Lernraum gebe es zu Hause »mit unzähligen Büchern zu unterschiedlichsten Themen« sowie Lernmaterial für Mathematik, Deutsch, Englisch, Erdkunde. Immanuel etwa sei für den Hund in der Familie verantwortlich und viel mit ihm im Wald unterwegs. Er beobachte die Natur genau, kenne jeden Ameisenhaufen auf dem Weg und studiere das Verhalten der Tiere, auch mithilfe von Lektüre aus der Stadtbücherei.

Doch nach einigen Jahren meldet ein Nachbar der Familie den Behörden, dass die Kinder nicht zur Schule gehen. Es kommt zu einer Gerichtsverhandlung. Der Richter sieht den

Tatbestand »Kindeswohlgefährdung durch Bildungsvorbehalt« erfüllt und droht, den Eltern das Sorgerecht zu erziehen. Der Vater lenkt ein und so beginnt im Frühjahr 2003 auch für Immanuel, 15, Semjon, 13, und Juri, 11, der Ernst des Lebens. Juri steigt in der sechsten Klasse Hauptschule ein, Semjon in der siebten und Immanuel in der neunten.

Das Experiment nimmt einen erstaunlichen Ausgang: Nach wenigen Wochen bereits haben die Brüder ihre Wissenslücken mithilfe ihres Vaters geschlossen. Juri, der Jüngste, der schon früh begonnen hat, an einem alten Computer seines Onkels herumzubasteln, steigt sogar zum Klassenbesten auf. Das Vorwissen seiner Mitschüler ist überschaubar, das meiste haben sie, wenn überhaupt, für Prüfungen gelernt und dann wieder vergessen. Dafür hat Juri in ihren Augen einen Vorteil: »Du bist ja auch noch motiviert«, hört er immer wieder. Nach kurzer Zeit wechseln er und seine Brüder ohne eine Stunde Nachhilfe in die Realschule, die sie ebenfalls problemlos bewältigen. Semjon, der anfangs mit Mathe und Englisch kämpfte, hängt das Fachabitur dran, Juri legt mit einem Notendurchschnitt von 2,0 sein Abitur ab. Nur Immanuel beendet die Schule kurz nach dem Realschulabschluss.

Einheitsbildung und Normierung

Lassen sich aus diesem ungewöhnlichen Werdegang dreier Kinder allgemeine Schlüsse ableiten? Die meisten Eltern würden wahrscheinlich argumentieren, dass sie weder die Zeit noch die Lust noch das nötige Wissen hätten, um ihre Kinder selbst zu unterrichten. Trotzdem zeigt das Beispiel, dass Kinder in der Lage sind, die für einen Beruf oder die Hochschulreife nötigen Qualifikationen auch ohne Schule zu erlangen – wenn ihre Eltern bereit sind, sich gründlich mit ihnen zu beschäftigen. Nach Aussagen eines Pädagogen, der Semjon, Juri und Immanuel auf Anordnung des Gerichts einige Wochen unterrichtete, waren die Jungen keineswegs hochbegabt. Die Mutter der Jungen verfolgte noch nicht einmal einen Lehrplan. Sie nahm die Vorlieben und Interessen der Jungen ernst, gab ihnen Anregungen, aber überließ sie die meiste Zeit des Tages sich selbst. Womöglich sind sie kindgerechter aufgewachsen als die meisten ihrer Altersgenossen in der Schule.

Der Soziologe Neil Postman stellte fest, mit dem Aufkommen des Schulunterrichts sei »die Fähigkeit zur Selbstbeherrschung und der Überwindung der eigenen Natur« zu einem zentralen Erziehungsziel geworden.[274] Dabei werde übersehen, dass »das Lernen mit Büchern insofern ›unnatürlich‹ sei, als es von den Kindern ein hohes Maß an Konzentration und ›Sitzfleisch‹ verlangt, das ihren Neigungen durchaus zuwiderläuft«. In einer Welt ohne Bücher und Noten hätten sich »dem kindlichen Überschwang« noch »die denkbar besten Entfaltungsmöglichkeiten geboten, weshalb Kinder damals vermutlich »quirliger und energiegeladener als Erwachsene« waren. Das trifft auch für die drei Brüder zu, die von den anderen Kindern immer bewundert wurden, weil sie mit der Geschicklichkeit von Affen auf Bäume und Straßenlaternen kletterten.

John Taylor Gatto, der wiederholt als bester Lehrer von New York ausgezeichnet wurde, behauptet, dass Lesen, Schreiben und Rechnen in ungefähr hundert Stunden vermittelt werden könne, wenn die Klientel eifrig und lernwillig sei.[275] Wenn er recht hat, dann arbeitet die Institution Schule nicht besonders effizient. Gatto argwöhnt, dass sie sogar ziemlich zerstöre-

---

274 Neil Postman: Das Verschwinden der Kindheit, Frankfurt am Main 1987, S. 58.
275 John Taylor Gatto: Verdummt noch mal!, Bremen, 2009, S. 27.

risch wirke, weil sie die Kinder mit abstraktem und totem Wissen überfrachte: »Wenn sich Kinder im richtigen Leben aufhalten dürfen anstatt in nach Jahrgängen geordneten Zellen, lernen sie mit Leichtigkeit Lesen, Schreiben und Rechnen, wenn diese Dinge in der Art von Leben, das sich um sie herum entfaltet, sinnvoll erscheinen.« Doch bei vielen Schülern entfaltet sich immer weniger Leben, weil sie mehr und mehr Zeit in der Schule verbringen oder verbringen sollen, wenn es nach dem Willen der Pädagogen geht.

Schon im Jahr 1836 erkannte ein Medizinalrat mit Namen Karl Ignatius Lorinser ein Problem »in der Vielheit der Unterrichtsstunden und in der Vielheit der häuslichen Aufgaben«.[276] Die Folge der Paukerei: »Kräftige und blühende Knaben sogar welken oft nach einigen Jahren dahin, wie Gewächse, denen Licht und Nahrung entzogen worden; am deutlichsten erscheint das sieche Gepräge in den höheren Klassen.« Und noch ein paar Jahrhunderte früher wies der englische Dichter William Shakespeare in seinem Schauspiel *Wie es euch gefällt* auf die Härten des Schülerlebens hin, als er von dem »weinerlichen Buben« sprach, »der mit Bündel und glattem Morgenantlitz, wie die Schnecke ungern zur Schule kriecht«.

Wie schwer sich die Schule damit tut, sich selbst zu beschränken und nur so viel Wissen zu vermitteln, wie die Schüler auch aufnehmen können, zeigte sich vor allem bei der Einführung des um ein Jahr verkürzten Gymnasiums. Studien ergaben, dass Dreizehnjährige durchschnittlich knapp 45 Stunden pro Woche für die Schule pauken.[277] Die Krankenkasse DAK mahnt, dass »jeder fünfte Schüler und jede dritte Schülerin ab zehn Jahren regelmäßig unter psychosomatischen Beschwer-

---

276 Matthias Bartsch, Jan Friedmann, Carsten Holm, Anna Kistner, Fidelius Schmid, Katja Timm, Markus Verbeet: »Plattgepaukt«, *Der Spiegel* 17/2013.
277 Ebda.

den wie Einschlafproblemen, Gereiztheit, Kopf- und Rücken-schmerzen« leidet.[278] Der Kinder- und Jugendmediziner Klaus-Michael Keller beklagt, die verkürzte Schulzeit beanspruche viele Kinder so sehr, »dass ihnen vielfach Zeit und Muße feh-len, sich im Vereinssport zu betätigen«.[279] Die hessische Gymna-sialdirektorin Karin Hechler, deren Schule als eine der ersten das G8-Turboabitur umsetzte, räumt heute ein, die Verkür-zung der Schulzeit sei ein Fehler gewesen.[280] Sie habe zu einer »enormen Verdichtung des Lernstoffs« geführt. Die Schüler würden »regelrecht dazu erzogen, stur ihren Lernstoff zu pau-ken und alles beiseitezulassen, was vielleicht interessant ist, aber sich im Stundenplan nicht mehr unterbringen lässt«. Sie macht das etwa an einem »erheblichen Rückgang bei den frei-willigen Arbeitsgruppen« fest.

Der Geburtsfehler des verkürzten Gymnasiums besteht darin, dass die Pädagogen nicht bereit waren, den Lehrplan entsprechend zu kürzen. Es liegt einfach nicht in der Natur der Institution Schule, *weniger* zu unterrichten, auch wenn das aus Sicht der Schüler sinnvoll wäre. Selbst die Kultusminister mehrerer Bundesländer haben erkannt, dass sich um die Kin-der des G8 kaum noch Leben entfaltet und fahren das Expe-riment nun zurück.

Wenn ihre Aufgabe nur in der Vermittlung von Wissen be-stünde, wäre die Schule vielleicht schon abgeschafft. Aber sie bietet – aus Sicht von Staat und Wirtschaft – noch andere ge-wichtige Vorteile: Die Kinder lassen sich besser normieren und kontrollieren. Von Anfang an diente die Schule nicht nur dazu, Kinder von der elenden Knechtschaft in den Fabriken oder auf

---

278 Ebda.
279 Raimund Schmidt: »Verkürzte Schulzeit führt zu verkürzten Muskeln«, *Ärztezeitung Online*, 14.10.2013.
280 Matthias Bartsch, Jan Friedmann, Carsten Holm, Anna Kistner, Fidelius Schmid, Katja Timm, Markus Verbeet: »Plattgepaukt«, *Der Spiegel* 17/2013.

den Feldern der Landwirte zu befreien und ihnen stattdessen eine ungetrübte Kindheit zu bereiten: »Eine Auswirkung des Industriekapitalismus bestand darin«, schrieb der englische Historiker Lawrence Stone, »den <u>Straf- und Disziplinierungs-</u> <u>aspekt der Schule hervorzukehren</u>, in der manche kaum etwas anderes sahen als ein System, um den Willen des Kindes zu brechen und es abzurichten für die eintönige Arbeit in der Fabrik«.[281] Auch Hermann Hesse erkannte diesen Aspekt. »Der Mensch, den die Natur erschafft«, schrieb er in seinem Roman *Unterm Rad*, »ist etwas Unberechenbares, Undurchsichtiges, Gefährliches. Er ist ein von unbekanntem Berge herbrechender Strom und ist ein Urwald ohne Weg und Ordnung. Und wie ein Urwald gelichtet und gereinigt werden muss, so muss die Schule den natürlichen Menschen zerbrechen, besiegen und gewaltsam einschränken; ihre Aufgabe ist es, ihn nach obrigkeitlicherseits gebilligten Grundsätzen zu einem nützlichen Gliede der Gesellschaft zu machen«.[282] Der Dichter Rainer Maria Rilke sah die Schule als einen »systematischen Kampf gegen die Persönlichkeit. Sie verachtet den Einzelnen, seine Wünsche und Sehnsüchte, und sieht ihre Aufgabe darin, ihn auf das Niveau der Masse herabzudrücken. Man lese die Lebensgeschichte aller großen Menschen; sie sind, was sie geworden sind, immer <u>trotz</u> der Schule geworden, nicht durch sie.«[283] Der Gesellschaftstheoretiker Niklas Luhmann erläuterte vergleichsweise nüchtern, dass gesellschaftliche Erziehung Kinder eben nicht als Individuen begreift, sondern als »Trivialmaschinen, die, wenn man den richtigen Input eingibt, die gewünschten Resultate liefern«.[284]

---

281 Neil Postman: Das Verschwinden der Kindheit, Frankfurt am Main 1987, S. 66.

282 Hermann Hesse: Unterm Rad, Frankfurt am Main 1970, S. 47.

283 Rainer Maria Rilke: Von Kunst-Dingen, Leipzig und Weimar 1983.

284 Niklas Luhmann: Das Erziehungssystem der Gesellschaft, Frankfurt am Main 2002.

Gelingt das nicht und erweist sich der Schüler als unbelehr-
bar, wird er repariert oder – im Jargon zeitgemäßer Pädagogen – gefördert.

Der Lehrplan der Wirtschaft

Die Liste mit Zitaten prominenter Schulkritiker ließe sich end-
los fortsetzen, und die Schule hat auf diese Kritik zweifellos
reagiert: Heutige Schulen wirken wesentlich freundlicher als
die Erziehungsanstalten vor hundert, fünfzig oder sogar dreißig Jahren, und auch die Unterrichtsmethoden haben sich
deutlich verbessert. Doch die Tendenz zu normieren und ver-
einheitlichen, hat sich in den Schulen eher noch verstärkt. Die
Einführung internationaler Vergleichsstudien hat dazu beigetragen, das Wissen der Schüler sogar über Ländergrenzen hinweg zu standardisieren. Nicht nur die PISA-Studie vergleicht
weltweit Wissen und Kenntnisse von Schülern, die IGLU-Stu-
die testet die Lesekompetenz von Grundschülern und die
TIMSS-Studie Mathematik-Kenntnisse von Grundschülern
und Gymnasiasten verschiedener Länder. Allein schon durch
das Design der Studien wird festgelegt, was zählt im Leben eines jungen Menschen: Deutsch, Mathematik, Naturwissenschaften. Fächer wie Musik und Kunst oder gar soziale Fähigkeiten spielen keine Rolle. Natürlich sind die getesteten Fächer
wichtig und für viele Berufe sogar unentbehrlich. Abgesehen
davon bleibt aber die Frage, wie aussagekräftig der interna-
tionale Vergleich ist.

Die treibende Kraft hinter der PISA-Studie ist dieselbe Organisation, die schon die Sozialpolitik in Deutschland auf den
Kopf gestellt hat: die OECD. Die Ziele dieser supranationa-
len Organisation sind im Artikel 1 der OECD-Konvention
nachzulesen: Es soll eine Politik gefördert werden, die darauf

gerichtet ist, in den Mitgliedsstaaten »eine optimale Wirtschaftsentwicklung und Beschäftigung« zu erreichen, in den Entwicklungs- und Schwellenländern ein »gesundes wirtschaftliches Wachstum« und insgesamt »eine Ausweitung des Welthandels«.

Der Bonner Bildungswissenschaftler Jochen Krautz kritisiert, die OECD setze in Deutschland »die eigenen normativen Ansprüche politisch durch«, obwohl sie keine politische Legitimation habe.[285] Die PISA-Studie zum Beispiel verfolge ein »Kompetenz-Konzept«, das allein auf die »funktionale Fähigkeit« der Schüler abziele, sich »an die ökonomischen Erfordernisse flexibel anzupassen«. Obwohl Anpassung nie das Ziel von Bildung gewesen sei, habe die OECD ihr »verengtes, utilitaristisches Bildungsverständnis« auch in Deutschland durchgesetzt. Seit dem schlechten Abschneiden beim ersten PISA-Test im Jahr 2000 sei jede Bildungsreform damit begründet worden, »beim nächsten Test besser abschneiden zu wollen«.

Die OECD geht sogar so weit, dass sie ihren Mitgliedsstaaten vorschreiben will, auf welchem Weg die Schüler ihre Kompetenzen erlangen: Über Jahre wurde Deutschland für seine vergleichsweise niedrige Abiturientenquote gerügt, obwohl die sogenannte duale Ausbildung von Fachkräften in der Schule wie auch in den Betrieben seit jeher eine der großen Stärken Deutschlands im internationalen Wettbewerb darstellt. Inzwischen machen fast 50 Prozent der deutschen Schüler Abitur. Die OECD-Statistiker werden trotzdem nicht müde, auf den internationalen Durchschnitt zu verweisen, der bei 60 Prozent liegt.[286]

Aber was sagt das aus? In Frankreich, dem Land, das Öko-

285 Jochen Krautz: »Die sanfte Steuerung der Bildung«, *FAZ*, 29.9.2011.
286 z. B. Bernd Kramer: »OECD liest Deutschland die Leviten«, *taz,* 12.9.2012.

nomen auch gern für seine hohe Geburtenrate und die umfassende Betreuung des Nachwuchses rühmen, ist derzeit jeder vierte Jugendliche arbeitslos.[287] Ein Drittel der jungen Franzosen gab an, dass sie nichts mehr in ihrem Land hält, sie wollen ihr Heil und vor allem einen Job im Ausland suchen. Ganz so weit ist es in Schweden noch nicht, aber auch dort finden 22,3 Prozent der 15- bis 24-Jährigen keine Arbeit, und beim PISA-Spitzenreiter Finnland trifft das Schicksal immer noch gut 20 Prozent.[288] Die Quote in Deutschland: 7,8 Prozent. Kann es sein, dass das deutsche Bildungssystem vielleicht sogar besser funktioniert als die Kompetenz-Konzepte der OECD? In der eindimensionalen Logik der Organisation ist eine bulgarische Diplom-Mathematikerin, die in ihrer Heimat keinen Job findet, erst recht keinen hochqualifizierten, und deshalb in Deutschland als Putzfrau oder Sekretärin im Betrieb eines Unternehmers arbeitet, der vielleicht nur einen Hauptschulabschluss vorweisen kann, ein Beweis für die Überlegenheit des bulgarischen Bildungssystems. »Vergleiche nie ein Kind mit dem anderen, sondern immer nur mit sich selbst« – nie war die Schule weiter von diesem Erziehungsideal des großen Schweizer Pädagogen Johann Heinrich Pestalozzi entfernt als heute.

Organisationen wie der OECD geht es aber nicht nur darum, Zahlenkolonnen zu erstellen und in Form von Broschüren und Studien zu veröffentlichen. Sie wollen die Politik beeinflussen, und wie der Bildungsforscher Jochen Krautz ausführt, gelingt das auch recht gut. Seit dem PISA-Schock wurden Milliarden in den Ausbau von Kinderkrippen und Ganztagsschulen investiert, die Hauptschule heißt nun Mittelschule und wird von Kindern und Eltern panisch gemieden, weil sie in

---

287 Hanna Gieffers: »Alles ist besser, als in Frankreich zu sein«, *Spiegel Online* 2.4.2014.

288 »Europäische Union: Jugendarbeitslosenquoten in den Mitgliedsstaaten im Juli 2014«, www.statista.com, 12.9.2014.

den Augen der Öffentlichkeit nur eines verspricht: den Weg in die Arbeits- und Perspektivlosigkeit. Das hat zur Folge, dass sogenannte bildungsnahe Schichten fast nichts unversucht lassen, um ihren Nachwuchs, unabhängig von Begabung und Lerneifer, auf dem Gymnasium unterzubringen. Im Extremfall bekommen dann schon Siebenjährige Nachhilfeunterricht und zum Jahresende gehen bei den Grundschulen Anwaltsschreiben ein, wenn die Zeugnisnoten nicht den Vorstellungen der Eltern entsprechen – ein Verhalten ganz im Sinne des OECD-Mantras, wonach nur das Abitur Erfolg im Leben verspricht.

Die Schulbehörden widersetzen sich dem Einfluss aus der Wirtschaft nicht etwa, sondern nutzen die Gunst der Stunde, um das Leben der Kinder noch mehr zu verschulen. Wie bereits erwähnt, sind seit geraumer Zeit Lehrer in Kindergärten unterwegs, um die Schulfähigkeit von Vier- und Fünfjährigen zu testen. Gleichzeitig sollen die Schüler länger und mehr lernen, auch den Nachmittag erobert die Schule zusehends. Früher, länger, mehr – eigentlich ein ziemlich maßloser Anspruch für eine Institution mit einer so mittelmäßigen Bilanz: Viele Kinder erleben ihre Schulzeit als zutiefst unbefriedigend oder sogar deprimierend – ein Gefühl, das auch schon ihre Eltern kannten. Studien zufolge leiden ein Viertel der Gymnasiasten und ein Drittel der Haupt- und Realschüler an depressiven Verstimmungen oder Depressionen.[289] Sie fühlen sich traurig, niedergeschlagen, antriebslos und dem Leistungsdruck in der Schule nicht gewachsen. Die Zahl der Nachhilfestunden hat in vielen Bundesländern nach Einführung des achtjährigen Gymnasiums stark zugenommen.[290]

289 »Depressive Stimmungen bei Schülerinnen und Schülern«, Studie der Leuphana Universität Lüneburg im Auftrag der DAK, Hamburg/Lüneburg 2011.

290 z.B. Vivien-Marie Drews: »So schadet das Turbo-Abi unseren Kindern«, *Bild*, 15.6.2013.

Schwer vorstellbar, dass all diese Probleme verschwinden, wenn Kinder und Jugendliche künftig auch noch die Nachmittage in der Schule verbringen.

Lehrer sind keine Erzieher

Pauschalkritik an der Schule ist immer ungerecht, weil es genug Lehrer gibt, die mit sehr viel Herzblut ihre schwierige und komplexe Arbeit ausfüllen. Allerdings gibt es Hinweise, dass diese Arbeit auch ihren Preis hat: Ein Gutachten des Aktionsrates Bildung im Auftrag der bayerischen Wirtschaft kam vor Kurzem zu dem Ergebnis, dass 30 Prozent der Beschäftigten im Bildungswesen unter psychischen Problemen leiden.[291] Die Zahl der Krankheitstage bei Lehrern habe sich in den vergangenen fünfzehn Jahren verdoppelt. Experten führen diese Entwicklung auf die zunehmenden Erwartungen zurück, die heute auf Lehrern lasteten. Zudem sei die Anzahl von Unterrichtsstunden, die sie leisten müssten, im internationalen Vergleich hoch.

Offensichtlich spüren viele Lehrer den gewaltigen Druck, der ihnen von Politik, Wirtschaft und Gesellschaft entgegengebracht wird. Und nicht wenige brechen unter dieser Last zusammen. Die logische Antwort bestünde darin, die Lehrer zu entlasten. Was auch heißen würde, den Aufgabenbereich darauf zu beschränken, wofür die Schule ursprünglich vorgesehen war: die Schulung des Denkens, Vermittlung von Wissen, ein Stück weit die Förderung von Begabungen und Talenten. Jeder, der in seinem Leben schon mal eine Schule besucht hat, weiß, dass viele Lehrer bereits damit hinreichend gefordert und oft genug überfordert sind.

291 Aktionsrat Bildung (Hg.): »Psychische Belastungen und Burnout beim Bildungspersonal«, Münster 2014.

Doch künftig sollen Lehrer auch noch erziehen, insbesondere in den Ganztagsschulen, wo die Kinder mehr Zeit verbringen als gemeinsam mit ihren Eltern. Dabei gibt es keinerlei Vorstellungen, welche Werte die Schule dabei vermitteln soll. Es gibt ja noch nicht einmal einen Konsens unter den Pädagogen, was zeitgemäße Bildung bedeutet. Sobald die einen die Lehrpläne entrümpeln wollen, prophezeien die anderen den Untergang des Abendlandes. Wieder andere halten das Wissen, das in der Schule vermittelt wird, ohnehin größtenteils für obsolet. Viel wichtiger als bloßes Pauken von Daten und Fakten seien Kompetenzen, etwa die Fähigkeit Probleme zu lösen, flexibel zu sein oder im Team zu arbeiten – so hätte es die Wirtschaft gern. Jede Seite hat gute Argumente, jede Reform Vorteile, zumindest auf dem Papier. Die Nachteile werden immer erst in der Praxis sichtbar. Salopp ausgedrückt: Die Schulexperten wissen auch nicht so genau, was sie tun. Solange das der Fall ist, sollten sich Eltern genau überlegen, ob sie ihre Kinder den ganzen Tag dieser Institution ausliefern wollen.

Ganztagsschule – die Lösung aller Probleme?

Im Schuljahr 2012/2013 ging fast ein Drittel der 7,5 Millionen Schüler in Deutschland den ganzen Tag zur Schule.[292] Vier Jahre zuvor war es noch gut ein Fünftel gewesen, im Jahr 2002 nutzte nur jeder zehnte Schüler ein ganztägiges Angebot. Allein an Grundschulen gibt es knapp 800 000 Ganztagsschüler. Kaum eine Schulform wurde derart mit Lorbeeren überhäuft, die Erwartungen waren und sind immens: Ganz-

---

292 »Mehr als 2,4 Millionen Schüler lernen an Ganztagsschulen«, *Die Welt*, 17.4.2014.

tagsschulen sollen den Eltern helfen, Beruf und Familie zu vereinbaren, Chancengerechtigkeit herstellen, Hochbegabte ebenso wie Schüler mit Schwierigkeiten individuell fördern und alle Kinder zu besseren Leistungen führen.[293] Bis vor Kurzem spielten Ganztagsschulen kaum eine Rolle in der deutschen Bildungslandschaft, seit dem Pisa-Schock erleben sie einen rasanten Aufschwung. Die SPD warb mit dem Slogan »Auf Dauer schlauer« für deren flächendeckende Einführung. Der Ganztagsschulenverband schrieb in einem Thesenpapier, der Vollunterricht solle Freude beim Lernen vermitteln, Schulverweigerer bekehren, soziales Verhalten einüben, der Medienüberflutung entgegenwirken, individualisiertes Fördern ermöglichen, Hausaufgabenterror in den Familien abbauen, Tischsitten vermitteln und selbstbestimmte Menschen hervorbringen.[294]

Auch die Ganztagsschule basiert teilweise auf der Ansicht, dass Eltern mit ihren Erziehungsaufgaben überfordert sind. In den Anfangsjahren provozierte dieser Ausschluss der Eltern noch den Widerspruch konservativer Politiker. Die CDU-Politikerin und spätere Familienministerin Rita Süssmuth sagte 1980, die Schule täusche »eine Eigenständigkeit in Lernprozessen vor, die faktisch nicht gegeben ist. Entscheidende Leistungen für den Schulerfolg werden von der Familie erbracht oder sind von der Familie zu erbringen«.[295] 1985 wandte sich der damalige baden-württembergische Ministerpräsident Lothar Späth entschieden gegen den ganztägigen Unterricht. Die CDU, sagte er, werde »den gefährlichen Tendenzen zur Ganztagsschule, die den elterlichen Einfluss

293 Katja Thimm: »Die große Illusion«, *Spiegel Spezial* 3/2004.
294 Ebda.
295 Ilona Ostner: »Ökonomisierung der Lebenswelt durch aktivierende Familienpolitik?«, in: Adalbert Evers, Rolf G. Heinze (Hg.): Sozialpolitik – Ökonomisierung und Entgrenzung, Wiesbaden 2008.

entscheidend schmälert«, nicht folgen.[296] Spätestens mit dem PISA-Schock verstummten die kritischen Stimmen. Als die damalige Bildungsministerin Edelgard Buhlmann von der SPD, als Reaktion auf das schlechte Abschneiden der deutschen Schüler, den Ausbau der Ganztagsschule vorantrieb und sie gar zur Regelschule machen wollte, zielte die Kritik der CDU fast nur noch auf qualitative Mängel des Konzepts ab, etwa darauf, dass die Schulen nachmittags nur betreuen statt unterrichten würden. Doch auch diese Front bröckelte, als klar wurde, dass sich mit dem Ausbau von Krippen und Ganztagsschulen eher bei den Wählern und der Wirtschaftslobby punkten ließ.

Die Medienberichte zu Ganztagsschulen lesen sich zuweilen, als seien sie von der Pressestelle des Bildungsministeriums verfasst worden, selbst in vermeintlich kritischen Blättern. Unter dem Titel »Länger lernt sich's leichter«, berichtete *Der Spiegel* über ein Gymnasium in Hamburg,[297] »Mehr Schule macht Spaß«, behauptet der *stern*.[298] Vollzeitunterricht entlaste Familien, und die Schüler lernten »lieber und besser«. Die Autorin schwärmte davon, dass die Lehrer an der Ganztagsschule immer präsent seien, acht Stunden am Tag, um »auf jede Klasse, auf jedes Kind« einzugehen. Natürlich fanden sich auch Schüler, die das affirmative Bild mit fröhlichen Zitaten abrundeten. Aber welcher Schüler sagt schon, was er wirklich denkt, wenn er weiß, dass seine Lehrer und der Direktor den Artikel später lesen werden?

Nur langsam setzt sich die Erkenntnis durch, dass die Ganztagsschule die meisten Erwartungen eben nicht erfüllt, die in

---

296 Christian Kuhlmann, Klaus-Jürgen Tillmann: »Mehr Ganztagsschulen als Konsequenz aus PISA?«, in: Ganztagsschule als symbolische Konstruktion, Wiesbaden 2009.

297 Sabine Kartte: »Länger lernt sich's leichter – Ganztagsschulen machen Spaß und entlasten die Familie«, *Spiegel Spezial* 11/1996.

298 Ingrid Eißele: »Mehr Schule macht Spaß«, *stern*, 29.3.2001.

sie gesetzt wurden. Untersuchungen ergaben, dass die Leistungen von Ganztagsschülern in Deutschland keineswegs besser sind als die ihrer Kameraden in herkömmlichen Schulen.[299] Deshalb muss es auch niemand erstaunen, dass es in Finnland, dem langjährigen Spitzenreiter bei der PISA-Studie, kaum Ganztagsschulen gibt. Darüber hinaus gelingt es auch Ganztagsschulen nur selten, die Benachteiligten des Bildungssystems zu erreichen. Auch kein Wunder, dasselbe gilt für Frankreich, wo Ganztagsschulen seit mehr als einem Jahrhundert üblich sind. In deutschen Ganztagsschulen hat sich zum Beispiel gezeigt, dass Workshops am Nachmittag, in denen Kenntnisse aus dem Unterricht vertieft werden sollen, vor allem von Schülern wahrgenommen werden, die ohnehin zu den Besten zählen. Die Hoffnung, dass die Ganztagsschule Hausaufgaben überflüssig machen könnte, hat sich ebenfalls nicht erfüllt: Etliche Schüler fielen bei den Fremdsprachen sogar zurück, weil sie zu Hause keine Vokabeln mehr paukten und keine Grammatik übten.[300]

Ein Experiment ohne Kontrolle

Die Befunde sind übrigens unabhängig davon, ob die Ganztagsschule in der offenen Form organisiert ist – was nichts anderes heißt als vormittags Unterricht und nachmittags Betreuung – oder als gebundene Variante, mit sogenanntem rhythmisierten Unterricht, einem über den ganzen Tag verteilten Mix aus Unterricht, Übung, Vertiefung sowie Sport, Spaß

299 Marlene Weiß: »Ganztagsschule zu oft ohne Konzept«, *Süddeutsche Zeitung*, 7.11.2013.
300 Monika Köhne: »Das Konrad-Adenauer-Gymnasium in Bad Godesberg«, in: Die Ganztagsschule – Alltag, Reform, Geschichte, Theorie, Weinheim und München, 2005.

und Spiel. »Es gibt keine empirischen Belege dafür, dass die gebundene Ganztagsschule für die Leistung oder das Sozialverhalten der Schüler besser ist als die offene«, sagt die Frankfurter Bildungsforscherin Natalie Fischer.[301] »Unbeobachtet und frei von Kontrollen experimentieren Schulen im konzeptionslosen Vakuum vor sich hin«, kritisiert *Die Zeit*.[302] Hunderttausende Kinder sind die Versuchskaninchen in diesem Experiment mit ungewissem Ausgang. Laut Angaben des Deutschen Lehrerverbands kostet eine Ganztagsschule etwa 30 Prozent mehr. Die bisherige Bilanz, ähnlich wie bei den Krippen: viele Versprechungen, hohe Kosten, geringer Nutzen – jedenfalls für die Kinder. Trotzdem plädieren OECD und die Wirtschaftsverbände weiter für den Ausbau der Ganztagsschulen, schließlich ermöglichen sie den Totalzugriff auf die Eltern.

Im Grunde reichen ein paar einfache Überlegungen, um einzusehen, dass Ganztagsschulen kein Allheilmittel sein *können:* Nicht jedes Kind fühlt sich in der Schule wohl, manche brauchen mehr Abstand, mehr Zeit für sich selbst als andere. Für sie ist die Ganztagsschule eine Zumutung. Die amerikanische Unternehmensberaterin Susan Cain beschäftigte sich jahrelang mit der »Kraft der Introvertierten«.[303] Sie bemängelt, in den Schulen würden, zum Leidwesen der zurückhaltenden Kinder, »die Tische zu Vierecken zusammengeschoben, um bei Kindern das Lernen in der Gruppe zu fördern, und wie Untersuchungen belegen, glaubt die große Mehrzahl der Lehrer, der Idealschüler sei extravertiert«. Teamarbeit als modische Erscheinung ist längst aus der freien Wirtschaft in die Schulen geschwappt – das freut vielleicht spätere Arbeitgeber, aber für die ruhigeren Schüler kommt es einer Bestrafung gleich. Für

---

301 Marlene Weiß: »Ganztagsschule zu oft ohne Konzept«, *Süddeutsche Zeitung*, 7.11.2013.
302 Jeannette Otto: »Der verkorkste Nachmittag«, *Die Zeit* 46/2013.
303 Susan Cain: Still – Die Kraft der Introvertierten, München, 2013.

Kinder, die ohnehin in der Schule gehänselt werden, ist ganztägiger Unterricht die Hölle. Und wie jeder Schüler weiß: Längst nicht alle Lehrer sind so angenehm, lustig, vorbildlich, weise oder inspirierend, dass Kinder unbedingt den ganzen Tag mit ihnen verbringen möchten. Auch die Lehrer sind nicht von allen Schülern gleichermaßen angetan. Der Abstand voneinander zumindest am Nachmittag ist also im Interesse beider Parteien.

Den größten Zuwachs verzeichnet die Schulform bei den Kleinsten, in der Grundschule. Gerade sie überfordert aber die schiere Zahl der Stunden, die sie nun in der Schule verbringen. Der Kinderarzt und Psychiater Johannes Pechstein verwies schon vor Jahren auf die Befunde des Schulkomitees der Schwedischen Ärztegesellschaft Ende des 19. Jahrhunderts.[304] Dieses Komitee hatte nach detaillierten Beobachtungen eine Tabelle für die Höchstbelastung von Kindern erstellt, was »Arbeitszeit und Zwangszeit in der Schule« angeht, gestaffelt nach Alter. Für Siebenjährige erschienen den Forschern drei Stunden als entwicklungsgerecht. Mit zunehmendem Alter nahm die Belastbarkeit zu, aber erst mit 13 hielt das Gremium eine Arbeits- und Zwangszeit von sieben Stunden für angemessen. »Zwischen der Belastbarkeit von Sieben- und Vierzehnjährigen liegen Welten«, stellt Pechstein fest.

Außerdem schwankt die Leistungsfähigkeit tagsüber, was ja auch bei den Erwachsenen natürlich ist. Am Mittag und frühen Nachmittag fallen die meisten Kinder in ein Tief, besonders wenn sie jünger als zehn Jahre sind, hätten sie eher ein »mittägliches Schlafbedürfnis«, so Pechstein. Auch Gymnasialdirektorin Karin Hechler, die früh Erfahrungen mit dem G8 und der damit verbundenen Ausdehnung des Nachmittagsunterrichts machte, sagt heute: »Wir haben unter-

---

304 Johannes Pechstein: »Zu Lasten der Schwächsten«, *FAZ*, 15.5.2003.

schätzt, wie anstrengend es für manche Kinder ist, den ganzen Tag mit anderen zusammen zu sein, sogar beim Essen und beim Hausaufgaben machen.«[305] Selbst bei Erwachsenen heißt es immer wieder, wie gesund und leistungsfördernd ein Nickerchen nach dem Mittagessen wäre. Aber bei Sieben-, Acht- oder auch Neunjährigen soll es gesund sein, wenn sie morgens um acht Uhr ein Programm beginnen, das um 16 Uhr endet, rhythmisiert oder auch nicht, jedenfalls ohne Möglichkeit, sich vom allgemeinen Trubel zurückzuziehen?

Das ist alles längst bekannt, trotzdem setzen sich die Anhänger der Ganztagsschule darüber hinweg. »Die Schüler kommen im Dunkeln und gehen in der Dämmerung. Betreuung bis zu zehneinhalb Stunden am Tag, 50 Stunden in der Woche. Für manche Berufstätige mag das ein Traum sein. Und für die Kinder?«, fragt die *Frankfurter Allgemeine Sonntagszeitung*.[306] Entwicklungsforscher und Kinderärzte hätten immer wieder darauf hingewiesen, »wie wichtig Nichtstun für das Werden der Persönlichkeit ist. Auf dem Bett liegen, Musik hören, nachdenken. Oder gar nichts denken. Toben ohne Trainer. Ruhe ohne Zeitfenster. Rückzug ohne Rückzugsecke.« Viele Kinder, heißt es in dem Zeitungsbericht weiter, hätten nie gelernt, sich auszuklinken, »weil seit ihrer Geburt eigentlich immer Programm war: Babyschwimmen, Pekip, Musikgarten, Lernspiele, Kita, Heititei. Aber selbst wenn ein Programm noch so kindgerecht rhythmisiert ist, bleibt es: ein Programm. Wer immer beschäftigt ist, lernt nie, sich selbst zu beschäftigen.« Eine Abiturientin der Goetheschule in Neu-Isenburg brachte das Dilemma in einem Beitrag für ihre Schülerzeitung sehr schön auf den Punkt: »Wie war das noch

305 Tina Baier: »Die Eltern haben uns die Bude eingerannt«, *Süddeutsche Zeitung*, 11.2.2014.
306 Florentine Fritzen: »Bis die Sonne untergeht«, *Frankfurter Allgemeine Sonntagszeitung*, 20.10.2013.

gleich? Wir lernen nicht für die Schule, sondern für das Leben … Doch was, wenn das Leben nur noch aus Schule besteht?«[307]

Es geht um nichts weniger als die Freiheit von Kindern und Jugendlichen. Egal wie umfangreich das Angebot der Schule sein wird, für den Einzelnen bedeutet es immer eine Einschränkung. Schüler haben nur innerhalb eines begrenzten Angebots Wahlfreiheit, die meisten Aktivitäten werden von Erziehern oder Lehrern vorgegeben und überwacht. Manche Schüler haben das Glück, dass sich das Angebot mit ihren Interessen deckt, andere sehen sich eingeschränkt und fremdbestimmt, für sie bedeutet Ganztag deshalb nichts anderes als die Ausdehnung der Zwangsinstitution Schule auf Kosten ihrer persönlichen Hobbys und Vorlieben. Übrigens auch auf Kosten von Tätigkeiten, die in keinem Lehrplan vorkommen, aber für das spätere Leben nicht weniger wertvoll sind, etwa: das eigene Zimmer aufräumen, Mittagessen kochen oder den Familienhund ausführen.

Pädagogen finden immer eine Begründung, wenn es um die Expansion der Schule geht: »Indem die Schule Freizeit zum Gegenstand des Lernens macht und nach Integrationsmöglichkeiten von Unterricht und Nicht-Unterricht sucht, fördert sie nicht nur die Fähigkeiten sinn- und anspruchsvoller Freizeitgestaltung, sondern sie arbeitet mit am Projekt der Kultivierung von Lernsubjekten, die sich den Erfordernissen der ökonomisierten und flexibilisierten Wissensgesellschaften anpassen, indem sie wollen, was sie sollen.« So heißt es in einem Fachbeitrag der Bildungsforscher Sabine Reh, Bettina Fritzsche und Till-Sebastian Idel.[308] Ein langer Satz, der aber sehr

---

307 Maresa Kern: »Ganztagsschule«, *Kurzschluss*. Schülerzeitung der Goetheschule Neu-Isenburg, 27.3.2007.

308 Sabine Reh, Bettina Fritzsche, Till-Sebastian Idel: »Freizeit – Zum Verhältnis von Schule, Leben und Lernen«, in: Ganztagsschule als symbolische Konstruktion, Wiesbaden 2009.

gut beschreibt, wie sehr die verkopften Ideale und Vorstellungen der Experten und Schulbürokraten von den Wünschen halbwegs normaler Schüler abweichen.

Immerhin – es gibt auch Ausnahmen wie den österreichischen Schulforscher Helmut Fend. Er mahnt, dass auch die besten Absichten der Pädagogen im Schulalltag verpufften;[309] die meisten Jugendlichen empfänden das »mit großen öffentlichen Mitteln geschaffene Angebot« eher als Zumutung und nicht »als großartige gesellschaftliche Sorge für eine bestmögliche Vorbereitung auf das Leben«. Diese Beschreibung dürfte auch vielen Eltern bekannt vorkommen. Schon immer haben sich Jugendliche von den Idealen und Vorgaben der Erwachsenen distanziert, und Lehrer boten sich dafür besonders an. Wer erinnert sich nicht an die allgemeine Entrüstung über die Null-Bock-Generation? Und oft genug hat der Konflikt zwischen den Generationen auch zu gesellschaftlichem Fortschritt geführt, eine gewisse Auflehnung ist wünschenswert in einer lebendigen Gesellschaft. Deshalb muss es niemanden beunruhigen, wenn Fend beschreibt, auch heute begegneten Jugendliche schulischen Angeboten mit Desinteresse und Ablehnung. Und: »Das Lehrer-Schüler-Verhältnis scheint auf einem mehr oder weniger expliziten Kampfniveau stabilisiert. Möglichst verdeckter und erfolgreicher Widerstand, ja verletzender Umgang der Schüler mit den Lehrern bringen den ersteren Klassenprestige. Das Kampfverhältnis ist aber durchaus ein gegenseitiges. Es ist von Abwehr, ja von gegenseitigen Verletzungen gekennzeichnet.« Es stellt sich deshalb die Frage, ob es wirklich so eine schlaue Idee ist, mit der Einführung der Ganztagsschule die Kampfzone auch noch auf den Nachmittag auszuweiten.

---

309 Rolf Göppel: »Schule und Erziehung – ein kompliziertes Verhältnis«, in: Muss – kann – darf die Schule erziehen? 11. Heidelberger Dienstagsseminar, Heidelberg 2011.

Zuviel Nähe zu Gleichaltrigen

Keine Durchmischung von „Bildungs"-Schichten mehr

Das Outsourcing der Kindheit an die Ganztagsschulen bedeutet, dass immer mehr Kinder und Jugendliche den ganzen Tag mit Gleichaltrigen verbringen. Kein Grund zur Sorge, denken viele Eltern heute, ab einem bestimmten Alter sind Freunde ohnehin das Wichtigste im Leben der Kinder. Seit Mitte der Neunzigerjahre ist diese Ansicht auch in der Psychologie etabliert, die US-Wissenschaftlerin Judith Harris fragte als Erste: Ist Erziehung sinnlos?[310] Und bejahte die Frage. Wenn sich Kinder ähnlich entwickelten wie ihre Eltern, liege das in erster Linie daran, dass sie je 50 Prozent der Gene mit ihnen teilen. Für die weitere Entwicklung seien die Gleichaltrigen viel entscheidender als die Eltern.

Gordon Neufeld ist Entwicklungspsychologe im kanadischen Vancouver, er arbeitet seit vierzig Jahren mit Kindern und Jugendlichen und war unter anderem in einem Gefängnis für jugendliche Straftäter beschäftigt. Auch er konstatiert, »dass mittlerweile der größte Einfluss auf die kindliche Entwicklung von anderen Kindern ausgeht«. Doch anders als Judith Harris nimmt er diese Entwicklung nicht als naturgegeben hin, sondern sieht sie als höchst problematisch: »Zum ersten Mal in der Menschheitsgeschichte wenden sich junge Menschen, um Anleitung, Vorbilder und Führung zu finden, nicht an Mütter, Väter, Lehrer und andere verantwortungsvolle Erwachsene, sondern an Menschen, die von Natur aus nie für die Elternrolle vorgesehen waren – ihre eigenen Altersgenossen.«[311] Sie ließen sich deshalb nicht mehr lenken, unterrichten und entwickelten keine Reife mehr. Schließlich seien ihre gleichaltrigen Erzieher selbst unreif. Der Einfluss kann sehr destruktiv sein, vor allem für Kinder, die aus irgend-

---

310 Judith Harris: The Nurture Assumption, New York 1998.
311 Gordon Neufeld: Unsere Kinder brauchen uns!, Bremen 2006, S. 7f.

welchen Gründen ausgeschlossen werden. Je mehr Zeit Kinder und Jugendliche miteinander verbringen, umso mehr sind diese Opfer dem Spott und der Häme ausgesetzt.

Neufeld betont, Gruppendruck führe gerade nicht dazu, dass die Heranwachsenden ihre eigene Persönlichkeit, ihr volles Potenzial entfalten können, sondern eher zu Anpassung und Konformität. Oder auch zu Verzweiflung, Depression und noch schlimmeren Reaktionen: So habe sich die Selbstmordrate der Zehn- bis Vierzehnjährigen in Nordamerika seit 1950 vervierfacht, beklagt er. Es sei ein universelles Phänomen, Abschiedsbriefe von japanischen Kindern, die Selbstmord begingen, hätten ein ähnliches Motiv erkennen lassen: »die unerträgliche Tyrannisierung durch Gleichaltrige«. Auch hierzulande berichten die Medien immer wieder über Gruppenzwang und wie grausam zum Beispiel Kinder und Jugendliche, die zu viele Castingshows gesehen haben, zu anderen Kindern sein können, die sie als dick und hässlich verspotten.[312]

Die Welt der Heranwachsenden war nie eine heile Welt. »Leider laufen die Interaktionen unter Kindern von Natur aus alles andere als bedächtig, rücksichtsvoll und zivilisiert ab«, weiß Neufeld. Was sich aber zum Schlechten geändert habe, sei die Bindung zu den Eltern. Neufeld argumentiert, Kinder mit guter Elternbindung würden durch Häme, Spott und Niedertracht von Gleichaltrigen sicher auch verletzt, aber nicht so leicht aus der Bahn geworfen, weil sie sich zumindest auf ihre Eltern verlassen könnten. Die Tyrannisierung durch Gleichaltrige treffe vor allem jene Kinder, die bei anderen Kindern und Jugendlichen Rat, Unterstützung, Halt, Anerkennung und Liebe suchen, die sie zu Hause bei den Eltern nicht mehr zu finden glauben.

---

312 z. B. Christina Kolb: »Cybermobbing bei Jugendlichen: Tatort Internet«, *Darmstädter Echo*, 18.10.2013.

Die Bindung zu den Eltern wird aber gesellschaftlich zunehmend untergraben. Neufeld klagt: »Von früh an setzen wir unsere Kinder vielen Situationen aus, die zur Gleichaltrigenorientierung ermuntern.« Die Erwachsenen, die berufstätige Eltern tagsüber ersetzen sollen, sind für diese Aufgabe nicht annähernd gerüstet: Erzieher, Pädagogen, Lehrer und Psychologen wüssten meist nicht, wie wichtig Bindungen seien, dieser Punkt sei in der Ausbildung kaum vorgesehen. Außerdem sei es im Schulalltag schon aufgrund der großen Klassen unmöglich, zu allen Kindern ein vertrauensvolles Verhältnis aufzubauen. Deshalb bleibe den Kindern meist nur die Verbindung untereinander, vor und nach dem Unterricht, in den Pausen, während der Mittagszeit. Im schlechtesten Fall sind sie einer feindlichen Meute hilflos ausgeliefert. Das gilt gerade für die vermeintlich progressiven Gesamtschulen, wie der damals 30-jährige Autor Joachim Helfer in seinem Roman *Du Idiot* beklagte: Man habe die Schüler »bloß verwahrt und, äußerlich verroht, innerlich verwahrlost, sich selbst, dem dynamischen Gruppenprozess überlassen«.

Wenn sich Kinder, die in einer Welt von Gleichaltrigen aufwachsen, dann von den Eltern lossagen, sie sogar radikal ablehnen, sei darin keine normale Entwicklung eines Teenagers zum Erwachsenen zu sehen, warnt Neufeld. »Was uns wie Unabhängigkeit erscheint, ist in Wirklichkeit nur übertragene Abhängigkeit.« Die Kinder und Jugendlichen seien weiter auf Bindungen angewiesen und suchten sie bei den Altersgenossen, weil die Eltern nicht verfügbar seien. »Wir haben es mit dem Selbstständigwerden unserer Kinder so eilig, dass wir nicht erkennen, wie sehr sie tatsächlich von uns abhängig sind. Wir wollen, dass unsere Kinder selbstbestimmt, orientierungsfähig, selbstständig und selbstsicher sind. Unabhängigkeit ist uns so wichtig, dass wir aus den Augen verlieren, worum es in der Kindheit eigentlich geht.«

Wenn die Kinder in der Pubertät kämen, oft aber auch schon

früher, so bemerkt Neufeld, dann wunderten Eltern sich über »feindselige und abstoßende Verhaltensweisen« bei ihren Kindern und seien beunruhigt, wenn sie die in sie gesetzten Erwartungen nicht erfüllen. Aber dass sie »ihre Zuneigung, Anerkennung und Wertschätzung nicht mehr suchen, scheint ihnen nicht aufzufallen«. Neufeld wundert es hingegen nicht, dass alle Versuche der Eltern scheitern, das Verhalten der Kinder wieder in die rechte Bahn zurückzuführen. Zu diesem Zeitpunkt hätten die Eltern nämlich längst den Einfluss auf ihren Nachwuchs verloren.

Neufeld räumt ein, auch das Zusammenleben mit Kindern, die ein gutes Verhältnis zu ihren Eltern haben, könne anstrengend sein. Zuweilen sei der Wunsch der Kinder nach Nähe auch einengend, störend und frustrierend. Auch das vergleichsweise harmonische Zusammenleben habe eben seinen Preis, sagt Neufeld und rät, »in Harmonie mit den natürlichen Gegebenheiten zu erziehen, anstatt gegen sie anzukämpfen.«

Leider sei die Gesellschaft inzwischen so von dieser Natur entfremdet, dass nicht wenige Eltern die Trennungsbereitschaft der Kinder mehr schätzten als ihr Bemühen um Nähe.

Keine Emotionen zeigen!

Wie ungesund es sein kann, wenn Gleichaltrige unter sich sind, zeigt sich besonders am Phänomen Mobbing: Schätzungen zufolge wird ein Drittel aller Grundschüler von den Klassenkameraden beschimpft, verhöhnt, bedroht oder geschlagen.[313] In Deutschland, wo der Ausspruch »Du Opfer!« als Schimpfwort

---

313 Margita Feldrapp: »Psychoterror im Klassenzimmer«, *Süddeutsche.de*, 19.5.2010.

gilt, äußert sogar jeder zweite Schüler, schon einmal drangsaliert worden zu sein. Und selbst beim PISA-Spitzenreiter Finnland, dessen Schulsystem von unzähligen Delegationen aus aller Welt bewundert wurde, ist das Phänomen Alltag.

Nach dem Amoklauf eines Schülers in der finnischen Kleinstadt Kauhajoki im September 2008 stellte die Kinderpsychiaterin Raisa Cacciatore fest: »Soziale Fähigkeiten entwickeln sich bei Kindern und Jugendlichen langsam, bis sie 25 Jahre alt sind. Eltern sind oft überfordert, diese Fähigkeiten richtig auszubilden. Lehrer versinken in Arbeit, Klassen werden größer, staatliche Unterstützung ist gekürzt worden. Der Nährboden für Mobbing ist bereitet.«[314]

In einem amerikanischen Affenlabor wurden einmal zu Forschungszwecken mehrere Jungtiere getrennt von erwachsenen Tieren aufgezogen. Viele dieser Affen zeigten bald ein tyrannisches, aggressives und selbstzerstörendes Verhalten.[315] In einem südafrikanischen Naturreservat legten einige Elefanten in einem Reservat ein ähnliches Verhalten an den Tag. Zuvor hatten Parkwächter ihre Väter abgeschossen, um die Population zu dezimieren. Die Jungtiere entwickelten sich zu regelrechten Rowdys und erkoren die Nashörner im Reservat zu ihren Opfern aus: Sie bewarfen sie mit Stöcken und bespritzten sie mit Wasser, rannten sie um und erdrückten sogar einige, indem sie sich auf sie knieten. Das wilde Treiben hatte erst ein Ende, als die Wächter einen Elefantenbullen einsetzten, dem sich die Jungtiere dann unterwarfen.[316]

Ganz so einfach lässt sich die Situation beim Menschen nicht entspannen. Vielen Betroffenen bleibt oft nur ein Ausweg: Sie legen sich ebenfalls eine harte Schale zu und vermeiden, nach außen jedes Anzeichen von Schwäche zu zeigen.

---

314 Liisa Niveri: »Wir haben einen Nährboden für Mobbing«, *Spiegel Online* 25.9.2008.
315 Gordon Neufeld: Unsere Kinder brauchen uns!, Bremen 2006, S. 155.
316 Ebda.

Gordon Neufeld erinnert sich aus seiner Zeit als Psychologe in einem Jugendgefängnis noch lebhaft an viele Sitzungen mit hartgesottenen Teenager-Delinquenten. Er versuchte immer, »ihre Abwehr gegen Verletzlichkeit abzubauen, so dass sie anfangen konnten, ihre Wunden zu spüren«. Wenn es ihm gelang, »wurden ihre Gesichter weicher, und ihre Augen begannen zu tränen. Für die meisten dieser jungen Menschen waren dies die ersten Tränen seit vielen Jahren«.[317] Das Problem war nun, dass diesen Jugendlichen ihre Verletzlichkeit buchstäblich ins Gesicht geschrieben stand und sie damit sofort die Aggressionen der anderen Insassen weckten. »Zum Glück gab es im Gefängnis neben meinem Arbeitszimmer einen Waschraum«, schildert Neufeld. »Manchmal ließen sich die Jugendlichen dort bis zu einer Stunde lang kaltes Wasser über ihr Gesicht laufen und versuchten so, jede Spur von Emotion auszulöschen, die sie hätte verraten können. Auch wenn ihre Abwehrhaltung aufgeweicht war, mussten sie zum Schutz vor noch stärkerer Verletzung immer noch eine Maske der Unverletzlichkeit tragen.« Ein ähnliches Verhalten registriert Neufeld auch außerhalb der Gefängnismauern, vor allem bei Kindern, die viel unter dem Einfluss von Gleichaltrigen stehen. Sie sind zu einer gewissen Gefühlskälte gezwungen, wenn sie nicht Gefahr laufen wollen, für ihre Schwächen bloßgestellt zu werden.

Die Schule spielt aus Sicht von Neufeld eine große Rolle bei der von ihm beschriebenen Entwicklung, sie produziere letztlich Tyrannen und Opfer. »Durch die Gleichaltrigenorientierung werden unsere Kinder zu Waisen und unsere Schulen Tagesstätten für Waisenkinder.« Es sei naiv zu denken, »wir würden, indem wir Kinder zusammenbringen, die Chancengleichheit und die Beziehungen zwischen ihnen fördern. Stattdessen haben wir den Weg für neue schädliche Bindungshierarchien bereitet.«

---

317 Ebda.

Gegen Neufelds Argumentation lässt sich Einiges einwenden. Er idealisiert die Eltern-Kind-Beziehung, fast täglich berichten die Medien, dass eben nicht alle Eltern ihren Kindern guttun, sie im Gegenteil vernachlässigen, demütigen, tyrannisieren, misshandeln. Und auch die Eltern, die sich um eine liebevolle Beziehung zu ihrem Kind bemühen, machen Fehler und scheitern zuweilen am eigenen Anspruch.

Doch das sind nur statistische Betrachtungen, die sich nicht in eindeutige Zahlen fassen lassen: Keine Autorität vermag zu überschauen, welcher Vater, welche Mutter mehr schadet als nützt oder mehr nützt als schadet. Das wissen am ehesten die Eltern selbst und die Kinder – wobei sie wohl erst im Erwachsenenalter fähig sind, ein ausgewogenes Urteil zu treffen. Daher entscheiden natürlich die Eltern selbst, ob sie die Zukunft ihres Kindes dem Zufall überlassen, also der Hoffnung, dass es gute Freunde findet, die einen guten Einfluss ausüben. Oder ob sie versuchen, es vor allzu schlechten Erfahrungen und Situationen zu schützen, die sie schlicht und einfach noch überfordern. Kinder loszulassen bedeutet schließlich nicht sie zu vernachlässigen oder fallenzulassen.

Es liegt auf der Hand, dass sich die dazu nötige Verbindung nur schwer aufrechterhalten lässt, wenn die Kinder von früh bis spät in der Schule oder in Betreuungseinrichtungen sind. Der Lebensmittelpunkt der Kinder wird dann nicht mehr das Zuhause sein, ihre Schlafstätte, sondern der Ort, an dem sie die meiste Zeit des Tages verbringen: die Ganztagsschule. Den Eltern wird es deutlich erschwert herauszufinden, was ihre Kinder fröhlich oder glücklich macht und was sie wirklich bewegt oder bedrückt. Doch die Beobachtungen von Neufeld lassen umgekehrt den positiven Schluss zu: Es lohnt sich, den Kindern viel Zeit und Zuwendung entgegenzubringen. Auch wenn sie mit zunehmendem Alter eher auf Abstand bedacht sind, wissen die meisten sehr wohl, was sie an ihrer Familie haben.

14

WAS FAMILIEN BRAUCHEN

Zu den großen Irrtümern unserer optimierten Gesellschaft zählt die Ansicht, es komme gar nicht so sehr darauf an, wie viel Zeit Kinder mit ihren Eltern verbringen. Lieber zwei Stunden »Quality-Time« am Abend mit Eltern, die erfüllt von einem Tag im Büro alles ausblenden und sich ganz ihrem Kind zuwenden, als den ganzen Tag mit einer frustrierten Gluckenmutter, die weder mit sich selbst noch mit dem Kind etwas anzufangen wisse – so lautet eine populäre Ansicht der deutschen Leistungselite. Dabei dient sie oft eher zur Beruhigung des eigenen Gewissens. Denn »das Gefühl ›Ich sehe meine Kinder zu selten‹ ist vermutlich der ständige Begleiter der allermeisten berufstätigen Eltern«, schreibt die Autorin Claudia Voigt.[318] Im Gerede über Vereinbarkeit von Beruf und Familie komme viel zu kurz, »wie viel Spaß es macht, mit den eigenen Kindern zusammen zu sein. Dass man ihnen gern mal nach der Schule die Haustür öffnet, um auf den ersten Blick zu erkennen, dass die Lateinarbeit nicht so gut gelaufen ist«. Auch ein gemeinsam vertrödelter Nachmittag könne Nähe und Glück bedeuten. Das entspricht auch der Wahrnehmung von Kindern. Die Berliner Soziologin Michaela Schonhöft hat sich in der ganzen Welt umgehört, was die Kleinsten als Glück empfinden.[319] Ein Vierjähriger antwortete, mit den Eltern Pilze sammeln, ein

---

318 Claudia Voigt: »Die große Erschöpfung«, *Spiegel* 48/2013.
319 Torsten Harmsen: »Mama, wo wohnt das Glück?«, *Berliner Zeitung*, 10.10.2013.

siebenjähriger Spanier meinte, mit der ganzen Familie Fuß-
ballspiele anschauen, und eine zehnjährige Engländerin erzählte, wie sehr sie gemeinsame Picknickausflüge liebe.

Diese Beiläufigkeit droht allerdings verlorenzugehen, wenn
jedes gemeinsame Wochenende der Familie zu einem »kleinen Fest« erhoben wird, so die Journalistin Iris Radisch, »das
die Eltern, weil sie alles kompensieren und wiedergutmachen
wollen, was sie versäumen, auch als solches inszenieren«.[320]
Die Qualitätszeit der Feiertagsfamilie bestehe dann in Ausflügen »in einen hochgerüsteten Wildpark« oder ins Kino »und
hinterher Pommes, so viel die Kinder wollen«, ins Theater,
die Kinderoper, den Kindermalkurs im Museum, den Zoo.
Die Doppelverdiener-Eltern hätten längst verlernt, mit den
Kindern spontan etwas zu unternehmen, ohne dass es gleich
viel kosten müsste. Das Familienleben beschränke sich zunehmend auf den »gemeinsamen Konsum bezahlter und
vorgefertigter Freizeitangebote«. Die Kinder verkümmerten
»ohne die Möglichkeit, Erfahrungen nach ihrem eigenen
Maß zu machen und ihre Zeit nach eigener Phantasie zu gestalten«.

Die Familie verliere »ihren inneren Halt« und werde »not-
dürftig durch das gemeinsame Absolvieren eines Fertiglebens
zusammengehalten«, so lautet die düstere Analyse von Iris
Radisch zum Thema Qualitätszeit. »Um es in aller Deutlich-
keit zu sagen: Quality-Time ist Schwachsinn«, wütet auch die
Autorin Claudia Voigt. »Die existiert nur auf dem Papier ir-
gendwelcher Soziologen. In Familien führt der Druck, Quality-Time miteinander verbringen zu müssen, zu Anspannung
und Streit.«[321] *siehe Weihnachten*

Wenn die Gelegenheiten zu gemeinsam verbrachter Zeit

---

320 Iris Radisch: Die Schule der Frauen – Wie wir die Familie neu erfinden,
     München 2007, S. 168.
321 Claudia Voigt: »Die große Erschöpfung«, *Spiegel* 48/2013.

schwinden, weil jedes Mitglied der Familie sein eigenes Leben führt, Vater und Mutter an ihrem Arbeitsplatz, die Kinder in den ihnen zugedachten Betreuungseinrichtungen, dann wird aus der Familie tatsächlich ein bloßes Nebeneinander. Das ist eigentlich eine Binse, aber sie wird in der Betreuungsdebatte konsequent ausgeblendet. Natürlich gibt es keine Formel, wie viel gemeinsame Zeit nötig ist, dennoch lässt sich eines leicht einsehen: Die Wahrscheinlichkeit, dass es zu wenig sein könnte, steigt in dem Maß, in dem äußere Sachzwänge und Institutionen den Takt des Familienlebens vorgeben.

Die Formel, die heute gern von Politikern gebraucht wird, Familie sei da, wo Kinder sind, ist grob irreführend. Familie *ist* nicht, sie muss immer wieder »hergestellt werden«, wie es im Soziologendeutsch heißt. Und diese Herstellung kann nur erfolgen, wenn es dazu auch Gelegenheiten gibt. Wenn die gesellschaftliche Entwicklung bedeutet, die Zeit zu beschneiden, die Familienmitglieder gemeinsam verbringen – und genau das geschieht im Moment –, sind die Familien auf Dauer zum Scheitern verurteilt. E-mail, Handy oder Smartphone können den persönlichen Kontakt nicht ersetzen, Familie lässt sich nicht in jene Lücken pressen, die die Erwerbsarbeit noch nicht besetzt hat. Die Qualität des Zusammenhalts einer Familie hängt eben doch sehr stark von der Quantität der gemeinsam verbrachten Zeit ab. Der Mangel an gemeinsamer Zeit bedeutet eine große Gefahr für die heutige Familie, und das betrifft alle Familien mit Kindern – unabhängig davon, ob die Eltern geheiratet haben oder nicht, schwul oder lesbisch sind, getrennt leben und gemeinsam erziehen, oder allein erziehen.

Iris Radisch, die drei Töchter allein großgezogen und gleichzeitig Vollzeit gearbeitet hat, stellt in ihrem Buch *Die Schule der Frauen* sehr anschaulich dar, was es heißt, ständig zu wenig Zeit zu haben: »Ich habe meine Kinder jahrelang außerhalb der Sommerferien und des Wochenendes nur zu einem

schnellen Frühstück und abends beim Schlafengehen gesehen.« Das war der Preis dafür, dass sie täglich acht bis zehn
Stunden arbeitete – für die Kinder blieben dann nur noch ein
oder zwei Stunden. Sie wusste nicht, was ihre Kinder in der
Schule lernten, sie hatte kaum Zeit, einen Blick in ihre Hefte
zu werfen. Sie kannte die Freunde ihrer Kinder nicht, »wusste
nicht, was sie beschäftigte, was sie nach der Schule spielten,
was sie dachten, was sie gegessen hatten, in wen sie verliebt
waren, was sie gelesen hatten, welche Zähne ihnen gerade he-
rausfielen, was sie gerade strickten oder bastelten, ob sie schon
Springseil springen konnten, welche Lieder sie in der Schule
sangen, ja nicht einmal, ob es am Nachmittag bei ihnen gereg-
net oder die Sonne geschienen hat«.[322]

Dem Doppelverdiener-Paar gehe es keinen Deut anders, bemerkt Radisch. Ihre Familien machten kaum noch gemeinsame Erfahrungen, teilten kaum noch gemeinsame Erlebnisse
und könnten nur darauf hoffen, »dass öffentliche Institutionen wie Ganztagsschule und Kindergarten alles Lebens-
wichtige für sie erledigen«. Die Schule kümmere sich um die
seelische und geistige Entwicklung, der Hort sorge für nahr-
haftes Essen und die sorgfältige Erledigung ihrer Hausaufgaben. Und die Eltern gewöhnen sich daran, »dass die Kinder
die meisten primären Welterfahrungen in den dafür offenbar
zuständigen Institutionen machen«.

Die Gefahr dieses Familienmodells erkannten die Soziologen des Deutschen Jugendinstituts in der bereits erwähnten
Studie »Familien sind anders!« schon vor mehr als 30 Jahren:
In vielen Familien komme es gerade dann zu Spannungen,
wenn endlich einmal alle zu Hause versammelt seien. Denn:
»das Kind war viele Stunden in der Krippe und will nun mit
Vater und Mutter spielen; der Mann möchte sich von der

---

322   Iris Radisch: Die Schule der Frauen – Wie wir die Familie neu erfinden,
      München 2007, S. 171.

Arbeit erholen und mit dem Abendessen versorgt sein; die Frau muss wegen dieser Erwartungen der anderen an sie ihr Ruhebedürfnis zurückstellen und als ›Mutter und Hausfrau‹ funktionieren«. So prallten die gegenseitigen Erwartungen aufeinander – »und weil sie sich kaum vertragen, werden sie alle enttäuscht«.

Eine weitere Gefahr besteht darin, dass mehr und mehr Menschen von den Betreuungseinrichtungen abhängig werden. Ihr Lebensentwurf basiert ja gerade auf diesen Einrichtungen, was nichts anderes heißt, als dass sie gezwungen sind, darauf zu vertrauen, dass die Erzieher und Lehrer »ihre Sache schon gut machen werden«. Mit dem Bekanntwerden des Missbrauchsskandals in der Odenwaldschule und den Internaten der katholischen Kirche im Frühjahr 2010 wurde die Gesellschaft auf schmerzliche Weise daran erinnert, dass keine Institution, wie gut ihr Ruf auch sein mag, dieses blinde Vertrauen der Eltern rechtfertigt.

Mehr Zeit und Geld

Ist die Familie noch zu retten? Auf jeden Fall müsse sie »gegen die Zwänge der Erwerbswelt verteidigt werden. Und nicht der Stress und das Zeitmanagement der Arbeitswelt auf die Kinderbetreuung übertragen werden«, sagt die Sozialrechtlerin Anne Lenze.[323] Ansonsten falle nämlich der letzte Grund weg, Kinder zu bekommen: »nämlich der Wunsch nach einem erfüllten Leben, einem Bereich der Zweckfreiheit, der unmittelbaren zwischenmenschlichen Begegnung, nach einem Ausstieg aus dem alles erfassenden Effizienzprinzip«. Kinder zu haben,

Man bekommt keine Kinder, weil man ›Humankapital‹ für die Gesellschaft produzieren will!

---

323 Anne Lenze: »Schluss mit der Familienförderung!« Vortrag auf dem Bundesverbandstag des Deutschen Familienverbands im Jahr 2008.

ist für mehr als die Hälfte der Deutschen der Sinn des Lebens, wie eine Umfrage des Allensbach-Instituts ergab.[324] Sie messen diesem Ziel mehr Bedeutung bei als anderen Zielen wie Spaß zu haben oder gut zu verdienen.

Lenze schlägt ein ähnliches Modell für Eltern vor, wie es bei der Altersteilzeit schon funktioniert. Schließlich benötigten junge Eltern viel mehr Zeit als Menschen, die älter als 55 sind. »Warum nicht über einen langen Zeitraum Eltern subventionieren, damit sie ohne Lohneinbußen ihre tägliche Erwerbsarbeit reduzieren können. Unter Zahlung des vollen Einkommens würden Eltern bis zum 14. Lebensjahr eines Kindes drei Viertel der vollen Stundenzahl arbeiten.« Ein ähnliches Modell hat, wie erwähnt, Anfang 2014 die Familienministerin Manuela Schwesig zur Diskussion gestellt, die 32-Stunden-Woche für junge Eltern. Die Abfuhr von Kanzlerin Angela Merkel und den Wirtschaftsverbänden, die Schwesig daraufhin erhielt, ist inhaltlich kaum nachzuvollziehen: Der Vorschlag ist, auch wenn Schwesig kein schlüssiges Finanzierungskonzept vorlegen konnte, im Grunde richtig, weil er anerkennt, dass die Erziehung von Kindern ein wichtiger gesellschaftlicher Beitrag ist, der entsprechend honoriert werden muss. Nicht einzusehen ist lediglich, warum diese Honorierung allein für Frauen oder Männer gelten soll, die ansonsten Vollzeit arbeiten. Kein Widerstand regte sich übrigens gegen das von Schwesig vorgeschlagene Elterngeld Plus. Warum wohl? Es begünstigt Eltern, die bereits wenige Monate nach der Geburt ihres Kindes wieder beginnen, wenigstens Teilzeit zu arbeiten.[325]

---

324 Meike Grewe, Josef Seitz, Beate Strobel: »Sinn suchen, Glück finden«, *Focus* 51/2012.

325 Constanze von Bullion: »Schwesigs Vision«, *Süddeutsche Zeitung*, 11.1.2014.

Sehnsucht nach Freiheit und Geborgenheit

Als die Kinderbuchautorin Astrid Lindgren einmal gefragt wurde, was Kinder brauchen, gab sie eine auf den ersten Blick widersprüchliche Antwort: »Freiheit und Geborgenheit«.[326] Wer kleine Kinder hat, kennt aber die Situation, in der sie beseelt vor sich hin spielen und immer wieder prüfend fragen: »Was machst du gerade?«

Geborgenheit bedeutet, einen Menschen zu haben, der immer ansprechbar ist. Sie schränkt das Freiheitsgefühl nicht ein, sondern ermöglicht es erst. Kinder wünschen sich Zuwendung und Nähe zu ihren Eltern, aber eben auch Zeit, die sie selbst gestalten können. Befragungen zeigten, dass Kinder es durchaus gut verkrafteten, wenn beide Eltern aus beruflichen Gründen nicht zu Hause sind – solange sich dieser Zeitraum in Grenzen hält. Unsichere, sich ständig ändernde Arbeitszeiten der Eltern lehnen die Kinder dagegen ab. Besonders positiv finden sie es dagegen, wenn Vater *und* Mutter für sie da sind. Viele Kinder sagen, dass sie gern mehr Zeit mit ihren Vätern verbringen würden.[327] Eine Untersuchung der AOK ergab sogar, dass manche Kinder seelisch und körperlich erkranken, wenn die Eltern zeitlich stark belastet, also gestresst sind. Bei einem Viertel dieser Kinder fanden sich Symptome, während Kinder mit entspannten Eltern kaum gesundheitliche Probleme hatten.[328]

Die Universität Salzburg untersuchte in einer repräsentativen

---

326   Felizitas von Schönborn: Astrid Lindgren – Das Paradies der Kinder, Freiburg 1997, S. 63.

327   Siehe Ulrike Heidenreich: »Vati und Mutti gehören mir«, *Süddeutsche Zeitung,* 15.11.2013, oder: Anne Lenze: »In schlechter Verfassung – Die Familienpolitik in Deutschland«, *Vorgänge – Zeitschrift für Bürgerrechte und Gesellschaftspolitik* 3/2008.

328   AOK-Familienstudie 2014 – Forschungsbericht des Sinus-Instituts, Berlin 2014.

Studie die Frage, was Kinder glücklich macht.[329] Besonders die Kleinsten fühlten sich »total glücklich« bei der Mutter (nach dem Vater wurde nicht explizit gefragt). 80 Prozent der Sechsjährigen äußerten sich so, 60 Prozent der Zehnjährigen und immer noch 50 Prozent der Zwölfjährigen. Familiäre Unternehmungen genossen 70 Prozent der Sechsjährigen und immer noch 50 Prozent der Zwölfjährigen. Dem Satz »Ich gehe gern zur Schule« stimmten 50 Prozent der Sechsjährigen zu, aber nur knapp 20 Prozent der Zwölfjährigen. Das spricht dafür, dass sich Kinder eher mehr Freiheit und Familie wünschen als mehr Schule oder Betreuung. Keine Überraschung eigentlich. Überraschend ist nur, wie konsequent diese Bedürfnisse von den meisten Politikern und Familienexperten ignoriert werden.

Bedürfnisse

Bitte stören!

»Die Ära der Straßenkindheit – wie man sie noch bis in die 1980er-Jahre hinein kannte und die in der Freizeit primär draußen stattfand – ist der verhäuslichten Familienkindheit gewichen«, stellen die Autoren der Studie »Eltern unter Druck« fest.[330] Der Befund ist unstrittig, die Städte sind zu einer kinderfeindlichen Umgebung geworden, darüber können auch die buntesten Spielplätze nicht hinwegtäuschen, die bezeichnenderweise heute meist eingezäunt sind. Wie so oft, lässt sich auch das rational begründen, es geht darum die Kleinen vor den Gefahren des Straßenverkehrs zu schützen. Die Kehrseite ist, dass sich die Spielinseln weder äußerlich noch in ihrer

---

329   Die Tabaluga-tivi-Glücksstudie, Universität Salzburg im Auftrag des *ZDF*, 15.11.2007.
330   Tanja Merkle, Carsten Wippermann: Eltern unter Druck, Stuttgart 2008.

Funktion groß von Zoo-Gehegen für Affen oder Zebras unterscheiden: In beiden Fällen geht es darum, die wilde, ungebändigte Natur vom geordneten Leben der Zivilisation zu trennen.

Die erdrückende Dominanz der Erwachsenenwelt in den Städten hat zu einer Verinselung der Kindheit geführt, die Konsequenzen tragen auch die Eltern: Weil es schwieriger geworden ist, im direkten Umfeld Spielkameraden zu finden, werden Väter und besonders Mütter »vermehrt zum Begleit-, Spiel-, aber auch Hausaufgabenpartner und investieren viel Zeit und finanzielle Mittel, um die eigenen Kinder mit anderen Kindern zusammenzubringen«, bemerkt die oben erwähnte Eltern-Studie. Dieses Problem erübrigt sich zwar für jene Eltern, die ihre Kinder den ganzen Tag von Krippe, Kindergarten oder Schule betreuen lassen. Aber für jene Väter und Mütter, die sich selbst um ihre Kinder kümmern, wird es noch schwerer, deren Freizeit zu organisieren, weil sie vor der eigenen Haustür kaum noch stattfinden kann.

Was von der Kindheit noch übrig ist, verschwindet mehr und mehr hinter den Mauern und Zäunen der Betreuungseinrichtungen, und die Toleranz in der Gesellschaft für die Bedürfnisse der Kleinsten, die in Deutschland ohnehin nie sehr ausgeprägt war, wird weiter schrumpfen. Schon jetzt vermissen die Eltern im Alltag ein kinderfreundliches Klima, sei es »im Wartezimmer beim Arzt, bei Behörden, Ämtern, Banken, in Supermärkten oder bei der Wohnungssuche«, führt die Eltern-Studie der Konrad-Adenauer-Stiftung aus.[331] Die negativen Reaktionen auf die Kinder bestärkten Eltern oft in ihrer Wahrnehmung, dass Kinder für die Öffentlichkeit eine Belastung darstellen. Und auch den Kindern entgeht nicht, dass sie in der Erwachsenenwelt letztlich als Störfaktor gesehen werden. Es geht auch anders: Vor zehn Jahren forderte der

---

331 Tanja Merkle, Carsten Wippermann: Eltern unter Druck, Lucius & Lucius, Stuttgart 2008.

bayerische Kultusminister Hans Zehetmair, neben ein Altersheim gehöre auch ein Kindergarten, damit die Alten Kindergeschrei hören. »Die Friedhofsruhe«, stimmte die *Süddeutsche Zeitung* zu, »hören sie noch lange genug.«[332]

Statt die wenigen Kinder, die es in Deutschland im Vergleich zur Gesamtbevölkerung noch gibt, weiter ordentlich zu verräumen, gehört der Nachwuchs wieder ins Blickfeld der auf Effizienz getrimmten Erwachsenenwelt. Gerade weil sie stören und uns daran erinnern, dass es noch eine Welt jenseits von Konsum und Arbeit gibt.

Mehr Anerkennung für die Familie

Wie in den vorigen Kapiteln dargestellt, sind die heutigen Probleme der Familien vielfältig, sie lassen sich folglich nicht mit ein paar politischen Handgriffen aus der Welt schaffen. Die Familienpolitik der letzten Jahre hat ja gerade gezeigt, dass in unserer Gesellschaft weiterhin vor allem die Produktion belohnt wird, nicht aber die Reproduktion. Kindererziehung, die Pflege von alten oder kranken Menschen und viele andere soziale Dienstleistungen werden nach wie vor schlecht oder gar nicht honoriert. Dieser Zustand wurde häufig beklagt, geändert hat sich nichts.

Statt die Arbeit der Eltern anzuerkennen, hat sich die Politik entschieden, nur noch ein Familienmodell zu unterstützen, bei dem beide Eltern berufstätig sind. Das kommt zwar kurzfristig den Vorstellungen vieler Väter und Mütter entgegen, trotzdem bleibt die Situation auf lange Sicht unbefriedigend: Obwohl die wirtschaftliche Lage in Deutschland im Vergleich zu anderen Ländern beneidenswert ist, gelingt es vielen Eltern

---

332 »Kinderfeindliches Deutschland«, *Süddeutsche Zeitung*, 2.3.2001.

gerade so, gemeinsam einen Lebensstandard zu erarbeiten, für den vor einigen Jahrzehnten noch ein Gehalt reichte – und das, obwohl heutige Eltern im Durchschnitt höhere Bildungsabschlüsse vorweisen können als ihre Eltern. Die Lebenshaltungskosten in den Städten haben sich für Familien dermaßen verteuert, dass häufig beide Eltern gezwungen sind zu arbeiten, um über die Runden zu kommen. Die Benachteiligung bei den Renten und Steuern sind offensichtlich, sodass sich die finanzielle Situation der Familien noch mehr verschlechtert hat.

Unsere Gesellschaft muss die Wünsche ihrer Kinder wieder ernst nehmen. Eigentlich müsste klar sein, dass Eltern, die ihr Kind seit der Geburt und meist schon vorher innig lieben, mehr für sein Wohl leisten können als noch so gut ausgebildete Erzieher, die nebenbei noch ein halbes Dutzend anderer Kinder betreuen. Dass manche Politiker ernsthaft argumentieren, eine Krippe könne dem Kind mehr bieten als die Eltern zu Hause, spricht für eine enorme Geringschätzung der Leistung von Eltern und Ignoranz gegenüber wissenschaftlichen Erkenntnissen. Wir müssten eigentlich wissen, dass Freizeit für die Entwicklung und Entfaltung von Schulkindern ebenso wertvoll wie die Schulzeit ist. Dass Schüler, auch wenn sie noch so wissbegierig und eifrig sind, das Ende des Schultages als befreiend empfinden und es keineswegs honorieren, wenn ihnen Erwachsene diese Freiheit nehmen.

Die Bedürfnisse von Familien werden in der öffentlichen Diskussion immer weniger zur Kenntnis genommen. Vielmehr bestimmen wirtschaftliche Überlegungen die Familienpolitik. Schon vor 60 Jahren befand der Soziologe Helmut Schelsky, die moderne Staats- und Wirtschaftswelt zeige viel mehr Krisen, Revolutionen, Störungs- und Verfallserscheinungen als die Ehe und Familie.[333] Er schloss daraus, dass die Familie gerade

---

333   Helmut Schelsky: Wandlungen der deutschen Familie in der Gegenwart, Stuttgart 1954, S. 13f.

durch ihre »schwere Wandelbarkeit und das tiefbegründete Beharrungsvermögen« einen Restbestand an Stabilität in einer zunehmend krisenhaften und unsicheren Umwelt darstelle. Seitdem ist die Wirtschafts- und Arbeitswelt noch instabiler und unberechenbarer geworden, sodass sich erst recht die Frage aufdrängt, warum sich ausgerechnet die Familien dieser Welt anpassen sollen und nicht umgekehrt. Doch von dieser Einsicht sind wir weit entfernt. Die Familie wird nicht mehr als die Einheit wahrgenommen, auf der letztlich unsere Gesellschaft beruht, sondern nur noch unter utilitaristischen Aspekten: Sie soll Steuern zahlen, ihre Arbeitskraft zur Verfügung stellen, durch Zeugung und Erziehung des Nachwuchses dafür sorgen, dass Deutschland wettbewerbsfähig bleibt. Wenn das der Sinn von heutigen Familien sein soll – was spricht dann eigentlich noch dafür, eine zu gründen?

Staat

Versprechen

ohne zu halten

15

WAS WIR VERLIEREN

Eine letzte Frage an die familienpolitischen Sprecher der Parteien: *Erwarten Sie von dem Ausbau der Betreuung von Kindern und Jugendlichen und der damit einhergehenden, zunehmend ganztägigen Trennung von den Eltern Veränderungen, die die gesamte Gesellschaft betreffen, insbesondere das Verhältnis der Generationen zueinander?*

Marcus Weinberg, CDU/CSU: »Nein, das erwarte ich nicht.«

Diana Golze, Die Linke: »Die Eltern sind in allen Phasen des Aufwachsens die wichtigsten Bezugspersonen für die Kinder und Jugendlichen. Dennoch findet eine langsame Trennung von den Eltern statt als ein Bestandteil des Wachstumsprozesses. Das ist immer schon Realität gewesen. Insofern erwarten wir keine nennenswerten Veränderungen im Verhältnis zwischen den Generationen durch den Kita-Ausbau, eher im Gegenteil, eine Stärkung der Bindung, denn eine gute öffentliche Infrastruktur unterstützt Eltern und Kinder in diesem Prozess.«

Sönke Rix, SPD: »Nein, keine negativen.«

Katja Suding, FDP: »Nein. Erfahrungen aus vielen anderen Ländern, in denen Ganztagsbetreuung der Normalfall ist, zeigen, dass das nicht der Fall ist.«

Die skandinavische Gesellschaft ist ein Modell, das dem Ideal der meisten deutschen Parteien heute am nächsten kommt. Und zwar nicht nur im Hinblick auf die Betreuung von Kindern und Jugendlichen oder die Gleichberechtigung der Frau.

Die skandinavische Gesellschaft hat in gewisser Weise eine Utopie verwirklicht, die im ökonomisch geprägten Denken moderner Gesellschaften als erstrebenswert gilt: Sie hat die Bürger weitgehend von gegenseitigen Abhängigkeiten befreit. Der Staat fühlt sich zuständig für Alte wie Junge, die er nicht nur großzieht, sondern auch während des Studiums großzügig unterstützt. Die amerikanische Soziologin Katherine Newman hat quer über den Globus etwa 300 Menschen befragt, die immer noch zu Hause bei ihren Eltern wohnen. In Skandinavien jedoch stellte sie fest, dass dieses Phänomen dort kaum existiert. »Im Alter von 20 Jahren haben die meisten Dänen oder Schweden ihr Elternhaus verlassen, egal ob sie studieren oder nicht.« Doch der Gewinn an Freiheit hat seinen Preis, wie Newman ausführt: »Viele Menschen würden gern glauben, dass Liebe reicht; dass, wenn die finanzielle Abhängigkeit wegfällt, allein die gegenseitige Zuneigung die Solidarität zwischen den Generationen wachsen lässt, innerhalb der Familien, aber auch in der ganzen Gesellschaft. Wie es scheint, ist das aber nicht der Fall.«

Newman traf bei ihren Studien in Schweden und Dänemark zum Beispiel Birgit, Witwe und Mutter dreier erwachsener Kinder. Sie ist öfter nach Osteuropa gereist, etwa nach Polen, und ihr fiel auf, dass dort immer noch mehrere Generationen unter einem Dach leben. »Ich wollte nicht mit meinen Kindern oder Enkeln zusammenwohnen«, sagt sie. Die Skandinavier seien einfach egoistischer als die Menschen in anderen Ländern. »Es gibt einfach so viel zu tun, wir haben weder die Zeit noch die Kraft, um uns auch noch um die Familie zu kümmern.« Christoffer aus Kopenhagen, 52, zwei Söhne, sagt: »Es ist nicht so, dass die Kinder hier ihre Eltern oder die Eltern ihre Kinder weniger lieben.« Er habe nur Zweifel, ob sie einander auch brauchen. Weil die Dänen so viel Wert auf Unabhängigkeit legten, gehe zwangsläufig die emotionale Nähe der Generationen verloren. Finanzielle Abhängigkeit ist sicher keine gute Basis für eine dauerhafte Bindung, völlige Unabhängigkeit voneinander aber offenbar auch nicht.

Robert Jensen, ebenfalls Däne und Vater von zwei erwachsenen Söhnen, hat Verwandtschaft in Spanien und er beneidet sie um ihre Lebensweise: »Sie kommen alle am Sonntag zusammen, ob jung oder alt, essen Paella und reden miteinander. Das fehlt uns hier.« Die Dänin Mathilda Tjielden, 22, ist nach ihrem Studium in der Welt herumgereist und war zuletzt auch in Afrika. »Im Vergleich zu anderen Kulturen sind wir Dänen ein Haufen Kreaturen ohne Wurzeln. Nicht nur, weil wir unsere Elternhäuser so früh verlassen, sondern weil wir solche Einzelgänger sind.« Jeder habe das diffuse Gefühl, es sei etwas schiefgelaufen in der Kindheit, es habe etwas gefehlt. »Vielleicht wäre das anders, wenn wir länger mit unseren Eltern zusammen bleiben würden, vielleicht hätten wir dann nicht das Gefühl, zuwenig Liebe bekommen zu haben.«

Interessant an Newmans Interviews in Skandinavien, die statistisch gesehen natürlich nicht repräsentativ sind, ist vor allem der Umstand, dass es sich überwiegend um beruflich erfolgreiche, unabhängige Menschen handelt, die über fehlende Bindung zu ihrer Familie klagen. Trotzdem bemühen sie sich nicht um mehr Anschluss. Wahrscheinlich teilen viele Menschen in reichen Ländern dieses Gefühl. Das Familienleben ist oft kompliziert, voller Kämpfe und gegenseitiger Verletzungen, die nur mühsam auszuräumen sind. Wer kann, der flieht, und die Arbeitswelt liefert dafür einen hervorragenden Vorwand.

Diese Unabhängigkeit heißt aber auch, dass die positiven Seiten des Familienlebens verlorengehen; die Freude der Eltern, ihre Kinder zu unterstützen, das Vertrauen, sich im Notfall aufeinander verlassen zu können. Unabhängigkeit bedeutet immer auch Distanz und diese Distanz wird überall in die Familien einkehren, die das skandinavische Modell kopieren.

Deshalb ist es schwer nachzuvollziehen, wie die Familienpolitiker hierzulande annehmen können, dass es keinerlei Auswirkungen auf die Gesellschaft hat, wenn von einer Generation auf die nächste Millionen von Familien die meiste Zeit des Tages voneinander getrennt verbringen. Völlig übersehen wird auch, dass dieses dirigistische und teure Modell Skandinaviens nur in Zeiten des wirtschaftlichen Wohlstands trägt. Und dass es seinen Bürgern letztlich keine Freiheit verspricht, weil die Unabhängigkeit von der Familie durch die Abhängigkeit vom Staat erkauft wird, der nahezu alle Bereiche im Leben seiner Bürger steuert.

Der amerikanische Historiker Christopher Lasch warnte schon vor dreißig Jahren, der Staat kontrolliere von jedem Individuum so viel, wie er nur habhaft werden könne: »nicht nur sein äußeres, sondern auch sein inneres Leben; nicht nur den öffentlichen Bereich, sondern die dunkelsten Ecken des Privatlebens, früher der politischen Beherrschung unzugänglich«.[334] Die ganze Existenz eines Menschen sei »einem sozialen Dirigismus unterworfen, zunehmend weniger wahrgenommen von der Familie oder anderen Institutionen, auf die früher die Aufgabe der Sozialisierung beschränkt war«. Die Folgen für den Einzelnen wie auch für die Gemeinschaft seien dramatisch, prophezeite Lasch: So habe die Gesellschaft »die Fähigkeit zur Selbstbestimmung und Selbstkontrolle« geschwächt, »eine der Hauptquellen sozialen Zusammenhalts« untergraben und dabei neue geschaffen, »die stärker einengen als die alten und schließlich in ihrem Einfluss auf persönliche und politische Freiheit noch verheerender sind«.

Es stellt sich die Frage, was die heutigen Kinder später einer Gesellschaft zurückgeben werden, die sie von ihren Eltern trennt, weil es wirtschaftlich opportun erscheint. Es stellt sich die Frage, wie viel Zeit sie noch bereit sind, für ihre Familien

---

334 Christopher Lasch: Geborgenheit – Die Bedrohung der Familie in der modernen Welt, München 1987, S. 211f.

zu opfern, die für sie genau diese Zeit nicht opfern wollten oder konnten. Letztlich steht also der soziale Zusammenhalt auf dem Spiel.

Noch besteht Hoffnung, viele Eltern verfolgen die momentane Entwicklung mit Unbehagen. Leider sind wir oft so in unserem Alltag gefangen, dass wir übersehen, was wirklich zählt. Die japanische Schriftstellerin Banana Yoshimoto hat das erfahren, in den Stunden nach dem Erdbeben und der Atomkatastrophe von Fukushima, als sie verzweifelt versuchte, zu ihrem Mann telefonisch oder per SMS Kontakt aufzunehmen: »In den Stunden, in denen ich vergeblich auf ein Lebenszeichen wartete und auch selber versuchte, ihn zu erreichen, wurde mir immer stärker bewusst, wie wahnsinnig wichtig mir meine Familie war.«[335] In diesen Stunden der existenziellen Angst habe sie nur einen Wunsch gehabt: »Wir sollten noch viel mehr Zeit zusammen verbringen, zusammen mit dem Kind, solange es noch klein ist. Ja, ich möchte mit meinen Lieben kochen und essen, sooft es nur geht!«

Immer wieder ist von erfolgreichen Menschen zu lesen, Politikern, Unternehmen, Wissenschaftlern, die auf ihre Leben zurückblicken und nur eines bedauern: dass sie nicht mehr Zeit für ihre Kinder hatten. Wenn wir uns dem ökonomischen Diktat fügen, wie das unsere Familienpolitik momentan vorsieht, wird es uns genauso gehen. Und am Ende unseres reichen und erfüllten Arbeitslebens würden auch wir erzählen, dass wir gern mehr Zeit mit unseren Kindern verbracht hätten. Nur wird uns wahrscheinlich niemand fragen.

→ Julia Engelmann

---

335 Banana Yoshimoto: »Mein Leben nach Fukushima«, *Die Zeit* 10/2012.

DANK

So sehr mich die öffentliche Debatte um Kinderbetreuung und der massive Ausbau von Krippen und Ganztagsschulen im Jahr 2013 bewegte, den Ausschlag, ein Buch zu schreiben, gaben vor allem die Gespräche mit meinem Nachbarn Tillmann Ens. Kaum war sein jüngerer Sohn ein Jahr alt, wurde er von allen Seiten gefragt, wann er ihn endlich in die Krippe geben wolle. Der Junge müsse jetzt doch endlich gefördert werden. So stand mein Nachbar auf einmal unter einem Rechtfertigungsdruck, wie ich ihn, obwohl meine Kinder nur ein paar Jahre älter sind, noch nicht erlebt hatte. Je öfter wir uns unterhielten, umso klarer wurde uns, dass sich in der Gesellschaft offensichtlich etwas Tiefgreifendes verändert hatte. Deshalb danke ich ihm für die vielen Gespräche. Meiner Agentin Hanna Leitgeb danke ich, dass aus den vagen Ideen, die ich während eines Mittagessens vortrug, tatsächlich und auch noch ziemlich schnell ein Buchprojekt entstand.

Des Weiteren bedanke ich mich bei den vielen Gesprächspartnern, die bereit waren, ihre Zeit und ihr Wissen mit mir zu teilen, insbesondere die Mitarbeiterinnen der im Buch erwähnten Kindertagesstätte in Nordrhein-Westfalen, die Soziologin Ilona Ostner, die Juristin Eva Schumann, der Psychologe Jay Belsky, der Kinderarzt Rainer Böhm und der Psychoanalytiker Hans-Joachim Maaz. Ein Dank geht auch an die familienpolitischen Sprecher von CDU/CSU, FDP, Grünen, Linkspartei und SPD, die meinen Fragenkatalog größtenteils sehr ausführlich beantwortet haben. Schließlich danke ich Cornelius Esau vom

Archiv der *Süddeutschen Zeitung* für die vielen Artikel und Anregungen zu dem Thema.

Großen Dank schulde ich den Mitarbeitern des Ludwig Verlags, die das Projekt von Anfang an mit großem Interesse und Engagement verfolgt und vorangetrieben haben – allen voran meine Lektorin Nina Lieke, die mir mit zahlreichen Bemerkungen und Einwänden zum Manuskript das Leben nicht unbedingt leichter, aber das Buch definitiv besser gemacht hat. Schließlich bedanke ich mich bei Werner Bartens, Tobias Haberl, Barbara Nolte, Tanjev Schultz, Nicole Üblacker, meiner Schwester und meiner Mutter für die vielen Anmerkungen und Verbesserungsvorschläge zum Manuskript.

Darüber hinaus schulde ich auch meiner Frau großen Dank, weil sie mich von Anfang an bestärkt hat, das Buch zu schreiben, sowie meinen Kindern, die meine Arbeit freilich etwas kritischer sahen. Immer wieder während der vergangenen zehn Monate kam von ihnen der Vorwurf: Papa, du schreibst ein Buch über Kinder und Erziehung, aber für uns hast du kaum Zeit – was leider manchmal zutraf, nun aber auch zu meiner eigenen Erleichterung wieder vorbei ist.

LITERATUR

Ahnert, Lieselotte: Wieviel Mutter braucht ein Kind?, Heidelberg 2010.

Alexander, Robin: »Auf den Herd gekommen«, *Die Welt,* 11.11.2012.

Anonyma: »Du Psycho!«, *Der Spiegel* 39/2013.

Badinter, Elisabeth: Der Konflikt – Die Frau und die Mutter, München 2010.

Bartsch, Friedmann, Kistner, Tieg: »Bauen wie blöde«, *Der Spiegel* 29/2013.

Belsky, Jay: »Infant Day Care – A Cause for Concern?«, Family Research Council of America, 1986.

Belsky, Jay: »The Politicized Science of Day Care – A Personal and Professional Odyssey«, *Family Policy Review* 1/2003.

Bennhold, Kathrin: »The Stigma of Being a Housewife«, *New York Times,* 20.7.2010.

Biddulph, Steve: Das Geheimnis glücklicher Babys, München 2007.

Blüm, Norbert: »Freiheit! Über die Enteignung der Kindheit und die Verstaatlichung der Familie«, *Die Zeit* 12/2012.

Böhm, Rainer: »Die dunkle Seite der Kindheit«, *FAZ* 81/2012.

Borchert, Jürgen: Sozialstaatsdämmerung, München 2013.

Brinck, Christine: »Das Krippenrisiko«, *Die Zeit* 4/2014.

Burrows, Gideon: Men can do it, Abberton, 2013.

Butterwegge, Christoph: »(Kinder-)Armut und Sozialstaatsentwicklung«, Referat vom 17.12.2008 in der 49. Sitzung der Kinderkommission des Deutschen Bundestags in Berlin.

Cain, Susan: Still – Die Kraft der Introvertierten, München, 2013.

Enzensberger, Hans Magnus: Ach Europa!, Frankfurt am Main 1987.

Etzemüller, Thomas: »Die Romantik des Reißbretts«, *Geschichte und Gesellschaft* Heft 4/2006.

Etzemüller, Thomas: Die Romantik der Rationalität. Alva und Gunnar Myrdal – Social Engineering in Schweden, Bielefeld 2010.

Flanagan, Caitlin: »How Serfdom Saved the Women's Movement«, *The Atlantic*, 1.3.2004.

Fritzen, Florentine: »Bis die Sonne untergeht«, *Frankfurter Allgemeine Sonntagszeitung,* 20.10.2013.

Gatto, John Taylor: Verdummt noch mal!, Bremen 2009.

Gentleman, Amelia: »The great nursery debate«, *The Guardian,* 2.10.2010.

Göppel, Rolf: »›Elternkatastrophe‹!? – Ist der ›Bildungsnotstand in Deutschland‹ die Folge eines ›Erziehungsnotstandes‹«?, in: Muss – kann – darf die Schule erziehen? 11. Heidelberger Dienstagsseminar, Heidelberg 2011.

Götze, Hanne K.: Kinder brauchen Mütter, Graz 2011.

Gruen, Arno: Dem Leben entfremdet, Stuttgart 2013.

Hannemann, Matthias: »Mama, Papa, Vabba«, *brand eins* 4/2009.

Harris, Judith: The Nurture Assumption, New York 1998.

Hesse, Hermann: Unterm Rad, Frankfurt am Main 1970.

Hochschild, Arlie Russell: The Commercialization of Intimate Life, University of California Press 2003.

Hollenstein, Oliver: »Goodbye Ruhestand«, *Süddeutsche Zeitung,* 28./29.3.2014.

Huxley, Aldous: Brave New World, London 1977.

Juul, Jesper: Wem gehören unsere Kinder?, Weinheim und Basel 2012.

Kingreen, Thorsten: »Zur Verfassungsmäßigkeit der §§ 2 und 4 Bundeselterngeldgesetz (BEEG)«, Rechtsgutachten im Auftrag der Ökologisch-Demokratischen Partei (ÖDP), Dezember 2010.

Kirbach, Roland: »… und raus bist du«, *Die Zeit* 33/2013.

Kleinhubbert, Guido: »Depressive Stimmung«, *Der Spiegel* 34/2011.

Kolbert, Elizabeth: »Spoiled Rotten«, *The New Yorker,* 2.7.2012.

Krautz, Jochen: »Die sanfte Steuerung der Bildung«, *FAZ,* 29.9.2011.

Kürschner, Lena: »Offener Brief zur grünen Familienpolitik«, *Bayerische Gemeindezeitung,* 23.10.2013.

Lasch, Christopher: Geborgenheit – Die Bedrohung der Familie in der modernen Welt, München 1987.

Lenze, Anne: »Alleinerziehende unter Druck«, Studie der Bertelsmann-Stiftung, 2014.

Lenze, Anne: »In schlechter Verfassung – Die Familienpolitik in Deutschland«, *Vorgänge – Zeitschrift für Bürgerrechte und Gesellschaftspolitik* 3/2008.

Lepore, Jill: »Baby Food«, *The New Yorker,* 19.1.2009.

Liedloff, Jean: Auf der Suche nach dem verlorenen Glück, München 1980.

List, Friedrich: Das Nationale System der politischen Ökonomie, Stuttgart 1841.

Luhmann, Niklas: Das Erziehungssystem der Gesellschaft, Frankfurt am Main 2002.

Maaz, Hans-Joachim: Der Gefühlsstau, München 2010.

Manne, Anne: »Love and Money – The Family and the Free Market«, *Quarterly Essay,* Heft 29/2008.

Mason, Mary Ann: The Equality Trap, New York 1988.

Merkle, Wippermann: Eltern unter Druck, Stuttgart 2008.

Moulin, Margarete: »Liebe auf Distanz«, *Die Zeit* 37/2013.

Müller, Ann-Katrin: »Bienchen in Gefahr«, *Der Spiegel* 20/2014.

Neufeld, Gordon: Unsere Kinder brauchen uns!, Bremen 2006.

Newman, Katherine S.: The Accordion Family, Boston 2012.

Niejahr, Elisabeth: »Politik vom Wickeltisch«, *Die Zeit* 41/2003.

Orloff, Ann: »From Maternalism to »Employment for All«: State Policies to Promote Women's Employment across the Affluent Democracies«, in: The State after Statism, Harvard University Press 2006.

Ossenbühl, Fritz: Das elterliche Erziehungsrecht im Sinne des Grundgesetzes, Berlin 1981.

Ostner, Ilona: »Auf den Anfang kommt es an« – Anmerkungen zur »Europäisierung« des Aufwachsens kleiner Kinder, in: *Recht der Jugend und des Bildungswesens,* Heft 1/2009.

Ostner, Ilona: »Familienversagen« und Familienpolitik, in: Lipp, Schumann, Veit: *Reform des familiengerichtlichen Verfahrens, Göttinger Juristische Schriften Band 6,* Göttingen 2009.

Ostner, Ilona: Ökonomisierung der Lebenswelt durch aktivierende Familienpolitik?, in: Evers/Heinze (Hg.): Sozialpolitik – Ökonomisierung und Entgrenzung, Wiesbaden 2008.

Ostner, Ilona: »Sozialwissenschaftliche Expertise und Politik. Das Beispiel des Siebten Familienberichts«, *Zeitschrift für Soziologie,* Heft 5, Oktober 2007.

Otto, Jeannette: »Der verkorkste Nachmittag«, *Die Zeit* 46/2013.

Pechstein, Johannes: »Zu Lasten der Schwächsten«, *FAZ,* 15.5.2003.

Postman, Neil: Das Verschwinden der Kindheit, Frankfurt am Main 1987.

Quiney, Ruth: »Confessions of the New Capitalist Mother – Twenty-first-century Writing on Motherhood as Trauma«, in: *Women: A Cultural Review 18, No. 1,* Taylor & Francis 2007

Radisch, Iris: Die Schule der Frauen – Wie wir die Familie neu erfinden, München, 2007.

Riesman, David: Die einsame Masse, Reinbek 1958.

Rückert, Sabine: »Hausfrauen sind Rebellinnen – und schuften für unsere Zukunft«, *Die Zeit* 45/2012.

Scheerer, Ann-Kathrin: »Krippenbetreuung als ambivalentes Unternehmen«, *Psychoanalyse aktuell,* 1.5.2009.

Schumann, Eva: »Die Ökonomisierung der Familie«, Vortrag an der Akademie der Wissenschaften zu Göttingen im Oberlandesgericht Celle, 23.2.2011.

Schwarzer, Alice (Hg.): Frauenarbeit – Frauenbewegung, Frankfurt am Main 1973.

Sennett, Richard: Der flexible Mensch, Berlin 2006.

Slaughter, Anne-Marie: »Why Women Still Can't Have It All«, *The Atlantic,* 13.6.2012.

Steinberger, Karin: »Stillgelegt«, *Süddeutsche Zeitung,* 20.12.2013.

Stephens, Julie: Confronting Postmaternal Thinking: Feminism, Memory and Care, New York 2011.

Sternberger, Storz, Süskind: Aus dem Wörterbuch des Unmenschen, München 1957.

Thimm, Katja: »Die große Illusion«, *Spiegel Spezial* 3/2004.

Uchatius, Wolfgang: »Das globalisierte Dienstmädchen«, *Die Zeit,* 19.8.2004.

Vermeer, van Ijzendoorn: »Children's elevated cortisol levels at daycare – A review and meta-analysis«, *Early Childhood Research Quarterly,* 21/2006.

Voigt, Claudia: »Die große Erschöpfung«, *Spiegel* 48/2013.

Wahl, Klaus et al.: Familien sind anders!, Reinbek 1980.

Wimbauer, Henninger, Dombrowski: »Wer hat, dem wird gegeben«, *WZB-Mitteilungen,* Heft 120, Juni 2008.

Winker, Gabriele: »Traditionelle Geschlechterordnung unter neoliberalem Druck«, in: Queer-Feministische Kritiken neoliberaler Verhältnisse, Münster 2007.

Wischer, Trautmann: »Individuelle Förderung – Ideen, Hintergründe und Fallstricke«, Bundeszentrale für politische Bildung, 3.5.2013.

Yoshimoto, Banana: »Mein Leben nach Fukushima«, *Die Zeit* 10/2012.